も指を立てる　倶胝竪指
にヒゲはない　胡子無鬚
りの最中には　香厳上樹
伝わるものは　世尊拈花
洗っておいで　趙州洗鉢
壊せばわかる　奚仲造車
ても悟らない　大通智勝
いの貧乏自慢　清税孤貧

門無き門より入れ

精読「無門関」

山田史生
Yamada Fumio

第十一則　可と不可との違い　州勘庵主
第十二則　キツネの独り相撲　巌喚主人
第十三則　ボケ老人の正体は　徳山托鉢
第十四則　あえてネコを斬る　南泉斬猫
第十五則　六十棒を喰らわす　洞山三頓
第十六則　目で音を聴くべし　鐘声七条
第十七則　バカの一つ覚えか　国師三喚
第十八則　目の前に麻が三斤　洞山三斤

大蔵出版

買おうか買うまいか迷っておられるひとに

「自慢じゃないが」という書きだしのあとには、たいてい自慢話がつづく。だからといって、これからわたしが「自慢じゃないが」と書きはじめることを、「そんなことを自慢におもっているのか」とおもわないでほしい。ほんとうに自慢じゃないことを書くんだから。

自慢じゃないが、わたしは根っからの俗人である。人並みにワガママだし、どっちかというとケチだし、そこそこスケベでもある。およそリッパな感じのしない、とことん冴えない人間である。そういう俗人でありながら（あるいは俗人だからかもしれないが）、わたしは禅のテキスト（語録・燈史）を読むのが、妙に好きなのである。

このところのお気に入りは、なんてったって『無門関』である。いつでも、どこでも、ポケットのなかに西村恵信訳注『無門関』（岩波文庫）を入れている。ちょっと空き時間があると、引っぱりだして読む。わたしにとって『無門関』は、座右の書ならぬ懐中の書なのである。

あんまり楽しいもんだから、自分で楽しんでるだけじゃ申し訳なくて（?）みなさんにお裾分けしたくなり、身のほど知らずにも、『無門関』についての自己流の解説本を書こうなんておもってしまった。

ブルバキ『数学原論』（東京図書）の巻頭にかかげられた「読者への注意」には、こんなふうに書いてある。

この原論は数学をその第一歩から取扱い、完全な証明を付ける。したがって、これを読むのに、原則的には数学的予備知識を全然必要としない。ただ、多少の数学的推論の習慣と、多少の抽象能力とが必要なだけである。

ウソ八百である。

第一巻の『集合論』から読みはじめたわたしは、その言語を絶する退屈さに、たちまち発狂寸前になった。ものの三頁も進まないうちに読みつづける気力がなえ、アッサリと挫折した。そして「これを読みうるほどの人間は、これを読む必要がない人間である」と確信した。

こういう誇大な前口上は、じつに迷惑である。本人に悪気はないのかもしれないけど、信じて読みはじめた人間は（読めればよいが、そうでなければ）ひどく傷つく。

わたしは根っからの正直者である。本書にかんして「読者への注意」を書くならば、こんなふうになるだろう。

この書物は『無門関』をその第一歩から取扱い、筆者の理解できた範囲での不完全な解説を付ける。したがって、これを読むのに、原則的には仏教的ないし哲学的予備知識を全然必要としない。ただ、多少の考える習慣と、多少の空想能力とが必要なだけである。

文中の「多少の」は「ほんのすこしだけの」に変えても結構である。わたし自身、きわめてお粗末な「考える習慣」や「空想能力」しかもっていないから。

いましも本書を手にとって買おうか買うまいか迷っているあなたは、まちがいなく、わたしよりも「考える習慣」および「空想能力」に富んでいることを、ほかならぬわたしが保証する。

一二二八年というから、中国は南宋の時代である（ちなみに日本だと鎌倉時代）。無門慧開《むもんえかい》（一一八三〜一二六〇）という禅の坊主がいた。かれは禅宗の教義にまつわる四十八の公案（本則）を集め、そこに自分流のコメント（評唱《ひょうしょう》）と歌（頌《じゅ》）とをくっつけて、『無門関』というテキストをこしらえた。

この『無門関』は、もともと禅僧のためにつくられた公案集（修行者に課せられる試験問題集）だから、俗人が手ぶらでぶつかったところで、まず歯がたたない。そこでわたしは本屋にゆき、禅僧による「提唱《ていしょう》」や学者による「講話」を立ち読みしてみた。案の定、どれもこれも読むに堪えない。内容がくだらないのではない。解説についてゆけないのである（ヘタをすると『無門関』そのものより解説のほうがむつかしかったりする）。

解説本のたぐいを立ち読みしていて、いろいろ気に食わないことはあったが、わたしの眉間のシワがもっとも深くなったのは、つぎのことだった。

たとえば第六則では、釈迦から迦葉《かしょう》へと「以心伝心」というかたちで仏法が伝えられたというエピソードが語られる。そのコメントのなかで無門は、なんとも小気味よい口調でお釈迦さんをボロクソにけなしている。「おお、さすがは無門さん、歯に衣着せぬものよのお」と、わたしは溜飲をさげる。ところがどっこい、禅僧による解説本をひもとくと、なんとそれは批判というかたちで逆に大絶賛しているらしいのである。俗人にしてみれば、もうビックリ仰天である。たとえば秋月龍珉『無門関を読む』（講談社学術文庫・七五頁）にはこんなふうに書いてある。

表面の字面だけを読むと、無門和尚はまるでけんか腰で、「評唱」でも「頌」でも、釈尊に因縁をつけているように見えます。しかし、こんな乱暴な言葉づかいの中に、「正法眼蔵」には伝授があってしかもないという、大事な問題を浮き彫りにし、大法伝統の事実に対して限りない法恩感謝の深意を歌いあげているのです。こういう禅文学独特のレトリックを「拈弄《ねんろう》」と言います。一段高い境地からの一種の〝言葉のスポーツ〟です。

ゲゲッ！　そうだったのか。知らぬこととはいえ、まことに失礼いたしました（といいつつ平身低頭）。修行を積んで「一段高い境地」にゆけば、きっとそういう読み方ができるのだろう。しかし生粋の俗人は、「バカたれ！」といっていたら、ホメてるんじゃなくて、叱ってるんだとしかおもえない。

文字づらを鵜呑みにするような読み方をすると、せっかくの公案を「私案」化してしまうこと必至である。だから秋月師はこう釘を刺しておられる（前掲書の冒頭）。

禅宗では「公案《こうあん》」をあげつらうことは、師家分上《しけぶんじょう》（正師《しょうし》の印可《いんか》を受けて師家の資格をもつ者）の禅《ぜん》匠《しょう》（禅の師匠）でなければ許されないことになっています。

この本のような独り合点もはなはだしい読み方を見たら、おそらく禅の専門家は、そういう愚かな読み方は「許されないことになっています」というだろう。それとも、ひょっとして「禅のド素人が、俗っぽく読んでみるのも、それはそれで愉快じゃわい」とおもってくれるだろうか（くれないだろうな）。しかし、まあ、俗人は『無門関』を読んじゃいけないなんて野暮なことはいいっこなし。『無門関』ほどの古典ともなれば、どんなに好き放題に読んだところでビクともしないだろう。

わたしは俗人らしくテキストに素手でぶつかってみようとおもう。だから「口でケナして、心でホメて」といったレトリックに気づけなくたって、いちいち気に病まないことにする。プロフェッショナルな禅の世界でのお約束なんか斟酌せず、おのれの流儀で読んでゆこうとおもう。

具体的には、こういった感じである――まず公案を読む（さっぱり意味不明である）。つづけて無門のコメントを読む（これまた理解不能である）。ここでメゲずに無門の歌を読んで、ふたたび無門のコメントにもどってみる。どうやら歌がコメントを読むヒントになっている。そうやって無門のコメントと歌とを味わってから、もう一度もどって公案を読むと、あら不思議、すこしわかったような気分になる。

『無門関』を読む醍醐味は、公案を理解することよりも、むしろ無門のコメントと歌とを味わうことにあるという定説（わたしが唱えているだけだけど）にしたがって、これから『無門関』を読んでゆこうとおもう。由緒正しい読み方も知っておきたいという方は、西村恵信訳注『無門関』（岩波文庫）をお買いいただきたい。ただし、わたしの読みと、すぐれた禅僧であらせられる西村師のそれとは、しばしば異なっている。どっちが正しいのかといえば、もちろん西村師のほうが正しいに決まっている。でもこの本を読んでいるあいだは、正しいかどうかなんて度外視してほしい。だって、正しいことよりも、おもしろいほうが愉快でしょ。

この本を読めば、すくなくとも『無門関』がおもしろいということだけは、わかっていただけるとおもう。わたしの解説のおもしろさも、例外を除けば、かなりの読者にわかっていただけるとおもう（なにごとにも例外のあるのが残念である）。

いましも本書を手にとって「買おうかなあ、どうしようかなあ」と迷っているあなたに申し上げたい。買うべきだということは明らかである（あまりにも明らかすぎて、その理由を説明できないくらいである）。ためしに本書をもってレジにいってみてほしい。かならずや店員はニッコリとほほえみながら「ありがとうございます」というだろう（善いことをしたという証拠である）。

さて、ここまで読んで買う気を失ったひとには、「そんな欲望の命ずるままに生きるようでどうする」といいたい。買おうとおもっているひとには、「おのれの欲するところに素直になりなさい」といおう。

無門の門を叩け、さらば開かれん。

参上の酔訓

目次

門無き門より入れ

精読『無門関』

第一則　犬に仏性はあるか

趙州《じょうしゅう》和尚の話。ある僧がたずねた。「犬にも仏性《ぶっしょう》がありますか」。趙州は答えた。「無」。

無門はいう。禅をやってみたければ、祖師のもうけた関門をくぐらにゃならん。ちゃんと悟りを得たければ、心のはたらきが行き詰まらにゃならん。祖師たちの関門をくぐりもせず、心のはたらきが行き詰まってもおらんようなものは、どうせ草木に巣くうものの怪じゃ。

さあ、いうてみよ。祖師の関門とはなにか。ただ無の一字、これが宗門の第一の関門なのじゃ。これを名づけて「禅宗無門関」という。こいつをくぐり抜けることができたものは、趙州ひとりに親しく参ずることができるだけではなく、歴代の祖師たちといっしょに手をとってゆき、眉毛をくっつけて同じ目で見ることができ、同じ耳で聞くこともできるじゃろう。なんと愉快ではないか。

この関門をくぐってみたいというやつはおらんかな。もしおったら、三百六十の骨節と八万四千の毛穴とでもって、つまり全身でひとつの疑いのかたまりになって、この無の字にぶつかり、こいつを切実な問題として昼も夜もひっさげてみよ。

ただし、この無を虚無の無だとみなしてはならぬし、有無の無だとおもってもならぬ。まるで焼けた鉄の玉でも呑みこんじまったように、吐きだそうにも吐きだせずにおれば、そうこうするうちに知恵や悟りなんてつまらぬものは融けきってしまうし、長いあいだ錬りつづけておれば、やがて内と外とがひとつになるじゃろう。

そのあたりの消息は、唖者が夢を見たようなもんで、ただ自分だけにわかっておる。そういった他人には見当もつかぬ無がいきなり露わになろうもんなら、どえらい騒動になる。ちょうど関羽将軍の大刀を奪っておのれの武器にしたようなもんじゃ。仏に逢えば仏を殺し、祖師に逢えば祖師を殺し、生や死にまみれた現実にあって自由にふるまい、輪廻転生《りんねてんしょう》してやまぬ迷いの世界においてノンビリやっておれるじゃろう。だが、どうやってひっさげりゃよいのか。のべつに気力をみなぎらせて、ひたすら無の字をぶらさげておれ！　もし油断せずにやりつづけておれたら、法の灯明みたいにパッと火がつくじゃろう。

犬だろうが仏だろうが
丸ごとこのとおりじゃ
有無にかかずろうたら
たちどころに命がない

公案（本則）にくらべて無門のコメント（評唱）が異常に長い。なにはさておき、この「無」こそが禅の核心なんじゃ、と無門はいいたいらしい。のっけから核心はキツイが、そういう構成になってるんだからしょうがない。

「犬にも仏性はあるか」と僧は問う。この仏性について、西村師は「仏としての本性、仏となる可能性である」と注しておられる。だが「いま・ここ・わたし」における仏としての本性のことであって、いつか仏になれるという可能性のことじゃない(可能性というと、なんだか未来に属することのようなニュアンスを帯び、間延びするから)。「犬にも仏性はあるか」という問いは、「動物は言葉をしゃべるか」といった問題とはちがう。禅における問いは、いつだって自分自身の切実なことがらである。だから、これも「いま・ここ・わたし」にかんする問いとして読むべきなのだろう。こんな煩悩まみれの自分でも成仏できますか、と。

ところで、僧の「犬にも仏性はあるか」という問いは、『涅槃経《ねはんぎょう》』に見える「一切衆生悉有仏性《いっさいしゅじょうしつうぶっしょう》」というテーゼを前提としている。生きとし生けるものは、人間であれ、犬猫であれ、なべて仏性をもっている(『涅槃経』がウソをついていないかぎり)。だから僧は、きっと「有」という答えを予想していたんだとおもう。ところがどっこい、趙州は「無」という。キッパリと断言されて、僧は二の句がつげず、途方に暮れてしまった。

わたしもまた途方に暮れざるをえないが、しょっぱなからギヴアップも情けないので、無門のコメントを頼りに、ゆっくり考えてゆこう。

「犬にも仏性はあるか」という問い方は、有か無かの答えを期待している。しかし趙州の「無」という答えは、有か無かという相対的分別における無を突きつけているわけじゃない、と無門はいう。それは「有無の無」ではない。かといって「虚無の無」でもない。じゃあ、いったいどんな無なのか?

要するに「知らん」といっているんじゃないだろうか。つまらんことを訊くな、と。

だいたい「犬にも仏性があるか」なんていうエラそうな問い方は、もっぱら人間の立場から発せられたものにすぎない。人間の勝手な物差しをあてがって仏性の保有度をテストしてみたら、「人間は九十点、犬や猫は三十点、ゴキブリは五点」ってなことになったりする。で、そんな三十点しかとれないような畜生の分際で、はたして仏性があるなんていえるんでしょうかね、と傲慢な問いを発してみる。そういう下世話なことをすると、てきめんに自分の身に跳ね返ってくる。人間だって「東大出のキャリアは九十点、高卒のフリーターは四十点、ホームレスなら三十点」ってなことになりかねない。物差しのあてがい方次第で、どのようにも品定めされてしまう。

ふむ。こんなふうにグズグズと考えてると、「ヘタの考え休むに似たりじゃ」と無門にどやされそうである。が、叱られるのを覚悟で、もうちょいグズグズしてみよう。

有るものも無いものも、どっちみち生じたり滅んだりしている。趙州の無は「虚無ではないし、有無の無でもない」と無門はいっている。無門がいいたいのは、有るとか無いとか、そんなふうに考えるなってことだろう。有るといえば有るし、無いといえば無いような、それは「まるで焼けた鉄の玉でも呑みこんじまったように、吐きだそうにも吐きだせずに」いるといった、そういった有無の底から有無を見るような「無」なんじゃよ、と。

有無をまるごと呑みこんで、ウムウムと目を白黒させていると、いつしか「知恵や悟りなんてつまらぬものは融けきってしまうし、長いあいだ錬りつづけておれば、やがて内と外とがひとつになる」のである。

有無の底が、その底なしの底へと突き抜けるのである。

趙州の無は、底なしの底から有無のはたらきを見ている。その「はたらき」を、あえて絶対無と呼びたければ、そう呼んでもよい。ただ禅者は、有無というやつを、有からでも無からでもなく、有無の底からとらえる。

禅をこころざしたからには「全身でひとつの疑いのかたまりになって、この無の字にぶつかり、こいつを切実な問題として昼も夜もひっさげてみよ」と無門はいう。とことん無でゆけ、と。頭でわかろうとしちゃいけない、と。

ひたすら「無」だけを問題として抱えこんだまま、「無」と息を吐き、「無」と息を吸うように、しつこく問いを抱えこんでおれ、と無門はアドヴァイスする。そうやって無を抱えこんでいれば、いつしか時節因縁が熟して「他人には見当もつかぬ無がいきなり露わに」ならんともかぎらんぞ、と。なにがなんでも無にしがみついていさえすれば、そのうち物差しをあてがおうなんて不遜なおもいあがりはキレイさっぱり消え失せちまうから、まあ気長にやっておれ、と。

この「いきなり露わになろうもんなら（驀然《まくねん》として打発《だはつ》せば）」という消息を、西村師は「ひとたびそういう状態が驀然として打ち破られると」と訳しておられる。打ち破られるのは、ただ自分だけにわかっていて他人には語れないような状態であるが、そんな私秘的なところに閉じ籠もっているのではなく、もっと生き生きとはたらき出《い》でよ、と。でも、どうして打ち破らなきゃいけないのかなあ。

わたしが「いきなり露わになろうもんなら」と訳すのは、なんだか知らないけど、露わになっちゃうんである。露わになったことは、忘れてはいないが、おもいだしもしない。しかも露わになるのは、他人にはわからない無である。（わたしには露わになったことがないので想像でいうのだが）その無をもって生き生きとはたらいたりしたら、自由自在、遊戯三昧《ゆげざんまい》、およそ手がつけられないだろう。知らず識《し》らずのうちに、なんにもガンバらなくたって「驀然として打発」してしまうだろう。

「唖者が夢を見たようなもんで、ただ自分だけにわかっておる」というけど、体験というやつは、もっぱら「冷暖自知《れいだんじち》」すべきものであって、言葉をもって語ることはできないと相場が決まっている。とはいえ、語りえないってところにアグラをかき、唯我独尊をうそぶいて語ろうとしないのはいけない。「仏に逢えば仏を殺し、祖師に逢えば祖師を殺し」という気合いで、自分らしくふるまわねばならない。

無門のコメントは、とりあえず無の問題へのガイダンスという趣をもっているようにおもう。無門さん、有名な「無」というエサを世間にチラつかせているような気がする。

いわゆる仏性というものは、そんなものは「ない」といっているのでもなければ、人間にはあるが、犬にはないよ、といっているのでもない。じゃあ、いったいなんなのか？「つべこべ言わず、あれこれ考えず、とりあえず趙州の無をじっくり考えてみなされ」と無門さん、いきなり親切なのである。

ところが、ひとたび考えだそうもんなら、「まるで焼けた鉄の玉でも呑みこんじまったように、吐きだそうにも吐きだせず」といった状態になる。吐きだそうとしても吐きだせないんだけど、ジタバタしているうちに「知恵や悟りなんてつまらぬものは融けきってしま」い、だんだん要らないものが消えて、やがて「内と外とがひとつになる」。内と外とがひとつになるというのは、つまり問題が「自分そのもの」になってしまうのが自覚できるということだろう。その内と外とがひとつになった心境は、なかなかすばらしいものだろうが、そこにとどまっていてはならない。そこには「自己」がない。吐きだそうとしても吐きだせないんだけれども、ペッと吐きだすことが大事である。内と外とがひとつになった境地から、ふたたびゴチャゴチャした現実へと帰ってこなきゃならない。

無門は「ちゃんと悟りを得たければ、心のはたらきが行き詰まらにゃならん（妙悟《みょうご》は心路の絶せんことを窮《きわ》めんと要《ほっ》す）」という。これを西村師は「素晴らしい悟りは一度徹底的に意識を無くすることである」と訳しておられる。だが「心路が絶する」ことは、意識を無くすることだろうか？　そうじゃなくて、文字どおりに「行き詰まる」ことじゃないだろうか。

内と外とがひとつになった状態がどんなものかというと、そいつは「唖者が夢を見たようなもん」であって、ひとにはは語れない。で、見事に行き詰まってしまう。そして首尾よく行き詰まったなら、そこでクジけたり、メゲたりせず、ひたすら行き詰まりつづけることが肝腎である。無門は、とにかく無の一字を「昼も夜もひっさげてみよ」という。四六時中、そうやっておれ、と。ところが、そういった舌の根もかわかないうちに、「だが、どうやってひっさげりゃよいのか」と無門は問いかける。無門さん、つくづく親切である。

つべこべ言わず、あれこれ考えず、ひっさげておればよい。いちばんダメなのは、ひっさげている無にとらわれることである。歌でも「有無にかかずろうたら　たちどころに命がない」と注意している。有るだの無いだのと気にするのは剣呑である。ただ「のべつに気力をみなぎらせて」おればよい。いったん行き詰まったら吐きだそうにも吐きだせないんだから、とにかくジタバタしておれ、と無門はいう。そうやって油断なくやっていれば、そのうちパッとわかるときがくるさ、と。

なにかの拍子に無が露わになると、まさに手の舞い足の踏むを知らずといった按配になり、「唖者が夢を見たよう」な自分に閉じ籠もった状態を脱して、他人へと開かれてゆく。ひとたび開かれようものなら、それこそ関羽の大刀を手に入れたようなもので、まったく自由自在にふるまえるようになる。

この境地に至れば、もう怖いものなしである。「生や死にまみれた現実にあって自由にふるまい、輪廻転生してやまぬ迷いの世界においてノンビリやっておれる」という具合に、地獄に堕ちようが、畜生になろうが、そいつを楽しめちゃうのさ――って、ほんとうかしらん？　そんな都合のよい話があるのかなあ。

僧ありて趙州和尚に問ひて云はく、狗子《くし》に仏性ありや否や。趙州答へて無と云ふ。この僧もしこの言外に旨を得ば、疑団あるべからず。もしこの答話を悟らずば、趙州何の故にか無と答へ給へるといふ疑ひなからむや。もしこの大疑おこらむ人、その疑ひの処について、この語に参ぜば、必ず大悟すべし。

夢窓《むそう》国師は、こうはげましている（川瀬一馬校注『夢中問答集』講談社学術文庫・一五七頁）。もし言外にこころを会得できれば、なにも疑いはない。たとえ答えがわからなくたって、「どうして趙州は無と答えたのかなあ」という疑いが生じたら、その疑いに参じつづけていれば、きっと悟れるじゃろう、と。

無門も「祖師のもうけた関門をくぐらにゃならん」という。禅には達摩《だるま》このかた厄介な関門がデンと据えられていて、これをくぐろうとするものはかならず「行き詰まる」ようなカリキュラムになっている。まず行き詰まってみることが大事である。兎にも角にも、まず行き詰まってみよう。関門をくぐろうとせず、行き詰まりもせぬものは「草木に巣くうものの怪」でしかない。

行き詰まること必至の関門とは、門の無い関門にほかならない。名づけて「無門関」。無門関とは、門を閉じた関門ではない。そもそも門の無い関門なのである。もとより門の無い門をくぐれというのである。「狭き門より入れ」（「マタイ伝福音書」第七章）と叱咤されるほうが、なにをどうすればよいのか皆目見当もつかないよりは、まだマシである。

無の字をひっさげるというのは、無い門をくぐるということである。門があるとおもっているようでは、まず無の字はわからない。とはいえ、無の門をくぐるなんざ、分別のあるオトナのやることじゃない。

なんにも「ない」という唯一の状態が存在するとして、それを「無」と名づけてみる。この無とは、なんにも「ない」という状態が「ある」といっているのである。そういった存在しないことを意味する概念をして存在せしめるというのは、おそろしくエネルギーを要するしわざだろう。

無門は「ひたすら無の字をぶらさげておれ」という。無の字をぶらさげるというのは、無についてじっくり考えることであって、こころをカラッポにしてなんにも考えないことではないだろう。だから考えてみたんだけど、疲れるの疲れないのって――疲れる。

でも無門は、ここではまだ「答えをだせ」とはいっていない。全身全霊でもって「無」という考えようのないものを考えつづけ、ひたすら考えるという営みに埋もれてみよ、といっている。

無門が「禅をやってみたければ、祖師のもうけた関門をくぐらにゃならん」といっているのは、つまり禅をやる方法を説いているのである。そしてその方法とは、行き詰まってみるというものである。やれるだけやり尽くしてみて、行き詰まるのである。性急に答えをもとめようとしちゃいけない。答えのあることが大事なのではなく、問いを問うことが大切である。なぜ有るものがあって、無いものがないのか、と。ただし問うことによって、ものの見方がコロコロ変わるようじゃいけないけど（そんなんじゃ行き詰まっていない）。

「犬にも仏性があるか」という問いは、そもそも有意味なのだろうか？　だいたい人間に仏性があるのかどうか、それすらわかっていない。人間に仏性があるかどうかすらわかっていないのに、どうして犬に仏性があるかどうかがわかったりするだろうか。

そもそも犬は人間にくらべて煩悩はすくないんじゃないかなあ。だとしたら、ひょっとして犬は仏そのものじゃないかしらん。犬が仏そのものであるとしたら、犬の仏性なんてない。ふむ。こんな公案はどうだろう――「犬にも仏性はありますか」「もう仏になってるよ」。

第二則　キツネ憑きも風流

百丈《ひやくじよう》和尚が説法しているとき、ひとりの老人がいて、いつも雲水たちといっしょに説教を聴いていた。説法が終わって雲水たちがひきあげると、老人もまたいなくなった。ところが、ある日のこと、老人がなかなか帰ろうとしない。そこで百丈は「わしのまえにおるあんたは、いったいどこのだれかな」とたずねた。老人は「はい、わたしはじつは人間ではございません。はるか昔、迦葉仏《かしようぶつ》の時代の

ことですが、この百丈山にあって住職をしておりました。ある修行者が『あなたほど修行を積んだ方でも、やはり因果に落ちますかな』と問うてきました。そこで『因果になんて落ちない』と答えたところ、五百回もキツネの身に生まれ変わるハメになりました。どうか和尚さま、わたしに代わって一転語《いってんご》を吐き、なんとかキツネの身から解脱させてくだされ」と訴えた。そして「あなたほど修行を積んだ方でも、やはり因果に落ちますかな」とたずねた。百丈は「因果にたがわない」と答えた。老人は言下《ごんか》に大悟して、礼拝していった。「おかげさまでやっとキツネの身を脱しました。その抜け殻は裏山のほうに置いておきます。あつかましくも和尚さまにお願いいたしますが、どうかそいつを亡くなった僧の事例にならって葬ってやってくださいまし」。和尚は世話役に命じ、合図をして雲水たちに触れさせた。「昼食のあとで亡くなった僧の葬儀をするぞ」と。雲水たちは「みんな元気だし、涅槃堂《ねはんどう》にも病人はいない。いったいどうしたんだろう」と噂しあった。食後、百丈は雲水たちをひきつれて裏山の大岩の下にゆき、杖でもって一匹のキツネの遺骸をひきずりだし、すぐさま茶毘《だび》に附した。

その晩、百丈は上堂《じょうどう》して事の次第を語った。すると黄檗《おうばく》が「あのものは誤って一転語を口走ったばっかりに五百回もキツネの身に生まれ変わりましたが、いちいち誤らずに答えられたとしたら、なんになっておりましたか」と問うた。百丈は「こっちへおいで、あいつのために話してやろう」と手招きした。黄檗は百丈に近づくと、いきなり平手打ちを喰らわした。百丈は手を叩いて笑いながらいった。「達摩《だるま》のヒゲは赤いとおもっておったら、ここにもひとり赤いヒゲの達摩がおったわい」。

無門はいう。因果に落ちないと答えたら、どうしてキツネになっちまったのか。因果にたがわないと答えたら、どうしてキツネから解脱できたのか。もしこいつを見抜けるほどの眼力をつけられたら、かつて百丈だったキツネは五百回も生まれ変わりながら、じつは風流千万なる暮らしぶりじゃったということがわかるじゃろう。

不落だろうが不昧《ふまい》だろうが
いずれにせよ賽《さい》の目じゃよ
不昧だろうが不落だろうが
どっちみち大間違いじゃよ

「あなたほど修行を積んだ方でも、やはり因果に落ちますかな」というのは愚問である。いくら修行したって因果に落ちるときは落ちるし、それにそもそも因果に落ちないために修行するわけじゃない。きちんと修行して、きちんと因果に落ちればよい。良寛も「災難に遭ふ時節には災難に遭ふがよく候」といっている。

かつての百丈（すなわちキツネの老人）は、十分に修行を積んでいた。だから「あなたほど修行を積んだ方でも、やはり因果に落ちますかな」と訊かれて、自信満々に「因果になんて落ちない」と答えたが、そう答えたことが原因でキツネになっちゃったという、なんとも笑えない話である。

いまの百丈は、かつての百丈に、「因果にたがわない」と答えればよかったのじゃ、と手本を示す。修行を積んだものは、いちいち因果に逆らわない、と。すると老人はおのれがキツネになった因果を知って、こころが救われた——と、ここで話が終わったらハッピーエンドなんだけど、黄檗がちょっかいをだす。もし老人がまちがったことをいわなければどうだったでしょう、と。で、百丈がそれに答えようとしたら、黄檗はすかさずピシャリとひっぱたいた。訊かれれば答えようとするのが人情である。が、答えようとしたことが原因で、ひっぱたかれるという結果になった。

おもしろいのは、百丈と黄檗とのやりとりのほうである。「奴さん、もしドジらなければ、キツネじゃなくてなんになってたでしょうか」と黄檗に問われ、「教えちゃるから、こっちへこい」と百丈が呼び寄せたところ、黄檗にしたたかひっぱたかれた。「もそっとそばに」と招いたのは、やってきたらひっぱたいてやろうという魂胆だったのに、逆にやられちまった。こいつは一本取られた、と呵々大笑した。

黄檗の問いは、どう考えても「罠」である。だいたい「いちいち誤らずに」なんていう仮定形の問いにうかうかと答えるようでは、まず「因果にたがわない」とはいえない。

「まちがわなかったら、なんになっていたのか」とは、たとえまちがわなくたって、だからキツネじゃなくてなんになったっていうんですか、と文句をいっている。はなから百丈をひっぱたいてやるつもりで、黄檗はこの問いをぶつけたにちがいない。あるいは「まちがった返答をしたからキツネに生まれ変わったというが、もしまちがわなかったら、どうなっていたのか」と問うておいて、百丈をひっぱたくことによって、「さしずめ和尚さんにでも生まれ変わったのでしょうよ」と答えてみせたのかもしれない。

で、ひっぱたかれた百丈は「わしがひっぱたいてやろうとおもっとったのに、あべこべにやられてしもうた」と笑う（ホッペタは痛かったけど、我が意を得たりというポーズをとりながら）。

いずれにせよ黄檗は、百丈のやったことに不満をいだいている。せっかくキツネになったんだから、せいぜいキツネライフを満喫すればよい。余計なお世話なんて焼かずに放っておけばよいのに、と。

「因果に落ちない」といって因果に落ち、「因果にたがわない」といって因果から脱するとは、なんとも皮肉じゃないか、と無門はいう。因果に落ちないと豪語すると因果に落ち、因果はまぬがれられないと覚悟すれば因果から脱する。だったら、いっそのこと因果にドップリ浸かってみちゃどうだろうか。キツネになったらなったで、キツネであることをとことんエンジョイしてみるのも乙だろう。

やれ不落因果だの不昧因果だのと、どっちでもいいじゃろう、と無門はおもっている。この両目のほかに「もうひとつの目」を、つまり不落だとか不昧だとかにかかずらわない「一隻眼《いっせきげん》」をもっておれば、五百代ものあいだキツネとして輪廻転生するのも、それはそれで「風流」だったりする、と。

一枚の紙がある。紙には表と裏とがある。表と裏とはちがうけど、表と裏とは別々にあるわけじゃなく、一枚の紙の表と裏とでしかない。表あっての裏であり、裏あっての表である。不落因果と不昧因果とだって、表と裏くらいにしかちがわないのにね。

もし地獄に堕ちれば、鬼どもといっしょに酒盛りしたりして、それなりに楽しくやればよいだけの話である。地獄に堕ちたのは、それにふさわしい因縁があったからそうなったのであって、ジタバタしたってはじまらない。ご縁があったから地獄に堕ちたのである。だったらクヨクヨしたって草臥れ儲けじゃよ、と無門はいいたいんじゃないだろうか。

因果に落ちたからこそキツネになったのであり、因果にたがわなかったからこそキツネから脱したのである。キツネになるのも、キツネを脱するのも、どっちも因果に身をゆだねただけのことである。だから無門は「じつは風流千万なる暮らしぶりじゃった」と涼しい顔である。前世の百丈だって、それなりに楽しい五百代じゃったろ、と。

そう考えると、無門が「落ちぬもたがわぬも　どっちもどっち　たがわぬも落ちぬも　たがいちがい」と歌っている気分もわかる。因果に落ちなくたって、因果にたがわなくたって、似たり寄ったりである。機嫌よくキツネをやってりゃよかったのである。

「不落」といって落ちた。だが落ちたということは、つまり因果に「不昧」だった、因果にたがわなかったわけで、じつは落ちてはいなかった。もし「不昧といっておれば不落だったのに」といったりするようなら、てんでダメである。ま、そんなことは百丈だって百も承知だったんだけど、つい黄檗にしてやられた。

「不落と不昧と」はキツネで、「不昧と不落と」は百丈である。なぜそんなふうに考えたくなるかというと、歌のなかで「不落不昧」および「不昧不落」というふうに順序が入れ替えられているから。

「不落」と答えて輪廻に落っこちたキツネは、みずからの運命にかんしては「不昧」である。「不昧」と答えてキツネを解脱させた百丈は、おもいもよらず黄檗にひっぱたかれたという意味では「不落」と答えたのと似たようなものかもしれない。

「不落」と「不昧」とでは、もちろん「不昧」のほうが正しそうである。修行を積んだひとは因果に逆らおうとはしない。因果にしたがって自由自在である。だから自分のあり方を、わざわざ「因果に落ちる」とはいわない。しかし、いくら修行を積んだって因果を超えることはできない。だれもみな「不落」

であることはできっこない。けっきょく「不落」は無理で「不昧」が正しいのである、と考えたくなる。「不落」はダメで「不昧」が正しい。概念としてはそうだろう。だが「不昧」のひとほど「不落」とはいえないわけで、すると「不落」はまちがいで「不昧」が正しいというのはナンセンスである。

不落だの不昧だのという区別はできっこない。サイコロひと振りで、ふたつの目が同時にでることはありえない。不落と不昧とをきれいに並べて区別することはできない。不落はただちに不昧であり、不昧はすなわち不落である。不落はダメで、不昧はＯＫ、といった心得ちがいをしちゃいけない。キツネと百丈とだってそうだろう。どっちもどっち、五十歩百歩である。

かつて百丈は「因果に落ちない」とエラそうな顔をしたばっかりに、五百代ものあいだキツネに生まれ変わりつづけた。キツネに生まれ変わるという因果を受け容れて、つまり「因果にたがわない」まま、もう五百代ものあいだ生きつづけてきたのである。このことを「一隻眼」で見るなら、かれは因果にたがうことなく、わりと「風流なる五百生」を生きながらえてきたってことに気づくべきである。

ただ哀しいかな、キツネ老人はそのことに気づけない。きっと正解があるはずで、自分がどうミスったのかを知りたいとおもった。で、百丈が説法しているところに、のこのこ勉強しにきた。そして百丈に「おまえさんの生き方は、ちっともまちがっておらんよ」とズバリと指摘され、積年の悩みがカラリとふっきれた。そうか、おれってそこそこ風流にやってきたんだな、と。

正解なんてどこにもないんだ、とキツネ老人は悟ったのである。ところで百丈だけど、かれは正解なんてないということを、とうに悟っていたのだろうか？　いささか怪しい。黄檗に横面をひっぱたかれた拍子に、はじめて悟ったのかもしれない。

「因果に落ちない」とは、因果に縛られないことである。が、そんなふうにいうことは無意味である。「因果にたがわない」とは、縛られてるのかどうかは知らないが、あるがままに受け容れてゆくってことである。ひょっとすると因果に縛られているのかもしれないけど、しょせん不確定性のもとで生きているしかない。そのことを百丈は指摘した。「不落」は当然のことじゃが、それは因果を否定することではないぞ、と。因果を否定するという意味で不落なんじゃないぞ、と。因果を受け容れて、しかも自由であることじゃよ、と。

「落ちることがあるか」と訊かれて「あるがままに受け容れるのさ」と応えるのが正解なのは、そこに「だがそれは因果に落ちることじゃないよ」ということがふくまれているからだろう。ただ、どうも百丈さん、歯切れがわるい。案の定、そこに黄檗の突っこみがやってきた。見事な突っこみじゃ、と百丈は評価するんだけど。

黄檗の問いに百丈が答えようとしたら、黄檗はポカリと殴った。いったい百丈は、黄檗が殴ってくるなんてことを予測しただろうか？　この一連のプロセスのなかに「因果」は存在しただろうか？

もし老人がまちがったことをいわなきゃという問い方は、たしかに因果に縛られているような気配がある。しかし、現実には不確定な要素がいっぱいあって、なにごとも予測どおりにはゆかない。で、黄檗が百丈を殴ったのは、どこまでも不確定でしかない現実の可能性を示そうとしたのかもしれない。さすがは太っ腹の百丈、ここにも達摩がおるわい、と黄檗のやり方を鷹揚にみとめてやったという次第。

キツネ老人の「因果に落ちない」は、それはそれで正解だったんじゃないかしらん。でも、それが原因でキツネになった。不覚にも、因果に落ちてしまった。キツネになったらなったで、「それもまた風流」と、あるがままに受け容れていればよかったのになあ、というのが無門の意見だったんだろう。

「因果に落ちない」といって、コンコンと鳴き、「因果にたがわない」といって、ワンワンと鳴く。臭い禅僧だったら、それくらいの藝はしてみせたかもしれない。

第三則　いつも指を立てる

倶胝《ぐてい》和尚は、とりあえず質問を受けると、いつも一本の指を立ててみせた。ひとりの小僧が寺の外からきたひとに「ここの和尚はどんな法を説くのか」と訊かれた。そこで小僧もまた一本の指を立ててみせた。倶胝はこのことを聞くと、ナイフで小僧の指を斬り落とした。小僧は痛さのあまり泣き叫びながら逃げだした。倶胝は小僧を呼びとめた。小僧はふりむく。そのとき倶胝、ひょいと一本の指を立てた。とたんに小僧はハッと悟った。

倶胝は臨終にさいして、こういった。「わしは天龍老師から一本指の禅をさずかったが、一生かかっても使いきれなんだ」と。そういうと息をひきとった。

無門はいう。倶胝も小僧も、その悟りは指にはない。こいつがわかったら、天龍も倶胝も小僧も、そして自分も、みな一本の串に貫かれるじゃろう。

倶胝は鈍い天龍をコケにして
鋭いナイフで小僧をいたぶる
神さまならばもっと無造作に
山をふたつにぶち割ったろう

小僧は和尚さんの真似をして、こらしめの意味で指を斬られた。サル真似はいかん、と。たぶんこれが尋常の理解なんだろうなあ。

指を一本立てるのは、もともとは天龍のオリジナルだったが、それを倶胝が継いだ。指を立てるというのは、ひとつの「やり方」であって、それ自体に格別の意味はない。そのようにする主体の「あり方」によって、そこに意味がもたらされる。いつも一本の指を立ててみせたというが、そのつど立てる本人のあり方が新鮮にあらわれているべきである。ただ指を立てるばっかりではマンネリズムにおちいるだろう。

それにしても、小僧の指を斬ってしまうというのは、いくらなんでもやりすぎじゃないだろうか。とても事実だとはおもえない。というわけで、あらためて読み返してみると、これって存外ユーモラスな寓話のつもりなんじゃないかって気がしてくる。

いつも和尚さんのマネをしていた小僧、指を一本立てるのがクセになっていて、のべつ得意げに指を立てていた。その指をちょん斬られ、泣き叫びながら逃げだしたとき、和尚さんに呼びとめられ、小僧はふりむいた。和尚がひょいと指を立てた。それを見て、小僧も条件反射みたいに指を立てようとしたけど、肝腎の指がない。とたんに小僧は悟った。立てるべき指がなくなって、はじめて指の立て方がわかった。

小僧さん、泣き笑いしながら、無い指を立てたんじゃないかなあ。

無門のコメントは、「こいつがわかったら、天龍も倶胝も小僧も、そして自分も、みな一本の串に貫かれるじゃろう」とえらい気魄である。「わかったなどとほざこうもんなら、天龍も倶胝も小僧も、そしておまえも、この無門がいっしょに串刺しにしてくれるわい」とニラみをきかせている。いやはや。無門みたいに鋭いひとのまえで「見得《けんとく》」したなどと口走るのは剣呑きわまりない。

たまたま泉鏡花の「湯女の魂」という短編を読んでいたら（『鏡花全集』岩波書店・巻五所収）、そこにこんな一節があった。

其の坊さんは黙つて微笑みながら、拇指を出して見せました。些と落語家の申します蒟蒻問答のやうでありますけれども、其の拇指を見せたのであります。

そして坊さんが言ふのに、先づ見た処此の拇指に、何の位な働きがあると思はつしやる、譬へば店頭で小僧どもが、がやがや騒いで居る処へ、来たよといつて拇指を出して御覧なさい、ぴつたりと静まりませう、又若い人に一寸小指を見せたら何うであらう、銀座の通で手を挙げれば、鉄道馬車が停るではなからうか、最一つ其上に笛を添へて、片手をあげて吹鳴らす事になりますと、停車場を汽車が出ますよ、使ひ処、用ゐ処に因っては、之が人命にも関はれば、喜怒哀楽の情も動かします。

指を一本立てるのも、ちっぽけな自分が指を一本立てているわけじゃなく、世界が指を一本立てているのである。全世界が指そのものになりきったなら、あなどれない。なるほど騒動が「ぴったりと静まり」もするだろう。要はその「使ひ処、用ゐ処」である。

無門の歌は、どうも倶胝に批判的のようである。天龍はおまえさんを悟らせるために指を一本立ててみせた。おまえさんは小僧を悟らせるために指を斬っちまった。やりすぎなんじゃないの、と。そんな大袈裟なやり方をするのは、せっかくの天龍伝来のやり方をバカにすることになりゃせんかな、と。神話のなかの巨霊神《これいしん》はひとつの山をふたつに裂いたというけど、そんな派手なパフォーマンスをやらかすなんぞ、恥ずかしくはないのかい、と。

「倶胝は鈍い天龍をコケにして　鋭いナイフで小僧をいたぶる」と歌うのは、あるいはこういう寓意かもしれない。倶胝は天龍から一本指の禅を教わったんだけど、天龍はべつに倶胝の指を斬ったりしなかった（あるいは斬ることができなかった）。おかげで倶胝は死ぬまで指を使いつづけることができた。ところが倶胝は小僧の指を斬ってしまった。天龍が倶胝に対してできなかったことを、倶胝は小僧にすることによって、天龍をコケにしおった。

倶胝は天龍から一本指の禅を教わった。要するに、先生のマネをした。天龍は倶胝の指を斬ったりしなかったが、倶胝はマネした小僧の指を断った。無門は「倶胝は鈍い天龍をコケにして（倶胝鈍《どんち》置す老天龍）」と歌っている。倶胝は天龍を小馬鹿にしておるわい、と。そして同時に「天龍も倶胝も小僧も、そして自分も、みな一本の串に貫かれるじゃろう」という。天龍も倶胝も小僧もひとつだということがわかれば、それがわかった自分もひとつだ、と。模倣することと創造することとは、ひとつである。それがひとつだということがわかるのも、またひとつである。

それにしても、天龍はなぜ倶胝の指を斬らなかったのだろう。斬るだけの気力がなかったのだろうか。いや、倶胝のマネぶりは、たんなる模倣じゃないことが、天龍にはわかっていたのだろう。

「倶胝も小僧も、その悟りは指にはない」と無門はいう。当たり前のようではあるが、なかなか大事な勘所なんじゃないだろうか。

天龍は倶胝の指を断ったりしなかった。そのおかげで倶胝は天龍の一本指の禅を継承できた。倶胝はおのれのマネをした小僧の指を断っちゃった。かわいそうに小僧は、一本指の禅をやろうにも指がない。ところが無門は「天龍も倶胝も小僧も、そして自分も、みな一本の串に貫かれるじゃろう」という。みな同じものを継承しているんじゃ、と。ここには禅の継承の問題にからむ教育的配慮がある。

第一則で無門は「祖師の関を透《とお》る」ということを強調していた。祖師の関を透るというのは、模倣から創造へとステップアップすることである。この間の消息には、禅の継承という機微がひそんでいる。

倶胝は天龍の一本指の禅を継承したが、倶胝と天龍とは同じではない。その証拠に、天龍は倶胝の指を斬らなかった。ところが倶胝は小僧の指を斬り、さらに小僧に対して指を立ててみせた。だが小僧には立てるべき指がない。しかし、じつは三者は三様に同じものを見ている。祖師の関を透るとは、畢竟、そういうことだ、と無門はいいたいのかも。

指を立てるというのは、「指を見ろ」ということだろう。さらにいえば、指を立てるというのは、「斬れるものなら斬ってみよ」という気合いだろう（ただ指を立てるだけなら寝ボケていたってできる）。

指が「ある」から、それを立てることができる。しかし、斬れるものなら斬ってみよという気合いで立てるとき、それは「ない」指も立てている。

それなのに現実の指を斬ってしまうというのは、はなはだ藝がない。現実の指を斬らずして、しかも「ない」指を立てさせる工夫が、師家《しけ》たるものには必要じゃないかなあ。

天龍から倶胝に一本指の禅は伝えられ、倶胝から小僧にも一本指の禅は伝えられた。倶胝には生涯ちゃんと指があった。だからそれを使った。小僧にはもはや指がない。だから使えないけれども、一本指の禅は伝わっている。一本指の禅は、倶胝の「ある」指と小僧の「ない」指とのあいだに脈々として伝えられている。

無門は「神さまならばもっと無造作に　山をふたつにぶち割ったろう」と歌う。巨霊神は、ひとつの山を華山と首陽山とに引き裂いた。もとの山が天龍で、それが倶胝の華山と小僧の首陽山とに引き裂かれた。一本の指は、上は三十三天から下は奈落のドン底まで、斬っても斬れないかたちで突っ立っている。

第四則　達摩にヒゲはない

或庵《わくあん》がいった。「インドからきた達摩《だるま》には、どうしてヒゲがないのか」。

無門はいう。どうせ禅をやるなら、ほんものの禅をやらにゃならぬ。悟りたいなら、ほんとうに悟らにゃならぬ。この（ヒゲがないという）達摩さんの話にしても、一度は直接にお目にかからねばなるまい。だが直接にお目にかかるなどといってると（達摩と自分とで）ふたつになっちまうぞ。

寝ボケづらしたやつらに
夢を説いてもはじまらぬ
達摩にヒゲがないなんて
よけい眠たくさせるだけ

「なぜ達摩にはヒゲがないのか」という問い方は、はじめから逆説的である。達摩といえば顔じゅうヒゲだらけと相場が決まっている（だれが決めたのかは知らないが）。

すでに「ある」ものについて、なぜ「ないのか」などと問うのだろうか。つらつら考えてみるに、或庵は「なぜ達摩にはヒゲがないのか」と問うてはいるが、べつに「達摩にヒゲはない」といってはいない。わたしは勝手にひとりで早合点して、或庵の問い方はヘンだとおもいこんでしまったにすぎない。

ほんとうにヒゲがないかどうかは、じっさいに達摩に逢って、自分の目で見てみないとわからない。無門が「一度は直接にお目にかからねばなるまい」というのは正論である。なにごとも実地にやってみなければ、ものにはならない。まさに「どうせ禅をやるなら、ほんものの禅をやらにゃならぬ。悟りたいなら、ほんとうに悟らにゃならぬ」である。

或庵は「なぜ達摩にはヒゲがないのか」と問うが、そうやって「ない」と考えてしまうと、なかなか頭から拭い去れなくなってしまう。かれのことがキライだとする。で、もうかれのことは考えまい、と考えるってことは、じつは非常に考えているわけである。あんなキライなやつのことは考えまい、と考えれば考えるほど、かえって考えてしまうように、頭のなかで「達摩にヒゲがないかどうかなんてもう考えまい」とすればするほど、頭のなかでヒゲなし達摩があぐらをかく。

じつに情けないが、それはわたしが禅の伝燈につらなっていないからだろう。

イエスがキリスト（救世主）であることを信じるうえで、かれと同時代を生きた直接の弟子と、ずっとあとの時代の間接の弟子とでは、どっちが有利だろうか？　イエスに接することのできた同時代人のほうが有利のような気もするが、時代がくだればくだるほど、客観的かつ総合的な研究が進み、いろんなデータが追加されて、真相に近づくのに有利なようにもおもえる。

イエスの同時代人にとって、かれはどういう存在だったのだろうか？　いっしょに食事をしたことがあるものは、イエスをよりよく理解しうるといえるのだろうか？　わたしは疑問だとおもう。ストーカーのようにイエスにつきまとって、生身のイエスを知れば知るほど、かれがキリストであることがわからなくなったかもしれない。

後世におけるイエスは後光につつまれているが、同時代人にとってのイエスはかならずしも後光につつまれてはいなかった。財産もなければ地位もないくせに、やたらとエラそうなことをいう山師風の人物だった。にもかかわらず原始キリスト教の信者たちは、かれがキリストであることを信じた。後世の学者はイエスがキリストであることを理解しているかもしれないが、そこまで信じきってはいない。

無門のコメントを読んでみると、達摩にヒゲはあったのかどうかという議論は、イエスは後光につつまれているのかどうかという議論と、相通ずるものがあるような気がする。イエスはもともと後光につつまれている。しかし同時代人には、その後光が見えていなかった。時代がくだるにつれて、後光につつまれていたことが明らかになり、それを疑うものはいなくなった。もしそうなら、そんな後光はあとからの追加であって、後光なしにイエスを見ることができなくなることは、むしろ信仰の腐敗をまねくだろう。

かつて達摩のもとで修行したもののように、「ほんものの禅」をやった或庵にとって、達摩にヒゲはなかった。しかし、達摩の「絵」を見たことのある後世のわたしにとって、達摩には立派なヒゲがはえている。ヒゲの有無が問題なのではなく、畢竟、修行者の主体性が肝腎だってことだろうか。

無門のコメントは、いつもながら一筋縄ではゆかない。「じっさいに参禅して悟ったものだけが、ヒゲがないという珍しい達摩の顔を拝むことがかなうのじゃ」といったそばから、「顔を拝むといったとたん、そのヒゲなし達摩はどこかにいっちまうぞ」と釘を刺す。

達摩はヒゲづらと決まっているから、ヒゲなし達摩とすれちがっても、そいつを達摩と見抜くのはむつかしい。けれども、見抜けないようでは「実参・実悟」はおぼつかない。「ハイ、達摩でございます」なんて自己紹介するやつは、ほんものの達摩じゃない。

じゃあ、ほんものの達摩にはヒゲがあるのか——って、そんなこと、わかりっこない。大昔のインドの坊さんにヒゲがあったかどうかなんて、知ったこっちゃない。「そんなこたあ、あっしには関わりのねえことでござんす」と突っぱねればよいのである。

「ヒゲ、のびてるよ」といわれ、あわてて剃る。「素敵なヒゲね」といわれ、すこし照れたりする。ヒゲってやつは、物理的には「ある」のだが、意識的には「ない」のだろう（よほどヒゲにこだわっていないかぎり）。自分の顔なんて、しょせん他人のためにある。ひとりっきりでいるならノッペラボウでもかまわない。ヒゲをたくわえた達摩も、ヒゲの有る無しなんて、べつに気にかけちゃいなかっただろう。

達摩は中国にやってきた。その顔にはたまたま立派なヒゲがあった。そして中国の禅では、やたらと「祖師の関を透る」ことに重きを置いた。先生と弟子はひとつだ、と。だが、いくら先生と弟子とはひとつだからといって、「達摩の弟子ならヒゲがあって然るべきだ」とはならないだろう。先生は先生、弟子は弟子。それでいてひとつであるのが禅なんじゃないだろうか。だから無門も「直接にお目にかかるなどといってると（達摩と自分とで）ふたつになっちまうぞ」という。きちんと逢うのはよいが、わざわざ見たとたん、別々になっちまうぞ、と。

第二則で百丈は黄檗を「ここにも達摩がおったわい」とホメていた。黄檗にかぎらず、いつの世にも達摩はいる——否。ありとあらゆる人間は、だれもみな達摩である。ヒゲが有ったり無かったりしても、おのれの人生の主人公として生きておるものは、みな達摩である。インドからやってきた達摩にヒゲがないかどうかは、じっさいに逢ってみなけりゃわからないけれども、もしほんとうに逢うとなれば、達摩と達摩とが逢うわけで、達摩がふたりいることになる。そいつはヘンじゃろう、と無門はいう。

無門は「夢を説いてもはじまらぬ」と歌う。夢の話は、夢を見た本人はおもしろいかもしれないが、他人にはつまらない。寝ボケまなこをこすりながら、夢から夢へと話をもてあそび、不明なものに不明なものを重ねて、なにか考えたつもりになってみてもしょうがない。

インドからやってきた達摩も、現にこうして生きている自分も、ともに達摩であるとして、この自分にヒゲがないからといって、インドからやってきた達摩にヒゲがないとおもうのは推量にすぎない。じっさいの体験が大事なのであって、推量に推量を重ねてみても仕方がない。

アッシジのフランシスには十字架上のイエスと同じ聖痕（スティグマ）があったという。フランシスは、第二のイエスとしてイエスのように生きようとした。もちろんフランシスはイエスではない。だが、その天才的な模倣ぶりがキリスト教に革命的な創造性をもたらした。

中国の禅でも似たような現象があったのかもしれない（と俗人の空想はふくらむ）。禅をもたらしたのは達摩である。その達摩の禅を継承すると称しながら、弟子たちは、じつは独自の禅を創造していったんじゃないかなあ。
それにしても、達摩のヒゲである。イエスとフランシスとの関係は「二にして一」である。その証拠に、奇蹟的に聖痕があらわれた。禅の伝燈における先生と弟子との関係も「二にして一」である。人間としては二だけれども、教えにおいては一である。

第五則　木登りの最中には

香厳和尚《きょうげん》がいった。「だれかが木に登っているとして、口で木の枝をくわえただけで、手は枝をつかむことができず、足は木をふまえてもいないとする。そのとき木の下にだれかがきて、「達摩がインドからやってきた真意はなにか」と問うたならば、答えなければせっかくの問いをムダにすることになるし、さりとて答えれば（木から落ちて）命を失うことになる。まさにこのようなとき、どうやって答えたらよかろうか」。

無門はいう。たとえ立て板に水のような弁舌をふるっても、まったく役に立たん。また大蔵経をすっかり解説できたとしても、やっぱり役に立たん。（そんな頭でっかちの口達者な答え方ではなく）もしこいつに答えられたら、これまで死んでいたものを生かし、これまで生きていたものを死なすこともできるじゃろう。答えられぬのであれば、ひとまず気長に未来を待って、弥勒菩薩《みろくぼさつ》にでもたずねてみんしゃい。

香厳はほんにデタラメ
とことん根性がわるい
禅坊主の口をふさいで
腐った目にさせるだけ

木の枝に口でぶらさがった禅僧って、想像してみると、かなり笑える。だが本人にしてみれば笑いごとじゃない。いくら絶体絶命でも、答えなければ、問うたものを裏切ることになるし、かといって答えれば命がない。命を失ってまで問いに答える義理はないけど、いかにも進退きわまったって感じではある。

漠然としたイメージなんだけど、禅僧ってわりと口が達者なような気がする。不立文字《ふりゅうもんじ》というわりには、なんとなく能弁な感じがする。曰くありげだけど、たんにオシャベリが得意なだけだったりする（あくまでも個人的なイメージでしかない）。で、そういう禅僧の口を封じてしまったら、それでも禅者でございと看板をかかげておれるだろうか？

口を開けて言葉を語らなければ、ソレは伝わらない。だが言葉で語れば、ソレは汚染されてしまう。さあ、どうやって汚染されざるソレを伝えることができるか。

公案の最後を見ると、「どうやって答えたらよかろうか」といっているから、黙ってぶらさがったまま答えない、という選択肢はないようである。どんな方法であれ、かならず答えることが迫られている。真の禅者であれば、木の上だろうが木の下だろうが、言語道断、ひたすら禅をやっておれるのだろうが、なかなかそうはゆくまい。それなのに、なんでまた木にぶらさがったりしたのかなあ。禅僧としてスキがあるから、不意をついて西来《せいらい》の意《い》を問われたりする。

どういうはずみで木にぶらさがったのかは知らないが、ぶらさがってしまったら、木の上にあって「ぶらさがり禅」をやるしかない。それが答えだろう。その答えを喰らって、それが答えだとわからないようなら、問うたほうがダメである。そんなやつに答える必要はない。

これって「どうにもならないとき、どうするか」という無茶な問いである。でも、そういったニッチもサッチもゆかぬようなことは、日常生活のなかで、ないとはかぎらない。いつなんどき進退きわまるかわかったもんじゃない。

禅では「大死《だいし》一番《いちばん》」という。ひとつ死んでみる。そこから生き返る。これは理屈ではない。絶体絶命の淵にあってオロオロしていると、なにかが開けたりするらしい。悲しいかな、俗人にはピンとこないが。

この間の消息について、無門は「これまで死んでいたものを生かし、これまで生きていたものを死なすこともできるじゃろう」という。これは順序が逆である。「これまで生きていたものを死なせ、これまで死んでいたものを生かす」でなければならない。生きていたころの分別をいったん滅ぼし、その滅びたところから蘇るのである。

もちろん無門は、わざと逆にいっているにちがいない。でもって、大死一番なんていう絵空事めいた茶番をコケにしているのだろう。

死んでいたものを生き返らせ、生きていたものを殺すことなんて、はなからできっこないし、できたとしてもつまらない。つまり「どうにもならないとき、どうするか」なんていうアホな問いにかかずらってるヒマはないわい、と無門はいう。そんな愚問はこのさい無視しんしゃい、と。どうしても気になるなら、いずれ折りをみて弥勒菩薩にでも訊いてみなはれ、と。

だから無門は、香厳をボロクソにいう。「どうにもならないとき、どうするか」などと鬼面ひとを驚かすような問い方をして禅坊主の口をふさいでみたところで、そんな底意地のわるい問いによっては、なんにも生まれてこないぞ、と。

気のせいかもしれないが、無門の口調は、いつにも増して厳しい。だいたい祖師西来の意なんて、口で答えられるものじゃない。生死を超えた自分の禅をあらわせば、死者は生き、生者は死ぬ。それができないなら、いつまでも木にしがみついておればよい。

無門は歌っている。香厳の垂れ流すデタラメの害毒は、まったく計り知れんわい、と。おかげでこの木に口でぶらさがった男、口がきけないだけじゃなく、目もすでに死んでおるわい、と。

二者択一というのは、なんとなく下品である（しかも答えは、たいてい選択肢のどちらにもなかったりする）。木の枝をくわえた口を、開くか、開かないか、それだけしか答えようがないとおもうのは早合点である。枝をくわえたままVサインをするとか、やり方はいくらでもある。

祖師西来の意を問われて、それに答えるのに口はいらない。平生のあるがままの姿が、ただちに「生即死・死即生」のはずである。ましてロだけで枝にぶらさがっているような絶体絶命の状況であれば、とっくに全身で禅のなんたるかを体現しているはずである。さらに示すべきものなんて、なんにもない。

祖師西来の意は、もとより口で答えるべきものではないとすると、香厳の問いは、問いそのものが成り立っていない。木の枝に口でぶらさがっているという特殊な状況でなくたって、「達摩がインドからやってきた真意はなにか」なんていう究極の問いには答えようがない。この手の愚問にあえて答えようとすれば、「答えようがない」と答えるしかない。だがそう答えると、「言葉ではいえない」と言葉でいうみたいなパラドックスをやらかすことになる。

「言葉ではいえない」と言葉でいうことの真偽を知ろうとしても、どこまでも際限なく探究がつづいてしまって、ついにキリがない。言葉ではいえないと言葉でいうことの真偽の探究は、つまり「底なし」である。どこかに底はあるのかもしれないが、わたしは言葉が意味をもたらすメカニズムに通暁していないので、どうしても底にとどけない。だったら、もう仕方がない。疲れて落っこちるまで、木の枝に口でぶらさがっているしかない。問うたひとには気の毒だけど、それまで気長に待っていてもらおう。

もし「言語を語る」ことが「言語ゲームを語る」ことだとしたら、言語ゲームを語るなんてことは可能なのだろうか？　言語ゲームには規則がある。だから言語ゲームを語ることには、規則を語ることがふくまれる。すると「規則を語る」ことが可能ってことになるのだろうか？

規則を語るというのは、規則をなんらかのかたちで表現することである。だが、表現された規則は、それだけじゃ使いものにならない。なぜなら、その表現された規則を使うためには、表現された規則の使用規則が別に必要になるから。かくして無限後退におちいることは必至である（もし規則を完全に表現しようとすれば、表現された規則は無限に連なる使用規則でサポートされなくちゃならない)。

要するに、規則というものは、いかなる仕方においてであろうとも、けっして語りえない。規則は、語られたとたん、死んでしまう。生きた規則は、もっぱら行為において示されるべきものであって、それを語ることはできない。

ウィトゲンシュタインは、言語で言語を語るのは不可能だと考えている。ラッセルのやったような「対象言語・メタ言語」という上下関係めいた階層性を、かれはみとめない。言語はひとつなんじゃ、と。けっきょく言葉でもって言葉について語ることは不可能だとしたら、もうお手上げなのだろうか? かりにお手上げであっても、なんら不都合はない。不可能だろうがなんだろうが、ひたすら語りつづけていればよい。ダメもとで、とにかく「語ってみる」のが先決なんじゃないかな。

ただし、そうすることに意味があるかどうかを、みずから決めることはできない。言葉には、もともと前提的に意味があるわけじゃなくって、相手に「意味がある」とされるのである。言葉の意味は、おのれの内部からは生まれてこない。

第六則　花で伝わるものは

世尊《せそん》は、かつて霊鷲山《りょうじゅせん》で説法したとき、一輪の花をひねってひとびとに示した。みな口をポカンと

開けているばかりであった。ただ迦葉尊者《かしょうそんじゃ》ひとりだけがニッコリとほほえんだ。世尊はいった。「わたしに正法眼蔵《しょうぼうげんぞう》、涅槃妙心《ねはんみょうしん》、実相無相《じっそうむそう》という微妙《みみょう》の法門がある。これを不立文字《ふりゅうもんじ》、教外別伝《きょうげべつでん》というやり方で、摩訶《まか》迦葉《かしょう》に伝えた」。

無門はいう。黄色い顔のブッダは、傍若無人にふるまい、良民をおとしめて賤民とし、羊頭をかかげて狗肉を売りおった。もうちょっとマシな説法をされるかとおもったら、まったくガッカリじゃ。あのとき大衆がみんな笑ったら、正法眼蔵をどうやって伝えたのじゃろうか。もし迦葉が笑ってくれなんだら、正法眼蔵をどうやって伝えたのじゃろうか。もし正法眼蔵なるものに伝授ということがあるなら、黄色い顔のジイさんは、善良なひとびとをたぶらかしたことになる。もし伝授なんてないのなら、どうして迦葉ひとりだけを印可したのかのう。

花をひねって見せたとき
とうに尻尾があらわれた
優等生だけがピンときて
あとはみんなオチコボレ

雑誌で「ミラー・ニューロン」のことを立ち読みした。ミラー・ニューロンとは、相手のやってることを見て反応するモノマネ好きな神経細胞のことである。たまたま書架にあった本には、こう書いてある。

サルが実験椅子に座っている。実際には動かないように椅子に縛られている。そしてサルの脳神経の反応性を測定していたんだけど、その途中で研究者が休憩をとって、シャーベットか何かを食べてたの。そしたら、研究者がスプーンを口に持っていくたびに、それを見ていたサルの脳で、ある神経が活動したんだ。その神経を詳しく調べてみたら、なんと、サル自身が何かを口に持っていくときにも反応する神経だったんだって。（池谷裕二『進化しすぎた脳』講談社ブルーバックス・一六二頁）

他人の仕草を見ているだけで、そのひとの内部で起きていることが想像的に追体験されるってことらしい。このミラー・ニューロンが異常に発達していると、師匠がクシャミをしかけただけで弟子もつられてクシャミをするみたいに、相手の体感を即座に察してしまう。世尊が花をひねったときニッコリした迦葉は、きっとミラー・ニューロンが活性化していたんだろうな。

お釈迦さんが花をひねって見せたところ、愚かな聴衆はダンマリだったが、賢い迦葉だけはニッコリした。お釈迦さんは「以心伝心」のかなう迦葉に「不立文字、教外別伝」というかたちで仏法を伝えた。

この有名なエピソードを、無門はケチョンケチョンにけなす。世尊ともあろうひとが、つまらないことをしたもんじゃわい、と。いったい真理というものは、放っておいても伝わるものには伝わるし、伝わらないものには伝わらない。それを妙に迎合的な迦葉に伝えたというが、はたしてなにが伝わったことやら。ひょっとして羊頭狗肉というテイタラクになったんじゃないかな。

もし全員がそろってニッコリしたら、どうやって伝えるっていうのか？　あるいは迦葉がニッコリしなかったら、どうやって伝えるっていうのか？

それが伝えられるものなら、みんなに伝えればよいだろうし、伝えられないものなら、どうやって迦葉に伝えたのだろう。それに、もし仏法なんてものが秘伝のものなら聴衆をバカにした話だし、秘伝でないなら迦葉にかぎらなくてもよさそうである。

素直に読むと、無門はお釈迦さんを容赦なくケナしているようにしか見えない。ところが禅僧の世界では、これは「拈弄《ねんろう》」とか「抑下《よくげ》の托上《たくじょう》」とかいうもので、じつはホメているらしいのである。

要するに、ケナすことによって、逆にホメているんだそうである。だから、額面どおりに読んで、フムフムと納得しているようではいけないのである。もしそうなら、無門のセリフもまた文字どおりに解してはならないっていうことになる。その言葉の裏を読まなきゃならなくなる。

ふむ。やってみよう。もし全員がそろってニッコリしちゃったら、あるいはまた迦葉がニッコリしなかったら、仏法は伝わらなかったじゃろうが、やれやれ、際どいところで伝わってくれたわい。やれ、うれしや。

禅門では、そう読むのかもしれないが、俗人の悲しさ、どうも腑に落ちない。そんな裏読みをするには、無門の口調はあまりにも論理的なんだよなあ。

ほんとうに秘伝だったら、一人にしか伝えられないわけだし、はなから秘伝でないなら、べつに一人にかぎらなくたってよい。ヘタな芝居をうったもんだ、という無門の文句はもっとものように聞こえる。

歌はもっと辛辣である。「花なんかひねっちゃって、厭味なパフォーマンスは、お里が知れるというもんだ。贔屓《ひいき》のものにさえウケれば、あとの連中はほったらかしかい」と。

これから『無門関』とつきあってゆく姿勢にかかることなので、わたしの旗幟《きし》を鮮明にしておきたい。

禅林における「拈弄」「抑下の托上」という（俗人から見るかぎり）屈折した読み方に、まるで腫れものに触るみたいに気をつかうことは、一切しない。読みたいように読む。これはわたしが『無門関』を読むさいのアイデンティティともいえる姿勢である。ここのところをウヤムヤにしちゃうと、事によってはすべてが台無しになってしまう。


不立文字だろうが、教外別伝だろうが、もし真理が伝授しうるものであるならば（もしそういう方法があるのならば）、それをもとめるものには誠実に伝授するのが筋だろう。あるいは、そもそも真理は各人が自得すべきものであって、ひとに伝授できる筋合いのものじゃないというなら、それを伝授できるかのようなフリをするのはいけない。

いったい仏教の真理とは、言葉にならず（不立文字）言葉では伝えられない（教外別伝）ような門外不出の秘伝だろうか？　真理とは、隠されているのでもなければ、伝えられるものでもない、と無門はいう。だとすると、そのことと「祖師の関門をくぐる」ということとは、どういう関係があるのだろうか？

無門は、相変わらず師弟間の継承の問題を気にかけているようにおもう。

第二則の百丈《ひやくじよう》と黄檗《おうばく》との間柄は、直接的な師弟間の継承の問題だった。第三則の天龍、倶胝《ぐてい》、童子の関係は、間接的な師弟間のそれであった。本則は、最初の弟子における問題である。

師弟間における継承の根底にあるのは、「真理は教えられるか」という問題である。わたしの俗眼をもってしても、禅の真理は言葉で教えられるようなもんじゃないという感じはする。で、拈華《ねんげ》微笑《みしょう》もありかな、とはおもう。けれども無門は、明らかにお釈迦さんをこきおろしているのかっていうと、ズバリ、真理を教えるという立場をこきおろしているんじゃあ、なにをこきおろしているんじゃないだろうか。

禅の真理は、お釈迦さんのすでに有していたものが、非言語的にであるにせよ、迦葉に「伝わる」という仕方で教えられるようなものじゃない。もし教えるということをそのように考えるなら、真理はけっして教えられない。教えられないものを教えるというのは、たしかに羊頭狗肉である。

ところが（ここが肝腎なんだけど）じつはお釈迦さん、とうに馬脚をあらわしていた。ことさらの拈華微笑が、その動かぬ証拠である。迦葉はお釈迦さんから学んだのではなくて、みずから悟ったのである。みずから悟るのでなければ、お釈迦さんといえどもどうしようもない。これが師弟間における継承関係のひとつの結論である。

無門は「花をひねって見せたとき　とうに尻尾があらわれた」と歌う。花をひねって見せながら、シッポ丸出しかよ、とからかっている。口がわるいのは事実だが、べつに逆のことを含意させているわけではあるまい。

無門は「世尊はいった」以下のセリフを問題にしている。もしそんなふうにいったとしたら、世尊は教えられないものを教えるといっている。しかしながら「いっていること」と「やっていること」とは別なわけで、世尊のやっていること自体はホンモノである。お釈迦さん、ホンモノであるという馬脚をあらわしてしまったわい、と。

馬脚をあらわすとは、たいてい「隠していた正体をあらわす、化けの皮が剝がれる」といった意味だが、その逆の場合もあるんじゃないだろうか。平生から身なりを気にしない同僚がいて、いつもボロを着ているのだが、よく見るとブランドものだったりする（これはこれで恥ずかしい）。

この「拈華微笑」の公案は、「史実はともあれ、ここに「以心伝心」という禅門の大法伝授の典型が示されている」（秋月龍珉『一日一禅』講談社学術文庫・三五五頁）とされている。そのことに異論はない。だが無門のコメントを読むにつけ、以「心」伝心は、どうもまずいんじゃないかっていう気がする。以「身」伝心のほうが、むしろマシなんじゃないかなあ、と。

私事であるが、わたしは津軽に伝わる錦風流《きんぷうりゅう》尺八を伝承したことになっている（恥ずかしながら青森県の県技藝保持者として認定されている）。師匠（松岡俊二郎先生）がまだお元気だったころ、その稽古はこんなふうだった――師匠が尺八を吹く。わたしも貧しいミラー・ニューロンを活性化されながら、見よう見マネで吹く。で、吹き終わると、師匠は一言「まいね（津軽弁で「ダメ」の意）」という。そんなふうに「まいね」がつづいたが、あるとき師匠が「んだ」といって、ニッコリしてくれた。なにがよかったのか、さっぱりわからない。しかし、つづけて稽古してゆくうちに、だんだんわかってくる。

こういう稽古のやり方は、手間ヒマかかるが、だれにでも使える。「優等生だけがピンときて　あとはみんなオチコボレ」という気遣いはない。このやり方によれば、だれにでも教えられるが、それを理屈にすることはできない。わたしは頭でわかったのではなく、なにかを身につけたのである。

ただし、この間の消息は、なにかが「伝わった」と大袈裟にいうほどのことじゃない。伝わったといえば伝わったのかもしれないが、それは伝えられた本人にもわからないようなものである。伝えられたというコトは明らかでも、伝えられたモノはわからない。そのあたりの仔細を、つぎの公案は示している。

第七則　鉢を洗っておいで

趙州《じょうしゅう》の話。ある僧が「わたしは新参のペエペエなんですけど、ひとつご教示を」と頼んできた。趙州は「お粥は食べたかい」と訊く。僧は「食べました」と答える。すると趙州は「じゃあ茶碗を洗っといで」といった。その僧はハッと気づくところがあった。

無門はいう。趙州は、口をおっぴろげて、胆臓はおろか心臓や肝臓までもさらけだしてやった。ところがこの坊主ときたら、せっかく肝腎のことを示してもらったというのに、ぼんやりと聞き漏らして、カネをカメだと勘違いする始末じゃ。

あんまりハッキリしていると
かえってウッカリしてしまう
灯りをつけて火をさがしても
とっくにご飯は炊けてるのに

「どうかお示しください」「ご飯はすんだかい」「はい、おかげさまで」「じゃあ食器を洗っといで」。たったこれだけの会話で、この自称新米の坊主は悟ってしまった。あと一歩で悟れそうというポテンシャルを、かれはずっとキープしつづけていた。それが趙州とのなにげない会話のおかげで、熟れた果実がみずからの重みで落ちるように、ふいに悟りがおとずれたのだろう。機縁が熟したってことである。

してみると、「食器を洗っといで」という会話自体には、さしたる意味はないのかもしれない。趙州はただ「ちゃんと後始末しときなよ」といっただけなのに、なにを血迷ったか、そそっかしい坊主が勝手に悟った気になってしまったのかもしれない。すべては坊主の独りよがりかもしれない。

「その僧はハッと気づくところがあった（その僧省《せい》あり）」について、西村師は「僧はいっぺんに悟ってしまった」と訳しておられる。だが、無門のコメントを読むと、だいぶ事情はちがっている。

無門は「カネをカメだというておるわい」と手厳しい。真理が鳴り響いている鐘に水をぶっかけて、ウンともスンともいわぬ甕にしてしまったわい、と。どうやら坊主の「省あり」はちゃんと悟ったわけじゃないと無門は見ている。なにに気づいたのかわかったもんじゃない、と。

「右も左もわからぬ若造ですが、なにとぞご教示を」と迫った坊主は、かれなりに必死であった。ところが「メシは食ったかい」と気の抜けたような言葉をかけられて、坊主はズッコケた。ありがたい教えがあるもんだとおもってたら、腰くだけするような返事が返ってきたもんで、坊主は頭をかかえちゃった。「省あり」の中身は、悟ったんじゃなくて、考えこんでしまったんじゃないかなあ。

こういう新参者にかかると、カネもカメになってしまう。当たり前のことも、否、なまじ当たり前であるがゆえに、かえって理解に時間がかかってしまう。

「新参のペエペエなんですけど、ひとつご教示を」とわざとらしく下手にでている坊主は、エラいお師《し》家《け》さんのこと、なにか「指示」すべきものがあるはずだとおもっている。そういう先入観をもっているもんだから、すなわち悟りのことで頭がいっぱいなもんだから、「ご飯がすんだら茶碗を洗う。ふむ。その当たり前のことを当たり前にするのが禅だということか。なるほどなあ」と勝手に納得してしまった。

「禅の悟りとは高邁なる境地ではなくて、うんと卑俗なる日常生活のなかにあるのだ。当たり前のことを当たり前にこなすこと、それこそが禅なのだ」というふうにこの公案を理解するひとは意外に多い（わたし独自の調査による）。けれども、無門にいわせれば、それはミソもクソもいっしょにするようなしわざである。当たり前のことを、ただ当たり前にこなせばいいってもんじゃない。

たんなる日常茶飯事と趙州のいわゆる日常茶飯事とは、けっして同じではない。「お粥は食ったか」「お椀を洗っとけよ」というのは、趙州の流儀で「胆臓はおろか心臓や肝臓までもさらけだし」ているのである。当たり前でしかない日常茶飯事と、当たり前でない日常茶飯事と、このちがいが坊主にはわからない。一寸見にはカネとカメとみたいに似ているけど、まるっきり別物なのに。

もっとも、僧にも情状酌量の余地はある。趙州の口調があんまり自然だったので、この坊さま、かえって裏を読んでしまった。で、なんだか悟ったような気になってしまった。趙州は、伝えたいことを、このうえなく如実に示している。あんまり親切なもんだから、かえってわからなくなってしまった。

歌の「あんまりハッキリしていると　かえってウッカリしてしまう」とは、やたら端的に明瞭すぎると、かえって理解しにくいということだろう。「極端に目立つせいでかえって見のがされてしまうわけだ」（ポオ『盗まれた手紙』創元推理文庫）という消息である。

つづく「灯りをつけて火をさがしても　とっくにご飯は炊けてるのに」は、灯りをもちながら飯を炊く火を探しているけれども、現にもっている灯りが火だってことに気づいていたら、とっくに飯を炊けていたろうにねえ、ということだろう。

あるいは悟りをもとめることがムダな骨折りだといっているのかもしれない。そんなのは灯りをもって火を探したり、眼鏡をかけながら眼鏡を探したりするようなもんだ、と。焚きつけの火なんて探さなければ、とうにご飯は炊けてる、と。探すのをやめれば、なくさないですむのに、と。

「悟りは開けたかい」「開けております」「じゃあ悟りなんて洗い流してしまいなよ」と趙州はいっているのかもしれない。だとすると「省あり」というんじゃ、いよいよ失格だろう。

現にこうして生きていることの真意は、考えれば考えるほど、わからない。なにゆえに生きるのか、わからないままに生きつづけて、やがて死ぬ。それが人生というものである。生きたからには、かならず死ぬ。朝飯を食ったら、つぎに食器を洗うように、それは自然のなりゆきである。

「なにかアドヴァイスを」と乞われても、さすがの趙州も、生まれて、生きて、死ぬということのほかに指示すべきものはもっていない。現にこうやって生きているんだから、つぎにやることは、煎じ詰めれば、死ぬことしかない。「じゃあ、しっかり死にな」とでも趙州はいいたかったのかもしれない。

「新参者ですけど」と低姿勢にでる僧は、腹のなかでは自信たっぷりである。ヘタなことをいったら、とっちめてやろう、という魂胆がある。

そのあたりを見抜いた趙州が「お粥は食べたかい」と訊いたのは、「おまえさんはもう仏法を手に入れたんだろ」といっている。僧がある程度の境地にあることをみとめ、それに見合った挨拶をしてみせたのである。ところがこの僧ときたら、「食べました」と子どもみたいな返事をしてしまった。とっくに飯は食っておるはずなのに、なんだこりゃ、と趙州は拍子抜けする。で、無門も「とっくにご飯は炊けてるのに」と歌ったのかも。

第八則　車を壊せばわかる

月庵《げったん》和尚がある僧に問うた。「奚仲《けいちゅう》は百台もの車を作ったというが、両輪と車軸とを取っ払っちまったらしい。いったいなにを明らかにしようとしたのか」。

無門はいう。もしすぐにピンとくるようなら、そいつの眼力の鋭いことは流星のようじゃし、機転のきくことは稲妻のようじゃな。

車は回る
つい迷う

四維《しい》上下南北東西

奚仲というひと、百台もの車を作ったらしい。で、どういう事情かは知らないが、その車の両輪と車軸とを取り払ってしまった。両輪と車軸とを取っ払ってしまったら、もはやそれは車ではない。せっかく作った車を車でなくしてしまうという愚行について、「いったいなにを明らかにしようとしたのか」といわれたって、なんとも返答のしようがない。あえて返事してみるなら、こういうのはどうだろう——車と非車との両方を知って、はじめて車を知っているといえる。

ことがらは生死や有無にも通ずるだろう。生だけ、死だけを問題にしても、生も死もわからない。有だけ、無だけを問題にしても、有も無もわからない。

どこまでが生で、どこからが死なのか。生から死へゆくと考えると、その境界が問題になる。生と死とをあわせて考えると、どこからどこまでが生や死であるかという問題は生じない。そして、ただ生死のはたらきだけがある。

学生に「そこらに立っておれ」という。「ここ」がはたして「そこら」かどうかということを、学生が悩むことはない。だって「そこ」は「そこら」じゃないから。しかし「ここ」は「そこら」である。

両輪と車軸とをはずしてしまえば、それはもう車じゃない。でも、ひとつだけ車輪がはずれてたり、車軸がはずれかかっていたりするのは、まだ車なのだろうか？　車が車でなくなるのは、いったいどの時点からなのだろうか？

　車としての機能を果たさなくなったとき、車は車でなくなる。では、人間が人間でなくなるのは、どういうときだろう？　交通事故にあって義手・義足になる。まだ本人だろう。じゃあ、顔も整形したり、人工の臓器を埋めこんだりしてゆくと、どの段階で本人でなくなるのだろうか。脳死になったときだろうか。だったらスーパーコンピュータに脳内情報をあずけちゃった場合はどうなのか。クローンはどうか。ＡＩはどうか——考えだすとキリがない。

　ふむ。こういう議論は、禅僧じゃなくて哲学者や脳科学者の仕事だろう。それにしても気になるなあ。本人が本人でなくなるのは、どういうときだろう？


「いったいなにを明らかにしようとしたのか」なんて、そんなの本人に訊かなきゃわからない。しかも奚仲は、とうの昔にこの世のひとではない。わかりっこないことをわかるようなら、さしずめ「眼力の鋭いことは流星のようじゃし、機転のきくことは稲妻のようじゃ」といったスーパーマンだろうが、そんなやつはいない。ヘタにわかったふりをしようものなら、ぐるぐる回る歯車に巻きこまれて、おのれの目もぐるぐる回るだろう。

　やけにシンプルな無門のコメントは、ちょっと読んだだけではチンプンカンプンだけど、ひょっとしてこんなことをいってるのかもしれない。禅は一回こっきりのものだから、マンネリズムはありえない、と。

　岡本太郎は「藝術は爆発だ」といった。奚仲も、せっかく作った車をぶっ壊した。藝術家は、たえず根底から壊しつづける。壊し、そして創る。だが職人は、自分の技をじっくりと育てる。してみると奚仲は、職人ではなく、藝術家だったってことだろうか。

毎日、車を作っていると、否応なく「慣れ」てくる。車を作りはじめたころは、右も左もわからない。自分がなにをわからないのか、それもわからない。そういう「なにがなんだかわからない」という状態から、だんだん「どこがわからないのか、わからなさ加減がわかってくる」という状態になる。そうなると、次第にムダをうまく省けるようになり、いよいよ慣れてくる。

奚仲は車を作る名人だった。いわゆる一藝に秀でた職人だった。これは想像でいうのだが、一藝に秀でたものがそのことに没頭していると、きっと主客一如の三昧境にはいったりすることもあるにちがいない。けれども、その作業が終わると、元の木阿弥にもどってしまう。せっかく三昧境にはいったなら、それを全人格につねに浸透させているべきなのだろうが、それは至難のわざである。

奚仲は「名人藝なんて、つまらない」と気がついた。で、車の両輪と車軸とを取り払ってしまった。

職人は同じ型を再生産する（わけのわからないものを作られたんでは、作られたものを信用できない）。だが禅は、たんなる再生産ではない。むしろ藝術の創造に近いだろう。祖師と同じことをしていたんじゃ、祖師の見たものを見ることはできない。臨機応変に創造的であることが要求される。

すると本則も、さっきまでの「禅は教えられない」という話のつづきだったのかなあ。

第九則　坐っても悟らない

興陽《こうよう》の清譲和尚の話。ある僧がたずねた。「大通智勝仏《だいつうちしょうぶつ》は、十劫《じっこう》ものながいあいだ道場で坐っていたというのに、仏法がさっぱり現前《げんぜん》せず、仏道をちっとも成就できなかったそうですけど、いったいなぜでしょうか」。清譲はいった。「その問いはなかなか的を射ておる」。僧はいった。「ちゃんと道場で坐っていたのに、どうして仏道を成就できないのですか」。清譲はいった。「大通智勝仏みずからが仏道を成就しないからだ」。

無門はいう。達摩は知ってはおったじゃろうが、ちゃんと悟ってはおらなんだ。凡夫でも知りさえすれば聖人じゃし、聖人でも悟ったら凡夫じゃ。

身と心とどっちが大事
心が悟れば愁いはない
身も心も悟ったならば
もはやなんにもいらぬ

「あんなに修行したのに、どうして成仏できないのか」という問いは、わたしのように中国哲学などという浮世離れしたことをやっている人間にしてみれば、まったく耳を疑うような愚問である。

学問には対象と方法とがつきものである。『無門関』というテキスト（対象）を読むために、字引と首っぴきで漢文を突っつきながら、あれこれ妄想をたくましくする（方法）というふうに。そして、対象と方法とはどっちが重要かと愚かなことを訊かれれば、わたしは方法と答えたい。

『無門関』というテキストひとつ理解するのにも、それなりに手間ヒマを要する。ただ中身を知るだけなら、西村師の本（岩波文庫）を読めばよいだろう。しかし、わたしが欲しているのは、あれこれ妄想をたくましくしながら、漢文としみじみニラめっこすることなのである。

こういうと「それって目的よりも手段のほうが大事ってことなのか」と文句をいうひともいるだろう。然り。わたしの趣味をいえば、目的よりも手段のほうが大事である。手段が楽しくなければ目的なんて消えてしまう（あくまでもわたしの場合はである）。いくら結果が好もしくても、手段がつまらなければ、わたしはパスする。「あんなことまでして金持ちにはなりたくない」とか。こうして『無門関』を読んでいるのも、お茶を（できれば酒を）すすりながら、むつかしいテキストと遊んでいるのが愉快なのである。禅についての知見が得られるかどうかなんて、どうでもよい。

学生時代、先輩に「きみの論文はぬるま湯につかっているみたいだ」といわれた。批判して乗り越えるのが哲学であって、きみの哲学には批判がない、と批判された。わたしは「批判しなきゃなんないようなものを研究する必要なんてないさ」と（こころのなかで）反論したものである。この歳になっても、その気分を引きずっている。わたしが『無門関』を読むのは、読んでいて楽しいからである。読んで楽しくないものを読む必要なんてない（とおもう）。

大通智勝仏が「十劫ものながいあいだ道場で坐っていた」のも、それが楽しかったからなんじゃないかな。孔子だって「これを知るものは、これを好むものに如《し》かず。これを好むものは、これを楽しむものに如かず」（雍也《ようや》）といっている。人間、楽しむのがいちばんじゃよ、と。

孔子は「学びて時にこれを習う。また説《よろこ》ばしからずや」（学而《がくじ》）ともいっている。学ぶことは、それ自体が愉快である。有名になったり、出世したりするために学ぶわけじゃない（だから「人知らずして慍《いか》らず」というのも当たり前）。孔子はまた「いにしえの学ぶものは己れのためにし、いまの学ぶものは人のためにす」（憲問《けんもん》）ともいっている。学ぶことのモチベーションは、やることに見合ったリターンへの期待ではなく、やること自体から得られる喜びなんだよ、と。

「そんなのは理想論だ」というやつには、いわせておけばよい。なるほど理想と理性とはちがうが、理想のなかで生きることはできても、理性のなかには住めないんだから。

生きることに下請けはない。おもしろきこともなき世をおもしろく生きてゆくのは、いつだって自分である。それなのに「仏法がさっぱり現前せず、仏道をちっとも成就できなかったそうですけど、いったいなぜでしょうか」とは、まことに余計なお世話である。

修行するのは、べつに唯一無二の個性として生きるためじゃない。「ナンバーワンよりオンリーワン」という歌があったが、人間はだれだって放っておいてもオンリーワンである。それなのにオンリーワンなどと声高に歌うのは、他人にみとめてほしいってことだろう。ぼくってこんなに素敵だよ、と。

他人にみとめてもらえるかどうかは、やってみなきゃわからない。自分にできるのは、やってみることくらいである。宝くじは買わなきゃ当たらないのは事実だが、買いさえすれば当たるわけじゃない。当たるかどうかは神さまが決めるとしても、買うか買わないかは自分の勝手である。

修行の目的とはなにか？　そんなものは無い（というか、わからない）。なにかを信じるのは自由だけど、たぶん唯一の正解はない（かりに答えがあっても、そのつど変わってしまう）。とりあえず修行してみるしかない。目的はわざわざ見つけるものじゃなくて、せっせとやっているうちに自然と見つかるものである（べつに見つからなくたってかまわないけど）。人生はそのつど「いま」の連続である。だから人生に結論はない。もしあっても、いざ死ぬという段になって、結論を味わっているヒマはない。

「みずからが仏道を成就しないからだ」とは、成仏する能力がないわけじゃなく、成仏する気がないのさ、ということだろう。悟りというゴールを設定し、それをめざして坐るというのは、いかにも俗っぽい。坐るのは、悟るためにじゃなく、ただ坐るのである。

いや、でも待てよ。「みずからが仏道を成就しないからだ」とは、ひょっとして端的に「成仏しなかったから成仏しなかったのじゃ」という事実の呈示なのかもしれないなあ。ふむ。そのほうがいさぎよいかもしれない。

いやいや、やっぱり考えすぎだろう。「かれに成仏する気がないからだ」という意欲の問題なのか、「かれは成仏しなかったからだ」という事実の問題なのか、いまひとつ分明じゃないが、たぶん前者のように読んでおくほうが無難だろう。かれは仏に「なれない」のではなく「ならない」のだ、と。

ところで「その問いはなかなか的を射ておる」というのは、その問いそれ自体がすでに答えである、という意味だろう。その問いさえあれば、ほかに答えをもとめる必要なんかないよ、と清譲は教えている。おまえさんの問いのなかに答えがあるじゃないか、と。

素直に読むと、そうとれるんだけど、あるいは「おまえさんのその質問がよい例じゃよ」という含意があるのかもしれない。そんなくだらぬ問いをいだいておるから、いつまでたっても悟れんのじゃよ、と。

無門のコメントは、いつもながら意味深長である。

大通智勝仏がなぜ成仏しなかったのかという仔細について、達摩はそいつを知識的には知っているだろうが、そのことを骨の髄から悟っているかといえば、さすがの達摩だって怪しいもんだ、と無門はいっている（としか、わたしには読めない）。だが禅僧なら、例によって「抑下の托上」というんだろうなあ。

もちろん達摩はたんに知識として知っているだけじゃなくて、骨の髄から悟っていたのじゃ、と。

抑下の托上かどうかは知らない。ただ、これだけはまちがいない。無門は「知ること（老胡の知《ろうこ ち》）」と「悟ること（老胡の会《え》）」とを区別している。ただ知っているだけでは、たんなる聖人でしかない。たんに聖人であるだけじゃ、そんなのは成仏とはいえない、と。

「ただ老胡の知を許して、老胡の会を許さず」という無門のコメントを、西村師は「釈迦や達磨の悟りの智慧についてならそんなことでよかろう。しかしかれらが会得したものはとてもそんなものではあるまい」と訳され、「禅者は般若の知の上に、さらに実存的な会得を求める」と注しておられる。禅者というのは、たんに知っておるだけではダメで、ちゃんと悟っておらにゃならんのじゃ、という気合いである。

わたしも「知ってはおったじゃろうが、ちゃんと悟ってはおらなんだ」と、達摩を主語のようにして訳してみた。が、頭をカラッポにして漢文を読んでみると、これは「老胡の知はゆるすが、老胡の会はゆるさん」と読める（むしろ大通智勝仏が主語だとして読むのである）。きちんと知ることが大事なのであって、やたらと悟っちゃいかんぞ、と。

無門は、凡夫から凡夫へと還るべし、と説いているのかもしれない。大通智勝仏は、聖人になることを究極の目標とするばかりで、凡人に還ることなど夢想だにしていないようじゃが、凡人に還らねば成仏できんのじゃよ、と。

「もはやなんにもいらぬ」という歌いぶりにも、そういうニュアンスを感じる。いまさら神仙に爵位をさずけてみたってはじまらない。神仙はおのれに自足している。しかし自足しているようでは成仏には程遠い。凡夫にならねばならない。

「知」を頭で知ること、「会」を全身で悟ること、というふうに理解するのは、あるいは見当違いをやっているのかもしれない。「知」はきちんと知ることで、「会」は悟りどころか、ただ勘をはたらかすだけなのかもしれない。すると「きちんと知ることが肝腎で、ただの勘じゃいかんぞよ。凡夫でもちゃんと知れば聖人じゃが、聖人でもただ勘だけでは凡夫じゃぞ」ってことになる。

老胡の知と会とを区別して「般若の知の上に、さらに実存的な会得を求める」と考えるのが、どうやら誤解のもとらしい。真理は不生不滅《ふしょうふめつ》である。わかってしまったならば、真理はあらわれている。すでにあらわれているものを、いまさらあらわそうと努めることはできない。とはいうものの、「聖人もし会せば、すなわちこれ凡夫」と無門はいう。すでにあらわれていて（じつは最初っからあらわれていて）、隠されたことなんてないのが真理である。しかし、そうであることがわかっただけでは、たんなる聖人でしかない。もう一声、すでに「あらわれている」ものを、あえて「あらわそうとする」なら、ふたたび凡夫である。けれども、そういう凡夫が、はたして期待されているのだろうか？

　そういえば、無門はこんなふうに歌っている――身が悟るのと、心が悟るのと、どっちが大事か。心が悟れば身に憂いはないし、もし身心ともに悟れば神仙になる。神仙になれば、どんな高位が用意されていたって、もはや世間にでたくなんかないじゃろう。

　歌の結句「神仙なんぞ必ずしもさらに侯に封ぜん」を、わたしは「もはやなんにもいらぬ」と意訳したが、西村師はこれを「神に成仏ありはせぬ」と訳される。そして「侯に封ぜん」に「爵位を与えられること。ここでは、仏と成る、の意」と注しておられる。だが、これでは「なんぞ必ずしも」というニュアンスが消えてしまう。ひたすら道場に籠もって坐っているだけじゃ成仏はできんぞ、と無門はいいたいんじゃないだろうか。世のなかにでて、汗水たらしてはたらけ、と。ちゃんと凡夫になれ、と。そうであって、はじめて仏なんだぞ、と。

　なまじ神仙なんかになっちまったら、もう世のなかにでようという娑婆《しゃば》っ気《け》はなくなってしまう。それはそれで困ったもんだろう。「わしは悟った」と自己充足してしまって、いくら誘われても世間にでてこない。大通智勝がその典型である。が、それでは真の成仏とはいえないいんじゃないかなあ。

　凡夫が「老胡の知」を得れば聖人になる。聖人が「老胡の会」を得れば凡夫になる。悟りは絵に描いたモチではない。凡夫となって世のなかではたらいてナンボである。

　歌の起句「身を了するは心を了して休するにいずれぞ」の「了」は、リラックスさせるという意味かもしれない。すると歌はこんなふうに訳すこともできそうだ。

身よりも心をリラックス
心のやすらぎが肝腎だよ
身も心もやすまってれば
栄耀栄華お呼びじゃない

大通智勝仏は、すでに仏なんだから、あらためて成仏する必要などない。ただ坐っているだけで十全である。で、大通智勝仏は、ことさらに仏になろうとはせず、ひたすら端的に坐っているだけであった。だから大通智勝仏はよいとして、無門は「達摩は知ってはおったじゃろうが、ちゃんと悟ってはおらなんだ」という。ここを西村師は「かれらが会得したものはとてもそんなものではあるまい」と訳しておられる。無門は清譲の生半可な理解を揶揄している、と。

この箇所について、さっきは大通智勝仏を主語みたいにして読みなおしてみたが（そしてその読みはとても気に入ってるんだけど）、ふたたび達摩を主語にして読んでみると、無門は清譲をあげつらっているのではなく、ただちに達摩について言及しているものとしても読める。あの達摩だって、頭では知っていても、骨の髄から悟ってはおらなんだ、と。だから無門は「凡夫でも知りさえすれば聖人じゃし、聖人でも悟ったら凡夫じゃ」とつづけるのだろう。頭で知ったら聖人になれるが、その聖人が骨の髄から悟ったならば、今度はまた凡夫になるぞ、と。聖人が凡夫になって、はじめて一人前じゃぞ、と。

聖人が凡夫になって、はじめて一人前なんだけど、大通智勝仏がそうだったとはかぎらない。むしろそうじゃなかった、とわたしは解釈したい。

大通智勝仏はそもそも仏なんだから、あらためて成仏する必要はないはずである。するとすでに仏であるものは仏に「なれない」のか、それとも「ならない」のか、ややこしい問題が生ずる。

「ならない」とは、なろうとおもえば「なれる」んだけど、じっさいは「ならない」ということだろう。しかし、すでに仏であるものが、さらに仏になろうとおもえばなれるのかどうか？　たんなる言葉遊びでないとしたら、むつかしくなってしまう。

大通智勝仏は心身を自在にコントロールできる（すでに神仙なんだから）。そうであるならば、どうしてあえてそれ以上を望むだろうか。ところが仏になるということは、それ以上を望むことである。すなわち凡夫になることである。

第十則　勘違いの貧乏自慢

曹山和尚《そうざん》**の話。ある僧がこう切りだした。「わたくし清税**《せいぜい》**ときたら、身寄りもなければ素寒貧**《すかんぴん》**、なにとぞひとつお恵みを」。曹山がいう。「清税さん」。清税がハイと返事した。曹山がいう。「青原**《せいげん》**の白家**《はっけ》**の名酒を三杯も飲んでおきながら、まだ唇もうるおしておらぬとおっしゃるのかな」。**

無門はいう。清税がやけに下手にでておるの。どういう魂胆なんじゃろか。さすがに曹山は、そのあたりは見抜いておる。それはそうなんじゃが、清税が酒を飲んだというのは、いったいなんのことじゃろう。

呆れた貧乏ぶりながら
気分だけは大物きどり
食うや食わずの分際で
金持ち相手に喧嘩する

「なんの取り柄もない身ゆえ、なにとぞひとつ憐れみを（清税孤貧、乞師賑済）」と平仄《ひょうそく》もバッチリ決めておきながら、セリフだけへりくだってみせるのは、下心がミエミエである。わざとらしく無一物を強調するのは、一切を放下しきったこの身になにか附け加えるものがあるかい、と挑発しているのである。

「さあ、そういう無一物のおれさまを、ちゃんとホメておくれ」と、むしろ怖いものなしのドン底から攻めかかってくるという態度は、いかにもイヤらしい。おれはなにも失うものはないんじゃ、と逆にイバッているようなのが気に食わない。

清税が「孤貧《こひん》」といっているのは、世間では否定的にとらえられている孤独や貧乏を、わたしは肯定的にとらえているのだから、どうかそこを評価しておくれと要求しているのだろう。「どうかお恵みを」とは、なにか文句があればいうてみよ、と大見得を切っているわけで、謙虚のようでいて、じつは図々しい。が、思惑がミエミエで、けっこう恥ずかしかったりする。どうせ身寄りもなければ金もないなら、わざと卑屈になってみせたりせず、おとなしく独りっきりで貧乏暮らしをしていればよいのにねえ。

ともあれ腰を低くしてみせた清税、ヘンな魂胆があるもんだから、すぐに化けの皮が剝がれてしまう。せっかく無一物をよそおっていたはずなのに、「清税さん」と呼ばれて、つい「アイヨ」と調子よく応えてしまった。どこが孤独だというのか。なにが貧乏だというのか。オイと呼ばれてハイと応える自分を、ちゃんともっておるじゃないか。無一物がチャンチャラおかしい。

清税は、ことさら下手にでるという作戦をとりながら、曹山に「税闍梨《ぜいじゃり》」と呼びかけられて、つい返事をしてしまった。阿闍梨とは「弟子の行為を矯正し其の軌則師範となるべき高僧の敬称」（織田得能『仏教大辞典』）である。なるほど。曹山から「清税さま」と恭しく呼びかけられて、うかうか応えるとは、どうやら逆に一杯食わされたということのようである。

さらに追い討ちをかけるように、曹山は「あんた灘の生一本をさんざん飲んでおきながら、なんちゅう言い草じゃ」とやっつけた。「灘の生一本」とは、ほかならぬ青原行思《せいげんぎょうし》の禅のことである。つまり「ありがたい青原派の禅風を受け継いでおるのに、孤独で貧乏などと、ようもいえたもんじゃな」ということだろう。けれども、この曹山のダメ押し、いささか蛇足じゃないかなあ。なくもがなのように感じる。貧乏自慢でつっかかってこられたんだから、その土俵でやっつけたい。

無門の歌の結句「金持ち相手に喧嘩する（あえてともに富を闘わしむ）」は、直訳すれば「あえて曹山と富を争っている」となる。清税は貧乏のくせに、無謀にも曹山とリッチを競ったのだろうか？　まさか。

富を争うわけはない。むしろ「無一物」を争ったにちがいない。無門は涼しい顔で歌っている。曹山さんよ、あんたは金持ちみたいだが、わしゃ無一物じゃよ、と。おれのほうがホンモノだよ、と。

乞食坊主の清税、いっぱしの見識をもっているのに、ひとつ曹山を試してやろうと、あえて下手にでた。もちろん曹山はとっくにお見通しだったわけで、それより気になるのは「清税はどこに酒を飲みこんでおるのか」という無門のコメントである。「清税さんよ」と呼ばれて「ハイヨ」と応えたとき、ひょっとして清税はきっと酒の匂いをプンプンさせていたんじゃないだろうか。その酒は、さてどこにおさまっておるのかな、と無門はいう。ほかならぬ清税の胃袋に、それはおさまっている。

「幸福なるかな、心の貧しき者。天国はその人のものなり」(「マタイ伝福音書」第五章)という教えもある。自分が真理を知っているとおもわないものは幸いだ、と。ソクラテスは「無知の知」という。知らないことを知っている(知っているとおもっているものは、そのことを知らない)と。この公案も、そういう問題として理解できないだろうか。「すでに自分は悟っている」とおもわないものは幸いである、と。

曹山と清税とは対等である。曹山が「オイ」と呼び、清税が「ハイ」と応えることにおいて、ふたりの禅はともに成立している。だから曹山は「おまえさん貧しくなんかないじゃないか」といったのだろう。

甘露をしこたま胃袋に放りこんでおきながら、清税はそのことに無自覚である。無自覚なら無自覚で、おとなしく酔っ払っておればよい。それなのに「どうかお恵みを」という言い草は、もっと施しをもとめている。赤ん坊がオッパイをほしがるみたいに、ただもとめる気持ちだけがあって、自分がなにをもとめているのかという自覚がない。灘の生一本であれ、ただの醸造用アルコールであれ、酔うだけなら酔うのである。自分がなにをもとめているかということに鈍感であってはなるまい。無門は、欲望そのものを否定せよ、とはいわない。ただし、せっかく欲するなら、自分がなにを欲しているのか、それくらいは自覚せよ、という。

無門は「所有」の概念を問題にする。真に「孤貧」ならば、呼ばれたって返事はできないはずである。無一物をよそおっていながら、プライドはもってるじゃないか、と。自分は捨てとらんじゃないか、と。

無門は歌っている。貧乏ぶりは范丹《はんたん》さながら、鼻っ柱の強さは項羽はだし。それはそれで立派じゃが、だったら貧乏に徹しておればよいものを、なんでまた他人に自慢しちまったんじゃろう。そんなんで清税は、ほんとうに酒をちゃんと飲んだといえるのかいな、と無門は首をかしげている。

「オイ」と呼んで「ハイ」と応えるという呼応が成り立った刹那、清税がすでに甘露を喫しているのを、曹山は見抜いてしまった。曹山と清税とのあいだに呼応が成り立てば、そこに曹山の禅も清税のそれも、ともに歴然としている。酒気帯びであることを見抜かれた清税の負けである。

第十一則　可と不可との違い

趙州《じょうしゅう》がある庵主《あんじゅ》をたずねて問うた。「なにか有るかな」。庵主は拳骨をグイと突きたてた。趙州はい

う。「水が浅くて、とても船を泊められぬ」。そのまま去ってゆく。別の庵主をたずねて問うた。「なにか有るかな」。その庵主も拳骨をグイと突きたてた。趙州はいう。「与えるも奪うも、生かすも殺すも、なんと自由自在じゃ」。そして礼拝した。

無門はいう。ふたりとも拳骨を突きたてたのに、なぜひとりを肯定し、もうひとりは否定したのか。ひとつ説明してみよ。この奇妙なちがいはどこにあるのか。もしここで当意即妙の一言が吐けるなら、趙州の弁舌が滑らかで、助け起こすのも、押し倒すのも、おもいのままということがわかるじゃろう。まあ、それはそうなんじゃが、じつをいうと趙州のほうがアベコベにふたりの庵主に試されてしまっておるのを、さてどうしたもんじゃろう。ふたりの庵主に優劣があるというようでは、まだ参学の目をもっておらん。優劣がないというようでも、やはり参学の目をもっておらん。

見ることは流星
働くことは稲妻
殺しもしようし
活かしもするぞ

趙州はふたりの庵主をたずね、それぞれに「有りや有りや」と問う。庵主はふたりとも拳骨を突きたてたのに、趙州はひとりを肯定し、もうひとりは否定した。しかし、じつをいうと「趙州のほうがアベコベにふたりの庵主に試されてしまっておる」と無門はいう。むしろ趙州のほうが庵主に見透かされておるんじゃよ、と。

ふたりとも拳骨を突きたてたのに、一方を肯定し、他方を否定するという差異の由来は、庵主のほうにはない。もっぱら趙州のほうにのみ存する。庵主はただ趙州の問いに応じているだけなんだから。じゃあ趙州において、その差異はどうして生じたのだろうか？

庵主はふたりとも拳骨を突きたてたが、趙州にとって、最初の拳骨と二度目の拳骨とは同じではない。どう同じでないのかは、わたしは趙州じゃないから、わからない。わかるのは、一度目の拳骨をふまえて、趙州に変化が生じちゃったということくらいである。

まったく同じように行動しても、ひとりは「天真爛漫で、稚気愛すべきだ」と許され、ひとりは「傍若無人で、不躾なやつだ」と叱られる。そういう人間関係の機微は、世間にざらに転がっている。

ふむ。筋はとおる。でもなあ、この公案はそういう話なのかしらん。

ふたりの同じふるまいに対して、趙州がいかに反応したか、そこが肝腎じゃ、と無門はいっている。むしろ趙州の主体性のほうが試されておるんじゃよ、と。同じふるまいに対して、ひとりを肯定し、ひとりを否定するところに、趙州の見識があらわれている。同じようなふるまいに目をくらまされることなく、自分なりに評価できるかどうかというところに、そのものの力量が示される。

五祖に心境を歌にせよと命ぜられ、神秀《じんしゅう》は「身はこれ菩提樹　心は明鏡の台のごとし　時時につとめて払拭して　塵埃《じんない》をして染せしむることなかれ」と歌い、慧能《えのう》は「菩提はもとより樹なし　明鏡もまた台にあらず　本来無一物　いずれの処にか塵埃あらん」と歌った。神秀のめざすものは、一切をあるがままに映しながら、しかもそれに乱されないような境地である。ところが慧能は、映ってくる対象なんかに頓着しない。そんなことを気にすると「アベコベに試されてしまっておる」となるのが関の山だろう。

同じものを見て異なる反応をしてもよいし、異なるものを見て同じ反応をしてもよい。どっちみち自分の反応でしかない。ふたりの庵主に優劣があるなどというと、せっかくの自分がどこかにいってしまう。

「有りや有りや」というのは、「なんぞ有りますかいな」と質問しているのか、あるいは「居られますかいな」と挨拶しているのか、どっちかなあ。いずれにせよ「おまえの禅があるなら示してみよ」と吹っかけているのだろう。

ふたりとも同じくゲンコツをおったてたのに、趙州はひとりはヨシとし、ひとりはダメとした。ここを見抜ければ、趙州みたいに舌先三寸で相手を手玉にとれるぞ、と無門はいったかとおもうと、すぐに「ふたりの庵主をテストしたつもりで、じつは趙州のほうが逆にテストされておる」と暴露し、さらに「ふたりに優劣があるというのもダメだし、甲乙つけがたいというのもダメだ」と念を押す。前も後ろも逃げ道をふさいでおいて、「さあ、逃げてみよ」という（じつに親切である）。

趙州にむかって突きだされていたはずの刃が、いつのまにか自分に突きつけられていることに、読者は気づく。まったくこれだから無門のコメントは油断がならない。

ここでは「機縁」ということが問題になっているのかもしれない。だとすると、ふたりの庵主の優劣とは、いよいよ関係ない。機縁が熟しておれば、そこには「流星」「稲妻」のようなはたらきが生ずる。

「弁舌が滑らか」な趙州に対して、それぞれの庵主は、それを助け起こすことも、突き放すこともできたのだが、ひとりは機縁が合わず、ひとりは機縁が合った。ただそれだけの話である。

「与えるも奪うも、生かすも殺すも、なんと自由自在じゃ（能縦能奪、能殺能活）」とは、「与えることもできるし、奪うこともできる。生かすこともできるし、殺すこともできる」というのではなく、「与えること＝奪うこと」ができ、「生かすこと＝殺すこと」ができるということである。要するに、はじめの庵主は、趙州を突き放した。つぎの庵主は、趙州に与え、かつ奪い、生かし、かつ殺した。

「有りや有りや」とは、いかにも軽薄な問いである。わざと軽薄な問いを呈して、はたして機縁が合うかどうか、趙州は庵主をテストしてみた。その軽薄な問いに対して、はじめの庵主は白紙答案を提出した。答えてらんない、と。つぎの庵主は、その軽薄な問いをして立派な問題たらしめるような答案を提出した。これなら問題になりますね、と。

同じものに対して異なった反応をするのは、とりあえず縁の有無にかかる。優劣の問題ではない。にもかかわらず「なぜひとりを肯定し、もうひとりは否定したのか」と答えを迫られるのは、無門さんに逆らうようだが、いささか迷惑である。

ふたりの庵主は、どっちも拳骨を突きたてた。同じものに対しては同じように反応すべきだ、というのは世俗の常識である。でも、それでは条件反射みたいなもので、主体性がまったくない。店員が客を見て「いらっしゃいませ」というのといっしょである。

根っから自由な趙州は、相手の態度には左右されず、あるときは随意に肯定し、あるときは任意に否定する。同じものに対して異なった反応をするところに、趙州の主体性が端的にあらわれている。でも、それじゃあ庵主の立つ瀬がないじゃろう、と無門はいう。否定された庵主は、自分らしくそれに応ずればよいし、肯定された庵主も、自分らしくそれに応ずればよい。おのれに対する趙州の態度をどうとらえるかは、それぞれの庵主の自由である。

無門が「趙州のほうがアベコベにふたりの庵主に試されてしまっておる」というのは、おのおの自由に主体性を発揮しているという点において三者は三様に自由であって、それぞれ同等なんじゃよ、といいたいんじゃないだろうか。庵主のあいだに甲乙があるというのも、甲乙がないというのも、どっちも藝がないわい、と。

第十二則　キツネの独り相撲

瑞巌《ずいがん》の師彦《しげん》和尚は、毎日、自分に「主人公」と呼びかけ、自分で返事をしていた。そして「しっかり目を覚ましておれよ。ハイ。いついかなるときでも、ひとにダマされるんじゃないぞ。ハイハイ」というておった。

無門はいう。瑞巌の爺さんは、ひとりで買ったり売ったりしたかとおもうと、神の面をつけてみたり鬼の面をつけてみたり、やたらと演出しておる。なぜじゃろの。呼びかけるやつ、応えるやつ、目を覚ましておるやつ、ひとにダマされぬやつ、連中のご面相ときたら、どいつもこいつも相手にもなりゃせんわい。こんな爺さんのマネをしようもんなら、てきめんにキツネの禅に落っこちるぞ。

ガリ勉どもがニセモノなのは
自分にしがみついてるからさ
そんな輪廻《りんね》転生《てんしょう》の元凶なんか
ホントの自分だとおもうとは

この瑞巌の師彦和尚はヘンだとおもう。かなり病的にヘンだとおもう。もっとも、わたしもすこしヘンだから、わたしにヘンなやつだといわれても、師彦さんも腹は立たないだろう。

「不変の自己」があるとおもうのは幻想である。十年前の自分と、いまの自分と、変わっているのかいないのか、わからない(十年前の自分はもういないから)。むしろ変わるのが当たり前なのである。そういう不断に変わっている自分を棚に上げて、なにか「変わらない本来の自己」なるものをもとめるというのは、どこか根本のところでピントがずれているとしかおもえない。

「ほんとうの自分」という発想が、そもそもナンセンスである。たしかに人間は不断に変わっているけど、そのつど現在の自分がほんとうの自分である。「あのときは血迷ってケンカしたけど、あれはほんとうの自分じゃなくて、いまの仲好くやってる自分がほんものなんだ」という理屈は、おそろしく欺瞞的である。「いま・ここ」にいる自分がそのつど自分なのであって、それ以外の自分なんてどこにもいない。

瑞巌の師彦和尚ときたら、どうあがいたって主人公であるしかないのに、わざわざ自分に「主人公」と呼びかけたり、それに自分で返事してみたり、独り芝居で忙しい。根っからマジメなのだろう。マジメなのも結構だけど、一人何役もこなすのは、いかにも忙しい。そんな自分探しは、とことんバカげている。

呼びかけるのは、見つけたいのだろう。見つけるためには、一度それを見失わなければならない。師彦の自分探しをあえて好意的にとらえるなら、かれは自分を見失ってしまったんだろうなあ。だとしたら、かれの自分探しにも情状酌量の余地があるかもしれない。自分の唯一性とは、たんなる所与じゃなくて、みずから獲得するものなのだから。

「呼びかけるやつ、応えるやつ、目を覚ましておるやつ、ひとにダマされぬやつ」と、一人何役もこなしておるようじゃが、そのつどひとつの役だけにこだわって、それを本来の自己とみなして、ほかの役を切り捨てるのはダメじゃよ、と無門はいう。そんなマネなどしようものなら、目もあてられんぞ、と。

自分のことを「主人公」と呼ぶというのは、つまり自分が自分の主人だとおもっているということだろう。こういった姿勢は、主人公であるどころか、むしろ自己意識の奴隷でしかないんじゃないの、と無門は批判している。呼ぶ自分と、応える自分と、どっちが真の自分なのか？　どちらも自分だ、というようじゃ野狐禅《やこぜん》である。そんなふうに「自分、自分」といってるようじゃ、真の他者がどこにもいないじゃないか。自己は他者に対して、はじめて自己でありうるのに。

「この」人生にあっては、どうしたって自分は主人公である。なるほど。でも、そのような実体は、いざ探すとなると、どこにもない。ないからこそ、この世界をわがものとして自由にはたらける。

呼びかける顔、応える顔、目を覚ました顔、ダマされまいとする顔、そんな百面相をやってみても、どれひとつ真の顔ではない、と無門はいう。パッとしないが、この顔で生きてゆくしかあるまい、と。

自分で自分を主人公と呼ぶ。で、自分でも主人公だとおもっている。だが、ほんとうにそうなのか？自己欺瞞じゃないのか？だとしたら、だれがだれをダマすのか？ダマされるなよ、と自戒する。ほんとうに主人公であれ、と。しかし、ほんとうに主人公であるって、どういうことなのかなあ。

自分について眉間にシワをよせて考えるってのも間抜けだが、もうちょい考えてみる。

自己意識とは、意識する自己と意識される自己との同一性を意識することである。だとすると、自己を意識している自己って、どういう自己なのだろうか――などと問うている自己もまたかけがえのない自己である。どこまでいっても自己から抜けだせない。

無門は「ひとりで買ったり売ったり」と「やたらと演出して」いるような自己は、ほんものの自己じゃないぞと注意する。なにか別の自己なるものがいて、そいつが自己を客観的にながめるなんてことはできない、と。そんなふうに自己意識している自己もひっくるめて、ひたすら生きておればよい、と。

「主人公」と呼ばれている自己は、はたらく自己である。「ダマされるな」と呼ぶ自己は、いうならば無にして見る自己である（おや、いきなり屁理屈っぽくなってきたぞ）。はたらく自己と、自己のはたらきを無にして見る自己と、これらに区別はあるが、ふたつの自己があるわけではない（ご明察のとおり、西田幾多郎の「行為的直観」をイメージしていたりする）。はたらく自己と、自己のはたらきを無にして見る自己とを別に立てると、呼ぶやつ、応えるやつ、覚めてるやつ、ダマされないやつがあらわれ、そいつを「相手にする（認著《にんじゃく》）」と、てきめんにキツネ禅になる。いやあ、じつにきわどい。

はたらくものが意識するものである。はたらくものとは別に意識するものがあるわけではない。それはそうなんだけど、意識するものは、はたらくものではない。自己のはたらきを無にして見るというのは、はたらく自己が「於いてある場所」にあることだ、と西田幾多郎だったらいうだろう（とおもうが、いわないかもしれない）。

「オイ」と呼ぶのも、「ハイ」と応えるのも、どっちもみな「自分にしがみついているから」にすぎない、と無門は歌う。やっぱり「不変の自己」があるとおもうのが幻想なのである。主人公と呼ばれている自己と、ダマされるなといっている自己との関係は、不変の自己と変化する自己との関係であるというよりも、はたらく自己と自己のはたらきを無にして見る自己との関係だとおもう。

私見によれば、これも例によって「二にして一」論なのである。はたらく自己とそれを無にして見る自己とは別である。しかし、別だとおもうなら、それはキツネ禅だ、と無門はいう。本来の自己というものは、そのいずれでもなく、またいずれでもある、と。

第十三則　ボケ老人の正体は

徳山《とくさん》は、ある日、鉢をさげて食堂にやってきた。雪峰《せっぽう》に「おい爺さん、合図の鐘も太鼓もまだ鳴っとらんのに、鉢をさげてどこにゆかれるのかな」とやられた。徳山はすごすごと方丈に引き返した。雪峰はこれを巌頭《がんとう》に話した。すると巌頭は「徳山ともあろうものが、最後の句がわかっちょらん」といった。徳山はこれを聞くと、侍者《じしゃ》に巌頭を呼んでこさせ、「おまえはわしをみとめとらんのか」といった。巌頭はなにかヒソヒソと耳打ちした。徳山はおとなしくなった。その翌日、説法の座にのぼった徳山は、いつもと様子がちがっていた。巌頭は僧堂のまえにやってくると、手を打って笑いながら、「やれうれしや、どうやら爺さんも最後の句がわかったらしい。これからは世間のひとも、かれをどうすることもできまい」といった。

無門はいう。ほんとうの最後の句となると、巌頭も徳山も、どっちも夢にも見たことはなかろう。よくよく調べてみると、連中はみな木偶《でく》の坊《ぼう》そっくりじゃ。

　最初の句がわかったら
　最後の句もわかるはず
　最後だって最初だって
　どっちも一句じゃない

昼飯どきのハプニング。なにを勘違いしたか、徳山和尚、合図もないのに食器をもってノコノコあらわれた。すかさず雪峰にとっちめられた。すると徳山さん、さっさと方丈にとってかえした。素直にひきさがるあたりに、どうも端倪《たんげい》すべからざる徳山の禅味があらわれている（ような気がする）。

雪峰は事の次第を巌頭にしゃべる。巌頭は「和尚さん、まだまだ悟っておらんわい」と嘆く。それを小耳にはさんだ徳山、さっそく巌頭を呼んで「わしを尊敬しとらんのか」と嚙みつく。この臆面のなさ加減にも、どうして隅に置けない徳山の禅風があらわれている（ような気もする）。

巌頭、徳山にヒソヒソと耳打ちする。翌日、徳山は見事な説法をぶつ。徳山は、巌頭のアドヴァイスのおかげで悟ったのだろうか？　まさか、そうではあるまい。徳山はすべて承知のうえでやっている気配である。雪峰も巌頭も、どっちも徳山の掌のうえで踊らされているような感じがする——というのが最初に読んだときの印象だった。

だが、もう一度よく読んでみると、徳山じゃなくて、むしろ巌頭が仕組んだ話のようにもおもえてきた。合図もないのに食堂にあらわれた徳山さん、典座《てんぞ》の雪峰にこっぴどく叱られた。徳山和尚から一本とったと得意になった雪峰、そのことを兄弟子の巌頭に自慢げにしゃべる。つねづね雪峰の目を開いてやりたいとおもっていた巌頭は、よい機会だとおもい、一芝居うった。「おまえごときにやりこめられるとは、和尚さんも情けないな」と嘆いてみた。それを知った徳山さん、巌頭のたくらみを知ってか知らでか、わざわざ皆の衆にわかるように、侍者を使いにたてて巌頭を呼びつけ、「わしをバカにしとるのか」という。巌頭はお師匠さんの耳もとで、意図するところを伝える。万事心得た徳山、翌日、見事な説法をぶってみせる。それを見て、雪峰はなにか悟るところがあっただろうか？　どうも肝腎の雪峰は、その親心を汲むことができなかったような感じである。

巌頭が徳山を巻きこんでやらかした芝居を、無門は「クサイなあ」という。どこまでいっても芝居のなかの人形じゃないか、と。

ところが、さらに読みこんでゆくと、雪峰に教えるためというよりも、もっぱら徳山のために巌頭が苦心する話のようにもおもえてきた（たぶん噴飯ものの珍解釈だろうが、わたしにはおもしろいので、しばらく妄想におつきあいいただきたい）。

どんな人間だってボケることはある。あんな偉いひとが、といっても仕方ない。駿馬《しゅんめ》も老いれば駑馬《どば》にも劣るというけど、徳山さん、このごろかなりボケてきた。妙なときに徘徊している。徳山のことを尊敬する雪峰には、それが口惜しくてならない。で、つい「おい爺さん」と、きつい言葉がでた。おのれのボケに気づかされた徳山は、背中を丸めて、すごすごと引っこむ。

徳山和尚がどうも本格的にボケたらしい、と雪峰は巌頭に注進におよんだ。すると巌頭は「ありゃまあ徳山さん、もうそんなテイタラクかいな」といった。それを知った徳山は「なんか文句があるのか。わしだってボケたくてボケたわけじゃないわい」という。そこで巌頭、こうしちゃどうですかと徳山に耳打ちした。「よし。そのアイデア、乗った」と徳山、翌日、一世一代の大説法をぶった。巌頭は「これで最後の句ができたわい。これからは、もうだれも文句はいうまいて」といって胸を撫でおろした。

徳山のぶった見事な大説法が、ほんとうに「最後の一句」なら、もはやさらなる一句はないわけで、それ以降の言動について世間がとやかくいうことはないだろう、と巌頭は考えた。つまり徳山がボケてきたことを周知するために、当の徳山も引っぱりこんで、巌頭は芝居をうち、ボケてきた徳山をみんなが受け容れられるような素地をつくってやったんじゃなかろうか。

大学の教師のなかには、定年の間際に「最終講義」なるセレモニーをやるひともある。「これが最後のお仕事で、これ以降の与太話はご愛敬ですよ」と世間にみとめさせるためのエクスキューズのような気がする（のべつ与太話ばっかりのわたしには必要ない）。

おのれのボケをみとめるのは、むつかしい。巌頭のおかげ（せい？）でそれに気づいた徳山さん、一生涯の結着をつけることにした。わしゃボケた、ここらで幕引きじゃ、と。これからあとの粗相は、なんとかひとつ大目に見てくれ、と。

ふむ。世間の目から自由になるために、徳山と巌頭とが（あるいは雪峰も一枚嚙んでいたかもしれない）やらかした大芝居という読みは、意外といい線いってるんじゃないだろうか。ただ、ひとつ気になるのが、巌頭はいったいなにを耳打ちして、徳山がおとなしくなったのか、ということである。

だれだってボケたくてボケるわけじゃない。明日は我が身である。ボケを責めてみてもしょうがない。巌頭は徳山に耳打ちする。「だれだってボケるんですから、どうぞ堂々とボケてください」。徳山さん、すっかり安心した。ボケてもかまわないとなれば、かつての名僧、むかうところ敵なしである。巌頭の「これからは世間のひとも、かれをどうすることもできまい」とは、ボケてなにがわるいと開き直った徳山には、もはや手がつけられんぞ、と囃したてているのかもしれない。

この読みは、さすがにヘンテコだろうなあ。でも、こんなふうに読みたくなったのは、ひとえに徳山さんがやたらと可愛いからである――鐘も鳴ってないのに飯を食うつもりになる。たしなめられると素直にすごすご帰る。悪口を耳にすると呼びつけて文句をいう。そそのかされると悪ノリして大演説をぶつ。サウイフ爺サンニ、ワタシハナリタイ。

巌頭に「最後の句がわかってない」といわれ、徳山は「わしのどこがまずかったのじゃろか」とザックバランにたずねた。趙州に「七歳の童子も、われに勝るものは、われすなわちかれに問わん。百歳の老翁も、われに及ばざるものは、われすなわちかれに教えん」という言葉がある。徳山のふるまいは、まさにそれだろう。

ちょっとした勘違いを指摘されて、いささかも弁解せず、すんなりと受け容れるのは、なかなかむつかしい。だれかが自分の悪口をいっていると聞いて、その悪口をいった当人に「どこがまずかったのか」と率直にたずねられる人間なんて、めったにいない。

つねに素直に「学ぶ」という姿勢で生きていると、ちょっとしたヒントによって大事なものをつかんで、それを活かすことができる。だから徳山は「いつもと様子がちがって」すばらしい説法ができた――のかもしれないが、それだけじゃ、まだまだダメじゃよ、と無門はいう。有益なアドヴァイスを受けて、それを実地に活用することができたって、それだけでは操られた「木偶の坊」のレヴェルである。学ぶことは大切だが、さらに一皮むけて、「最後だって最初だって　どっちも一句じゃない」とならなきゃいけない。これが一句だという、そんなものはない。すべての一句が、最後の句であり、同時に最初の句である。最初の句とはなにか？　最後の句とはなにか？　生まれる瞬間なんてのはあるのか？　死ぬ瞬間というものはあるのか？　どこからが生で、どこからが死なのか？

この公案が、もし巌頭と徳山とがグルになっての芝居だったとしたら、どこから芝居がはじまったのか？　徳山がボケてみせるところからか？　徳山が巌頭を呼びつけるところからか？　巌頭が徳山に耳打ちするところからか？

考えるヒントは、無門の歌のなかにしかなさそうである。歌の結句「末後と最初と　これこの一句にあらず」を、西村師は「最後の一句と最初の一句、どちらにしても役立たず」と訳しておられる。だがこれは「最後の一句とか最初の一句とか、この一句がそうだというものなんてない」ということじゃないだろうか。そんなものがあれば、最初の一句のなかに最後の一句が潜在的にふくまれておるじゃろ、と。

最初の一句とか、最後の一句とかいうのは、ひとの生涯を「時間」のなかでとらえている。無門にいわせれば、徳山や巌頭といった禅匠であれば、すべからく「永遠の今」において時間をとらえているべきである。永遠の今にあって、もはや最初の一句だの最後の一句だのという通俗的な時間概念はない。最初だ最後だというておるようでは、世俗的な時間意識のなかで人生を完結させているってことだから、しょせん世間の操り人形でしかないわい、と無門はうそぶく（カッコいい）。

無門の禅にあって、死生の今は「永遠の今」であって、そのつど完結している。初めも終わりもない。いや、そのつど永遠の今において、初めと終わりとはひとつである。そんな無門の目から見れば、なにもかもが茶番に見えたんじゃないだろうか。

第十四則　あえてネコを斬る

南泉《なんせん》和尚の話。東堂と西堂との雲水たちが猫についてケンカしていた。それを見た南泉は、ひょいと猫をつまみあげていった。「おまえたち、なにか一句いえたら、この猫は助けてやろう。一言もいえなんだら、すぐに斬って捨てるぞ」。だれもなにもいえなかった。南泉は猫を斬り殺した。その晩、趙州《じょうしゅう》が外から帰ってきた。南泉は趙州にその出来事について話した。趙州は、履いていた靴を脱ぐと、それを頭のうえに載せてでていった。南泉はいった。「おまえがいてくれたら、あの猫も助かったのに」。

無門はいう。さあ、いうてみよ。趙州は草鞋を頭に載っけたが、どういう意味じゃろう。ここで一言吐けたら、南泉の命令が遊び半分じゃないということがわかるじゃろう。もしそれができなければ、ヤバイぞ。

もし趙州がおったら
逆にやっつけたろう
ナイフをもぎとって
南泉のほうが命乞い

「だれもなにもいえなかった」とは群衆の無責任である。自分がいわなくたって、だれかがいうだろうし、もし自分がいえば、どんな目にあうかわかんない、ここは黙っておくほうが得策だ、と。

「斬り殺されちゃったら猫が可哀想だ」と本気でおもえば、なにか一言くらいはいえたはずである。べつに気の利いたセリフをいう必要はない。「助けてやってください」とだけいって土下座したってよかったのにねえ。

「履いていた靴を脱ぐと、それを頭のうえに載せてでていった」という趙州のふるまいは、どういう意味をもつのだろうか？　本来、靴は足の下に履くものであって、頭の上に載せるものではない。靴の下にあるのは地べたである。つまり趙州は、おのれを地べたに落としてみせた。地べたとは、すなわち地獄だろう。趙州は地獄に堕ちてみせたのかもしれない。というのも、無慈悲に猫を斬り殺した南泉は、きっと地獄に堕ちるだろう。南泉のやらかした殺生を知った趙州は、「じゃあ自分もいっしょに地獄に堕ちてあげましょう」と、靴を頭の上に載っけてみせたのかもしれない。

この男らしい趙州に対して、南泉の「おまえがいてくれたら、あの猫も助かったのに」は、ひどく情けない。たんに弱音を吐いているようにしか聞こえない。

俗人が一読していだくのは、さしあたりこんな感想である。もちろん、腑に落ちないことがたくさんある。ぼちぼち考えてゆこう。

雲水たちが猫についてケンカしている。ケンカの対象としての猫は、ニャアと鳴いている具体的な猫ではなく、ケンカの種となっている抽象的な猫である。南泉がつまみあげたのは、生きている猫じゃない。

ふむ。でも、じゃあ南泉が斬り殺した猫はどうなんだ？　理屈で考えようとすると辻褄が合わなくなる。が、なにせ俗人だから、とことん理屈で読んでゆくしかない。

いずれにせよ、問題は猫にあるわけじゃない。猫にしてみれば、いい迷惑である。抽象的だかなんだか知らにゃいが、人間ってのはどうしようもにゃいなあ。

趙州が靴を頭に載っけたのは、アベコベだってことだろうが、なにがアベコベだったのだろうか。問題は猫にあるわけじゃなくて、もっぱら人間のほうにあるってことをいいたかったのかしらん。だったら、「なんかいえ」といわれたら、南泉の刀を奪って、アベコベに南泉に「なんかいえ」と迫るってことになるだろう。

僧たち、たかが猫くらいのことで、なにをケンカしていたのかはわからない。ケンカの原因が猫にあるにせよ、猫そのものに問題があるわけじゃない。いけないのは僧たちのほうである。にもかかわらず南泉は猫を斬り殺した。ここを解決しないと「南泉の命令が遊び半分じゃないということ」は了解できないだろう。が、どう考えたって了解できそうにもない。南泉のやり方は、およそ筋違いである。趙州が靴を頭に載っけてみせたのは、南泉のふるまいが筋違いであることを指摘したんだとおもう。

問題は猫にあるのではなく、猫について争っていた僧たちにあるのだから、猫を斬るというのは筋違いである。それは足に履くべき靴を頭に載っけるようなもんである。つまり南泉のしわざは怪しからん、と趙州はいう。

南泉が怪しからんことを、だれも指摘できないというのが、もっと怪しからん、とわたしはおもう。猫が子どもだったらどうするのか。夫婦が子どものことでケンカしていた。たまたま通りかかった南泉が、子どもを抱きかかえ、「なにか一言いうてみよ。いえなんだら子どもの命はないぞ」と詰め寄る。夫婦はなにもいえず、南泉は子どもを殺す。

南泉のやり方は、もちろん、まちがっている。そんなことは南泉だってわかっている。だが、まちがっているということを、南泉はいってほしかった。なんでもよいから、なにかいってくれ、と。だが僧たちは黙っている。南泉の目論見は、すっかり空振りした。だれもなにもいってくれないので、南泉は殺さざるをえなかった。やりきれない話である。

僧たちがボンクラばっかりだったのは、かえすがえすも残念である。だれかひとりくらい「猫に罪はない。斬るなら、おれを斬れ」と見栄をはるやつはいなかったのか。そうしたら南泉はどうしただろうか。「斬るなら、おれを斬れ」といえば、すくなくとも南泉と勝負になっただろう。

仲間うちで自由にダベッていたときは、あんなに滑らかに口も動いていたのに、いざ師に「さあ、いえ」と迫られると、とたんに口が動かない。師はプレッシャーをかけるわ、僧たちはビビるわで、とうとう猫を斬らざるをえなくなったが、そいつはアベコベだよ、と趙州はいう。問題は猫にあるわけじゃなくて、もちろん僧たちのほうにある。じゃあ、不甲斐ない僧たちのせいで、南泉は猫を殺すハメになったのだろうか？　それもアベコベだよ、と趙州はいう。今度の問題は、僧たちにあるのではなくて、むしろ南泉にあるのさ、と。二重にアベコベだったりする。

神秘的なことが問題になっているわけじゃない。問題をアベコベに取りちがえてしまうという、ありふれた問題でしかない。が、とても大事な問題である。

趙州がいてくれたら、猫を殺さずにすんだのに、と南泉はグチる。無門はその愚痴を斬り捨てる。趙州がその場にいたら、猫を斬らずにすんだどころか、南泉がアベコベに斬られているじゃろう、と。

無門の歌は、いつもながら手厳しい。もしそこに趙州がいたら、南泉のナイフを奪って、「南泉和尚、なにか一句いってみよ。なにもいえなんだら、斬り殺しますぞ」と斬り返したじゃろう。そこで南泉が「お助けを」と命乞いすれば、猫は助かったじゃろうし、南泉もまた地獄に堕ちずにすんだじゃろう。そうすれば趙州だって地獄堕ちにつきあわずにすんだのじゃ。

見事なコメントだとおもう。もし趙州がいたら、きっと猫のために命乞いしてくれただろう、と南泉は考えているようだが、そうはゆくまい、と無門はいう。それどころか、もし趙州があの場にいたら、逆に南泉を斬ろうとするだろう。すると南泉が命乞いをせにゃならぬ羽目になっていただろうさ、と。

第十五則　六十棒を喰らわす

雲門《うんもん》の話。洞山《とうざん》が参禅にあらわれたとき、雲門がたずねた。「最近はどこにおった」。洞山がいう。「査渡《さと》です」。重ねて問う。「夏安居《げあんご》のときはどこにおった」。洞山がいう。「湖南の報慈寺《ほうずじ》です」。さらに問う。「いつそこを発った」。洞山がいう。「八月二十五日です」。雲門がいう。「六十ほどブン殴るところだが、まあ勘弁してやろう」。その翌日、洞山はたずねた。「昨日は六十もブン殴られるところを勘弁していただきましたが、いったいどこがいけなかったのでしょうか」。雲門はいう。「この穀潰しめ。やれ江西だの湖南だのと、どこをほっつき歩いておったのか」。洞山はここで大悟した。

無門はいう。雲門は、はじめに逢ったとき、ほんものの食いものを与えて、洞山に生き生きとした禅のはたらきを経験させ、かれの禅風がポシャらぬようにしてやった。ところが洞山が、一晩中まんじりともせず、是非の海のなかでアップアップしつづけ、夜明けを待ちかねるようにしてやってくると、雲門はご丁寧にもふたたび重ねて説いてやった。いくら洞山がそこで悟ったといっても、どうもノロマすぎるわい。

さて、皆の衆に訊くが、洞山の六十の棒は、喰らうべきか、喰らうべきでないのか。もし喰らうべきだというなら、森羅万象、ありとあらゆるものが棒を喰らうべきじゃ。もし喰らうべきでないというなら、雲門は重ねてデタラメをいったことになる。ここのところをハッキリさせられたら、洞山の息を吹き返させてやれるじゃろう。

ライオンの子育てときたら
押すかと見せて不意に引く
ためしに二回やってみたら
外れたあとに当たったとさ

問われるまま、素直に返事をしただけなのに、それがブン殴るに値するとは、まことに理不尽である。いったいなにがダメだったのか、どう考えてもわからない。で、もう一度のこのこ出向いてゆき、またぞろ雷を落とされたが、今度はそれで大悟した。

一晩じっくり悩むうちに、きっと悟りの機縁がはぐくまれたってことなんだろう。そのあたりを見越して、雲門もあえてキツイことをいったにちがいない。ちょうどライオンがわが子を千仞の谷底に突き落とすように。その師の期待を裏切らず、ふたたび師のもとに出向いた洞山は、谷底から必死に這いあがった獅子の子であり、じつに天晴れである。

ふむ。こういうのがフツーの理解なんだろうけど、おもしろくない。

まるで巣を見失ったリスのように、ちょろちょろ「ほっつき歩いて」いる洞山くんは、やっぱりダメなんじゃないかなあ。お仕舞いには大悟したっていうけど、無門も「外れたあとに当たったとさ」というように、どうもマグレ当たりじゃないかしらん（よく調べてみるとハズレだったりして）。

洞山のふるまいは、どうにもこうにも愚鈍すぎる。のほほんと物見遊山にきたんじゃあるまいし、ブン殴られても仕方ないとおもう。

雲門の畳みかけるような問いは、たんに場所や月日をたずねているわけじゃない。どういう問題に突き当たり、どういう覚悟をつけて、ソコを発ってココにやってきたんだい、とガマンづよく訊いている。なにかのついでに立ち寄ったわけでもあるまい、と。

雲門はべつに洞山の身上調査をしたいわけじゃない。ズバリと気の利いた返答を欲している。にもかかわらず洞山は、その師の思惑を理解せず、言葉どおりに受け取って、そのつどバカ正直に答えた。いやはや雲門としても、開いた口がふさがらない。こんなお人好しはブン殴る値打ちもない。で、もうよい、あっちへゆけ、となった。

洞山自身は「べつにまちがったことはいっていないはずだ」とおもっている。しかし、そのまちがっていないとおもっているところが、いちばんまちがっている。問答の機微を察そうとしない鈍感さを、世俗的な常識で糊塗することは、禅僧には許されない。無神経は、すでにして罪である。

ところがツラの皮の厚い洞山は、臆面もなくまたやってきて、またぞろ直球を投げつける。仏の顔も三度まで、さすがの雲門も頭にきて、「この穀潰しめ（飯袋子《はんたいす》）」と怒鳴りつける。堪忍袋の緒が切れたという風情である。そこで洞山、ようやくなにか悟ったらしいのだが、「どうもノロマすぎるわい」と無門は呆れ顔である。出来のわるい弟子をもった先生は大変じゃの、という感じだろうか。


「どこからきたのか」というのは、やってきた来意を問うているのであって、地理的な経歴を訊いているわけではない。こころの経歴を訊いている。「どういう心境から、ここへやってきたのか」と。

洞山の応対は、およそ要領を得ない。もし明らかに見込みがあれば、ただちに六十ほどゲンコツを喰らわすところだが、見込みがあるかどうかも判然としない。で、ひとまず勘弁してやり、追い返す。いったい「六十の棒は、喰らうべきか、喰らうべきでないのか」といったことが切実な問題になるのは、そういう切羽詰まった立場にあるものだけである。たんなる物見遊山にきただけのものを、わざわざブン殴ってやる必要はない。

二度目の訪問は、最初のときとちがって、いちおう来意がハッキリしている。「自分のどこがまちがっていたのか」と一晩マンジリともせずに考えてみたが、わからない。これを問うためにやってきている。

いささか間が抜けてはいるものの、この二度目の質問のときの姿勢は、もはや曖昧ではなく、それなりの問題意識と覚悟とをそなえている。つまり見込みがあることを示した。いちおう雲門は、二度目の訪問をしてきた洞山を評価しているのかもしれない。そのまま消えてしまうようだったら、ブン殴るにも値しないが、洞山はちがった、と。

六十殴るのを勘弁してもらったので、二度目の訪問があったわけだけど、六十殴るのを勘弁したという雲門のやり方を正解にしたのは、洞山の二度目の訪問だったということでもある。だとすると、雲門からすれば、「よくきた」ということなのだろう。ウン、見込みがある、と。それゆえ雲門もジャケンにはあつかわない。雲門も懇切に説明してやり、おかげで洞山は開悟できた。

よくもまあ親切であったものだ、というのが無門の感想である。

無門の叱責の鉾先は、洞山を通り越して、雲門にむけられる。それにしても雲門さん、いやに手ぬるいじゃないか、と。「六十ほどブン殴るところだが、まあ勘弁してやろう」などと悠長なことをいわず、ただちにブン殴ってやればよかったのに、と。

第十六則　目で音を聴くべし

――雲門《うんもん》はいった。「世界はこんなに広いのに、どうして鐘が鳴るとわざわざ袈裟を着たりするのか」。――

無門はいう。そもそも禅を修めるにあたっては、音に附いてまわったり、姿を追いかけたりすることを、いちばん忌み嫌う。もっとも、音を聴いて悟ったり、姿を見て悟ったものは、ザラにおったらしいが、それではありきたりじゃ。禅家たるもの、音を乗りこなし、姿を使いこなし、そのつどハッキリさせ、それでいて玄妙でなけりゃならん。それはそうなんじゃが、まあいうてみよ。音が耳のところに来るのか、耳が音のところに行くのか。たとえ音響と静寂とをふたつながら忘れ去ったとしても、そいつをどう説明したらよいじゃろう。もし耳によって聴くようならダメじゃぞ。目でもって音を聴くほうが、まだマシじゃな。

わかってみればイッショ
わからなければバラバラ
わからなくてもイッショ
わかってみてもバラバラ

パブロフの犬じゃあるまいし、合図によってあたふた準備するようでは、世界に鼻づらを引きずりまわされている。禅僧たるもの、そんな条件反射をやっているようじゃ落第だろう。社会生活を営んでいる以上、一定のルールにしたがって暮らすことは余儀ないところだけど、それに引っぱりまわされるようじゃ、一箇の人間としての主体性はどうなってしまうのか。

世界と自己という別個のものを調和させるんじゃなくて、端的に「世界＝自己」というあり方であるのが理想である。しかし、そんなことが簡単にできるようなら苦労はない。「眼中にねえよ」とばかりに世界を無視してみても、なんの解決にもなっていない。

「音が耳のところに来るのか、耳が音のところに行くのか」と無門はいう。世界が存在するから、それを認識できるのか、それとも認識ということがあるから、世界が存在するのか、と。さらに無門は「たとえ音響と静寂とをふたつながら忘れ去ったとしても、そいつをどう説明したらよいじゃろう」と問いを重ねる。音も静寂もともに捨てちゃったら、そのときはどうやって話をすればよいのか、と。音も静寂もないのだから、耳で聴くのがダメなのはもちろんだろう。だからといって、目で音を聴くというのは、いったいなにをすることなのかしらん。

音が届くから耳が聴くのか？　耳を澄ますから音が聞こえるのか？　ただ耳だけで聴いてるようじゃダメで、むしろ目でも聴くようであれ、と無門はいう。全身で行為的に聴きなされ、と。

音を聴くということは、すこぶる全身的な営みである。全身的だというのは、すなわち行為的だということである。その行為が目とむすびついているなら目で音を聴くし、口とむすびついているなら口で聴く。音を聴くということは「行為と一体である」ということがわかっていないと、聞こえている音はバラバラで意味をなさないだろう。

音を聴くことは行為と一体であるから、同じ音でもいろいろな聴き方ができる。たとえば、鐘の音を聴いて袈裟を着るというふうに。別の聴き方もできる。しかし、鐘の音を聴いたら、さしあたり袈裟を着るのである。

音を聴くとき、音が耳に来るのでもあり、耳が音へ行くのでもある。だから無い音を聴くことだってできる。有る音にとらわれず、音が無いことにとらわれなくても、耳だけで音を聴いているようでは、耳が音へ行くということがまだわかっていない。目で音を聴くことができて、はじめてそれがわかる。音を聴くっていうのは、たんに耳で聴いているのではなくて、身体の全体でもって行為的に聴いているのである。

無門は歌う。音を聴くことは行為的だということがわかっておれば、鐘の音と袈裟を着ることとはひとつのことだ。音を聴くことは行為的だってことがわかっていないと、鐘の音を聴くことと袈裟を着ることが習慣的にひとつのことになってしまう。それ以外はありえないってことになる。わかっているなら、鐘の音を聴いたからといって、袈裟を着ないことだってありうるのにねえ。

鐘が鳴ったくらいで、どうして袈裟を着にゃならんのか。なぜ朝寝をしていてはいかんのか。随処に主であるべき禅僧たるもの、もっと自由にふるまうべきではないか。鐘が鳴ったら袈裟を着るのが、正月には雑煮を食い、クリスマスにはケーキを食うように、たんなる習慣だとしたら、じつにアホらしい。

禅者は「音に附いてまわったり、姿を追いかけたりすることを、いちばん忌み嫌う」と無門はいう。対象に振りまわされるな、と。さらに「音を乗りこなし、姿を使いこなし、そのつどハッキリさせ、それでいて玄妙でなけりゃならん」という。対象を乗り越えよ、と。「音が耳のところに来る」だの「耳が音のところに行く」だのといっているようでは、対象を乗り越えるどころか、しっかり対象に振りまわされている。鐘が鳴るから聞こえるのも、耳が聴くから鐘が鳴るのも、どっちもどっちである。

無門は「たとえ音響と静寂とをふたつながら忘れ去ったとしても、そいつをどう説明したらよいじゃろう」という。音も静寂も、どっちとも忘れてしまったら、それは不可説・不可思議だろう。鳴っても鳴ったとおもわず、聞こえても聞こえたとおもわないなら、「目でもって音を聴く」ようなもんで、もはや対象も主体もへったくれもない。

現にそうなっているものにとって、鐘の音を聴くことと、袈裟を着ることとは、ひとつである。そうなっていないものは、鐘の音を聴いても、やることはバラバラである。とはいえ、生半可にそうなっているものも、鐘の音を聴くと袈裟を着たりする。でも、それは鐘の音を聴くことと袈裟を着ることとが機械的・因果的にひとつになっているだけである。音と静けさとをどっちも忘れてしまったものは、そんな必然性には縛られない。そうなったら、鐘の音を聴いて飯を食ってもよいのである。世界は広いのである。

「春がきた」というのを唯一の事実だとおもうのは、ひどく頭でっかちである。そんな抽象的なものに振りまわされてはいけない。春がきたことによって、燕はやって来るし、雁は去ってゆく。お寺の鐘だってそうだ。鐘が鳴ると、子どもは遊びをやめて、おうちへ帰ってゆくし、禅僧は袈裟を着たりする。鐘の音を聴くことと袈裟を着ることとが、ひとつであってバラバラでない。だが、それがバラバラではないことが、どのようにわかっているのか？　わかっているなら、じつはバラバラであって、なにも袈裟を着る必要はない。まったく自由である。自由であることがわかっていて、でも袈裟を着る。

音を聴いて、それから袈裟を着るべきであると判断するのではない。そういう意味で自由なわけじゃない。鐘の音を聴くことと袈裟を着ることとのあいだには隙間がない。端的にひとつである。

鐘の音を聴くというのは、たんに耳で聴いているのではない。全身で聴いている。行為的に聴いているのである。ということは、別の聴き方もあるわけで、かならずしも袈裟を着なきゃいけないってわけでもない。鐘の音を聴いて袈裟を着るものと、袈裟を着ないものとは、同じ音を聴いてはいない。同じ音を聴いて、袈裟を着たり、着なかったりしているのではない。別の音を聴いている。

ふむ。世界はこんなに広いっていうのに、鐘が鳴ったくらいで、なんの因果で袈裟を着にゃならんのだろうか――そういうふうに決まっているからである。

無門は、耳に聞こえ、目に見えるような規則に、いちいち引っぱりまわされているようじゃいかんという。ところが規則に縛られないだけじゃまだ足りないのであって、聞こえたことや見えたことを超えて、もっと自由自在にふるまわねばならぬともいう。耳に聞こえ、目に見えることがあれば、それに盲従するのではなく、それを無視するのでもなく、それを使いこなさねばならんのじゃ、と。

それはそうなんだけど、それに盲従せず、それを無視しない、というときの「それ」がなにか、そこのところが気になる。どこかで音や色が純粋に聞こえたり、見えたりしていて、「その音」「その色」を云々せにゃならんというのでは、ちょっとまずい。

「音を聴いて悟ったり、姿を見て悟ったものは、ザラにおったらしいが、それではありきたりじゃ」と無門はいう。「それ」を聴いたり見たりして悟るなんていうのは、ふつうにあることである。だが、それは「音に附いてまわったり、姿を追いかけたりする」のではない。聴いたり見たりしていることと悟ることとが、畢竟、ひとつだっていうことである。音を聴くのは、耳だけで聴いているわけじゃない。目で聴いたりもしている。全身で行為的に聴いているのである（行為的、行為的って、しつこいね）。

鐘が鳴ったから袈裟を「着ねばならない」のではない。鐘が鳴ったから袈裟を「着る」のである。鐘が鳴っても、袈裟を着たくなければ、着なければよい。ただし鐘が鳴ったのに袈裟を着ないというのが、たんなる横着ではいけない。鐘が鳴ったとき自然に袈裟が着れるようであれば、すんなり着ればよい。

無門は歌う。「わかってみればイッショ　わからなければバラバラ」。わかっておれば、鐘が鳴れば袈裟を着る。ヘンなことをするのは、わかっていないからである。また歌う。「わからなくてもイッショ　わかってみてもバラバラ」。鐘が鳴れば袈裟を着るもんだとこだわるのも、わかっていないからだ。わかっておれば、こだわらない。

第十七則　バカの一つ覚えか

慧忠国師《えちゅうこくし》が、三回、侍者《じしゃ》を呼んだ。侍者は、三回、返事をした。国師はいった。「わしはまたてっきりおまえの志を裏切っておるのかとおもっておったが、なんじゃ、おまえがわしの厚意を無にしておったのかい」。

無門はいう。国師は三回も呼んだせいで、舌が腐って地に落ちた。侍者は三回も応えて、相手に合わせてボロをだしてしもうた。国師も老いぼれて淋しくなったのじゃろうか、首根っこを押さえつけて無理に草を食わせるようなマネをするとは。侍者のほうは食おうという気がさらさらないもんじゃから、せっかくのご馳走も腹一杯で受けつけない。まあ、いうてみよ。侍者のどこが国師に背いたのか。国が平和だと賢いやつばかりが出世し、家が金持ちだとドラ息子が甘やかされるわい。

穴のない首輪をはめられて
災いは子孫の代までおよぶ
禅で食うてゆきたいのなら
剣の山に裸足でのぼらにゃ

国師が「オイ」と呼ぶと、打てば響くように、侍者は「ハイ」と応える。オイと呼ばれたからハイと応えるようじゃ失格である。それではヤッホーと叫べば、ヤッホーと山彦が返ってくるようなもので、なんの主体性もない——と読んではみたものの、なんだか微妙に説得力がないなあ。

「オイ」と呼ばれたら「ハイ」と応えるというのは人間関係の基本である（それは鐘の音を聴けば袈裟を着るようなものである）。ただし「オイ」にもいろいろあるから、それに対する「ハイ」にもいろいろあって然るべきだろう。人間のふるまいは状況に即したものでなきゃならない。鐘が鳴ったから袈裟を着るのもよいが、烈しくガンガン鳴ったときはどうか？　ためらいがちに小さくチンと鳴ったときはどうか？　生きた人間であれば、鳴り方に応じて、ふるまいも変わるべきだろう。

親切な国師は、なんと三回も呼んでやったが、侍者はそのつど三回も山彦みたいに同じように応じた。

国師が三回も呼んだなら、侍者の返事もまた、それに応じて変わるべきである。いつも型にはまった返事しかできないようじゃ侍者失格である。

そのことを重々承知したうえで、あえて同じ返事をくりかえしていたなら、きっと只者じゃないってことになるんだろうけど、どうやらそうではなかった。国師は「おまえが一人前になれんのはわしの指導がわるいのかとおもっておったが、おまえがサボッておったのか」と匙を投げた。

三回も呼ばれたってことは、一回だけでは用が足りなかったということである。それに返事をしたのなら、すぐに「なにかご用ですか」となるべきだろう。なのに三回もというのが気になる。この侍者、じつは曲者で、わざとカラ返事をしていたりして。

それにつけても国師は、あまりにも親切すぎる。歳をとってボケたのだろうか。侍者が「相手に合わせてボロをだしてしもうた」というのは、国師があまり親切なもんだから、侍者はつけあがって態度がでかくなったということじゃないだろうか。

国師が三回も呼んで、やっと侍者はあらわれた（つまり二回はカラ返事をした）。「鐘の音を聴く＝袈裟を着る」がそうだったように、「国師に呼ばれる＝出頭する」という一連のふるまいに必然性はない。だが三回も呼ばれてから出頭するというのは、いかにも間が抜けている。返事をすることと出頭することとのあいだに、ひどく隙間がある。つまり耳でしか聴いていないってことだろう。

一回目のカラ返事。国師は「たぶんわしの指示を待っておるのじゃろう」と好意的にとらえた。二回目のカラ返事。「きっといま手がはなせない仕事をしておるんじゃな」とはおもったが、「用事があっても出頭してこい」と三回目。今度もまたカラ返事かとおもったら、ひょいと出頭してきた。「なんじゃ、ただ横着だっただけかい」。

国師の「オイ」は、段階をおって意味が変わっている。しかし侍者の「ハイ」は、それに対応していない。そのことによって侍者は、とうとう横着な正体を暴露してしまった。

なにかを「知る」というのは、それによって自分が「変わる」ということである。なんにも変わらないようなら、なんにも知っちゃいないのである。わたしは授業のとき、学生諸君に「たんに習うんじゃなくて、学ぶということの意味を考えてくれ」という。学ぶまえと学んだあととでは、自分が変わっていなきゃウソだぜ、と。

もし末期のガンを告知されて、余命半年だとなれば、自分のあり方はガラッと変わってしまうだろう。同じ酒を飲んでも、ちがった味がするだろう。オイと呼ばれて、そのつどハイと返事をしても、なにも変わらないなら聞こえていないも同然である。

国師は三回も呼んで、そのつどコケにされた。侍者のほうも国師の優しさに調子にのって、つい三回も応えて、すっかり腹のなかを見せてしまった。「侍者のどこが国師に背いたのか」と無門は問う。期待を裏切っているのは自分じゃなくて侍者のほうだと国師が気づいたのは、いったいどの段階でか、と。

女子大生が花屋でアルバイトをしていた。独り暮らしの老人から毎日のように花の注文があり、その女子大生に届けさせてほしいという。届けるたびに、老人はケーキを用意して待っている。優しい老人だし、寂しいのもわかるが、なんだか気持ちがわるくなって、女子大生はとうとうバイトを辞めてしまった。

国師はうまい草を食わせたかったのだが、侍者のほうはちっとも食う気がないもんだから「ハイ」と上の空でカラ返事をするばかり。いくらご馳走だって腹一杯なら食う気にゃならんというのが事実なんだけど、せっかくだから食ってほしいのが人情である。国師としては返事をするだけじゃなくて、顔を見せてほしかった。ところが侍者は「ハイ」とだけいって顔を見せない。それを三回くりかえし、国師はやっと気づく。こいつはただ横着なだけだ、と。自分の呼び方がわるいんじゃなくて、ひとの期待を裏切っているのはこいつのほうだ、と。

無門にいわせれば、国師は「老いぼれて淋しくなったのじゃろう」ということになる。

書名を失念したが、さる禅僧による解説本に、つぎのような解釈がなされていた。

年老いた国師は、後継者を育てようと、いささか焦っていた。侍者に早く一人前になってほしかった。おまけにマジメな国師は、侍者がなかなか一人前にならぬのは、てっきり自分の力不足だとおもっていた。そこでせっせと「オイ」「ハイ」と特訓をやった。ところがどっこい、国師の思惑とは別に、侍者のほうはとっくに悟っていた。侍者は「申し訳ございませんが、お師匠さんのご期待には添えませんよ。すでに悟っているのに、そのうえさらに悟るなんてできませんから」という。とうに悟っているのに、さらに悟れという期待には応えようがない。メデタシ、メデタシ、と。

そういう読みも可能かもしれないが、わたしはキライである。そんならそうで、すぐにいえばよい。三回もやってみせるなんて、性格のわるい侍者である。

無門は、ふたりともノンキだとこきおろしている。侍者がそんなテイタラクだということは、つまり国師の教育がなっとらんということじゃよ、と。三回もオイオイと呼んだりしたら舌も腐ろうし、三回もハイハイハイと応えようものなら声も嗄《か》れよう、と。どちらも、ご苦労さん、と。

だが無門、どっちかというと、師匠風を吹かせる国師のほうに厳しいかな。親切に指導するだけじゃ埒《らち》はあくまいに、と。必要を感じていないところに発明は生まれない。やる気のない侍者の首根っこをつかまえて、やかましく指導してみても、しょせん糠に釘でしかない。

侍者がわるくないとはいわないが、それより「国が平和だと賢いやつばかりが出世し、家が金持ちだとドラ息子が甘やかされる」ってことが問題じゃ、と無門はいう。お役人がわが世の春を謳歌しておると、家ではドラ息子が甘ったれておる、と。親切すぎるから、図々しくなる。そう甘やかしては、若いもんが一人前になれんじゃろう、と。

第十八則　目の前に麻が三斤

洞山《とうざん》和尚の話。ある僧が問うた。「どんなのが仏でしょうか」。洞山がいう。「麻が三斤《さんぎん》じゃよ」。

無門はいう。洞山老人は、どうやらハマグリ禅をやったらしく、ちらりと貝を開けただけで、ハラワタまで見せてしもうた。それはそうなんじゃが、まあいうてみよ。どこに洞山のハラワタはあるのじゃろか。

あっさりと麻三斤
このうえなく親切
つべこべ言うやつ
つまらぬ理屈屋さ

娘が「お月さまって、いくつあるの?」と訊く。「どうして」と訊き返すと、「だって毎晩ちがうかたちのお月さまがでるんだもの」という。子どもは、理屈をはさまず、見えるままを素直に見る。だから想像が駆り立てられる。オトナは、見えないものの存在を知っている。だからなにも不思議におもわない。

フランクリンは熱気球がはじめて空を飛んだときの現場に居合わせた。「あんなものがなんの役に立つのか」と笑う見物人に、かれは「じゃあ赤ん坊はなんの役に立つのか」といったという。あんなものなんの役に立つのかというひとには、雷の正体を突きとめるために凧を飛ばそうなんてアイデアは、金輪際、浮かばないだろう。

無造作に置かれた三斤の麻をあるがままに見ることは、オトナにはむつかしい。それを無門は「あっさりと麻三斤　このうえなく親切」と歌う。オトナは三斤の麻をいつまでも見ていることができない(すぐに退屈してしまう)。で、つい「三斤の麻がなんだっていうんだよ」といってしまい、「つべこべ言うやつつまらぬ理屈屋さ」とやられる。

たまたま目のまえに麻が三斤あったから、とりあえず麻が三斤といってみただけであって、べつに麻でなくたって、たとえばトイレットペーパーでも、雨だれの音でも、なんでもよい。仏といっても、べつに格別にありがたいもんじゃなく、そこらに転がっている麻の生地三斤でしかない――というあたりが、ふつうの読みだろう。

うんとマジメなひとは、ちゃんと麻三斤の話として読むだろう――土を耕したり、種を蒔いたりと手間ヒマをかけて麻を栽培し、その皮から繊維をとり、それで麻糸をつくる。たかが麻三斤ではあっても、それが出来上がるまでのプロセスには自然と人間との営みの連鎖がつまっている。そうおもって三斤の麻を見るならば、それは森羅万象のエッセンスの凝り固まったもののように見えてくる、と。そういえば、亡くなった祖母は「ご飯一粒には七人の仏さんがいるんだよ」といっていたっけ。

ところで、この麻三斤についてはつぎの指摘がある。

「三斤の麻糸で織り上がる麻布一疋」とは、まさに僧侶の衣一着分ができる材料である（中略）「それ、衣一着分の材料はちゃんと揃えてあるぞ」という示唆に他ならない。この示唆は、さらに次のような含みを谺として響かせる。――なのに、それを衣に作って着る人間は不在なのか！（入矢義高『自己と超越』岩波書店・九二頁）

入矢氏によれば、「仏とはなにか」と訊かれて、洞山は「衣一着分じゃ」と答えたことになる。「おまえさえシッカリしておれば、ほれここに衣一着分の材料はそろっておる。それなのに、いまさら仏とはなにかなどと問うてくるとは、そんな寝ボケたやつの相手はしておれん」と。一家言である。

無門は歌う。「麻三斤」という言葉は、ありふれた言葉である。それが意味するもの、すなわち麻三斤は、もっとありふれている。それがほんとうに麻三斤かどうか議論したがるやつは頭でっかちだ。そのありふれたものが、ありがたい仏にほかならないのだが、このことの是非をあげつらっちゃいかんよ、と。

麻三斤をその底までさらけだして見せる。そこに仏がある。仏とは、ありふれた麻三斤よりも、さらにありふれたものである。それがなんであるかを問うこと自体がおかしい。

無門の「ハマグリ禅」という比喩はおもしろい。アリフレタものと、アリガタイものとが、ひとつになっている。ひとつのものをパカッと開いてみれば、ハラワタまで見えてしまう（無門は天性のユーモリストである）。

無門はいう。このジイさん、ご親切にもハラワタを見せてくれたようじゃが、さてそのハラワタは見えたかな、と。この「どこに洞山のハラワタはあるのじゃろか（いずれの処に向かってか洞山を見ん）」を、西村師は「諸君はどこに洞山の全露を見たのか」と訳される。洞山が麻三斤といったそのココロは、ということだろうが、いまひとつピンとこない。

これは直訳すると「どこに洞山を見るのか」であり、意訳すると「洞山はどこにいるのか」である。で、いったい洞山はどこにいるのか？　洞山は「そこ」にいる。すなわち麻三斤のあるところにいる。

「どんなのが仏でしょうか」とは、これ以上ないくらい大上段に振りかぶった問い方である。これくらいでっかい問いになると、逆にどう答えてもよくなってしまうような感じがする。目のまえに転がっている麻を見て「麻三斤」といっても、べつにトンチンカンでなくなってしまう。だからといって、麻三斤といおうが、鉛筆削りといおうが、なんでもありなのだろうか？　あらゆる思慮分別を絶したところで「麻三斤」と口からほとばしったのだとしても、そんなのをゆるしちゃうと、ひどく陳腐な汎神論になってしまいそうな気がする。

ハマグリ禅をやった洞山は「ハラワタまで見せてしもうた」と無門はいう。洞山の本心が「そこ」にある、と。すべてをそこに、このありふれたものに、さらけだしてしまっておるわい、と。これを普遍的な仏のありようのひとつの実例と考えると、たしかに汎神論になるんだろうけど、洞山は「たとえばこれが仏だ」と明快に断じてるんじゃないだろうか。

無門は「口を開けば、腹のなかまで丸見えじゃ」といったかとおもうと、「肝腎の洞山はどこにおる」という。ハマグリ禅も結構じゃが、それをやる本人はどこにおる、と。

永遠に不変のもの、絶対に確実なもの、そんなものってあるだろうか？　デカルトなら「コギト・エルゴ・スム」というのだろうが、わたしみたいな俗人は「あるものはある」としかいえない。だって、あるものは仕方がないじゃない、と。

「あってはならない」と駄々っ子みたいにいってみても、あったらそれっきりである。それならはじめから「あるものはしょうがない」といっておくほうがよい。「神モーセにいひ給ひけるは我は有りて在る者なり」（「出エジプト記」第三章）ではないが、あるものはある、アーメン、といった感じだろうか。

ただ、永遠に不変のもの、絶対に確実なもの、そんなものはないが、それがないことを知っているわたしは、いったいどこにいるのかなあ。

「あっさりと麻三斤　このうえなく親切」という歌いぶりからして、端的に「麻三斤」とやってみせるのは、なかなか意味深長じゃな、とそれなりに評価している気配である。ただし、このやり方は洞山だからゆるされるのであって、「つべこべ言うやつ　つまらぬ理屈屋さ」である。とやかく文句をいうやつは、まったくお呼びじゃない、と。

本則ではじめて「仏とはなにか（いかなるかこれ仏）」という問い方がでてくる。

「Xとはなにか」とは、Xの本質をもとめる問い方である。この手の問いには、答えようがない。なぜなら「Xとはなにか、とはなにか」というふうに際限なく問いを重ねてゆけるから、とりあえず答えてみても、どのみち中途半端なことしかできない。

「Xとはなにか」とはXの本質をもとめる問い方だが、いきなり本質は無理なので、論より証拠と、ひとまず事物を指さすという方法もある。洞山の「麻三斤」がそれである。

「麻が三斤じゃよ」と指さされても、それで納得できるわけではない。だが、すくなくとも手垢のついた出来合いの答えを与えられるよりは、よほど胸に響くだろう。「Xとはなにか」という答えのない問いに対して、「そんな問いはムダじゃ」と無下にしりぞけるのではなく、真剣に答えようとしてくれていることだけはヒシヒシと伝わってくる。

ふだんはその存在を忘れているのに、なにか不都合があると、それについて問うということがある（虫歯になってはじめて歯のことを意識するように)。「Xとはなにか」という問いは、そういう問いである。「Xとはなにか」と問うのは、その「X」にかんして不都合が生じているのである。

「問いが立てられうるのであれば、答えもまた与えられうる」とウィトゲンシュタインはいう(『論理哲学論考』六・五、岩波文庫)。「Xとはなにか」という問いが立てられるなら、答えも与えられる、と。「Xとはなにか」という問いを考え抜き、それでもなおXについて答えられないとしたら、Xについての問いなどないのではないか、と。

ウィトゲンシュタインはまたこうもいっている。「私を理解する人は、私の命題を通り抜け——その上に立ち——それを乗り越え、最後にそれがナンセンスであると気づく。そのようにして私の諸命題は解明を行なう。(いわば、梯子をのぼりきった者は梯子を投げ棄てねばならない。)」と(『論理哲学論考』六・五四)。肝腎なのは、「Xとはなにか」といった問いをナンセンスだと決めつけることじゃなく、「Xとはなにかという問いはナンセンスだということ自体がナンセンスだということを自覚することだ、と。

「Xとはなにか」という問いはナンセンスだというのは、たんに「この」Xとはなにかという問いがナンセンスなだけじゃなくて、Xのあらゆる可能性に対してナンセンスだといっているはずである。だが、そうだとすると、可能なXのすべてを見据えながら、Xとはなにかという問いはナンセンスだといっていることになる。なにかについてナンセンスだというためには、当のなにかの外に立って、それを対象化しなきゃならないわけで、さしあたり問題になっているのは「あらゆる可能性に対してナンセンスである」ということだから、そんなことは無理である。

「Xとはなにか」という問いに悩むのも、そんな問いはナンセンスだといって悩まないのも、どっちも似たようなものである。悩もうが悩むまいが、問いにかかずらっているだけで、すでにまちがっている。だとすると、洞山が問いの相手をして「麻が三斤じゃよ」と答えているのは、問いにしがみついている僧が足をかけている梯子を蹴っ飛ばしたということなのだろうか？

「Xとはなにか」という問いは、あらかじめパラドックスをはらんでいる。もしXについてわかっているなら問うことはないし、もしXについてなにもわかっていないなら問うこともできない。いずれにせよXについて問うことはできない。ウィトゲンシュタインが「問いが立てられうるのであれば、答えもまた与えられうる」と看破する所以である。

それにしても、ひどく無造作に三斤の麻を指さす洞山の仕草は、まるで「とうの昔から、その答えは目のまえにあるじゃないか。それに気づかないとでもいうのか」といった風情である。「Xとはなにか」という問いがナンセンスなのは、けっして答えが見つからないからナンセンスなのではなく、そのナンセンスさこそが問いの本質だからである。三斤の麻を指さすことで、洞山はそれを教えている（答えられなくてヤケクソになっているわけじゃない）。

みぎは哲学の素人らしい疑問である。ウィトゲンシュタインの専門家なら、こんなふうにいうかもしれない（以下は、読むのが面倒だったら飛ばしちゃってもかまわない）。

「Xとはなにか」という問いにかんして、『論考』の場合、Xが文であらわされる場合と語であらわされる場合とが区別される。文であらわされる場合、その意味はなにかとたずねることは意味をなさない。文の意味は、文において示されている（分析のパラドックスなんて生じようがない）。しかし、文は有意味な語の結合である。語の意味の場合は、語は対象を「指示する」といっているだけで、なにを指示しているのか、どのようにして他者にそれを教えるのかということは問題にされていない（たぶん意識の成立の問題とみなされているのだろう）。

ウィトゲンシュタインの後期の主張を勘案すると、さらに面倒になる。人間とはなにかと問う。理性的動物だと答える。でも、別の答え方もある。人間の実例をズラズラと枚挙してみる。これは人間だ、これも人間だ――で、これは不完全な説明だとみなされる（とほほ）。

「仏とはなにか」という問いに対して「麻三斤」と答えるのは、なんとなく仏の実例をあげる答え方のほうに似ている。三斤の麻は、ひとつの仏である。山盛りのウンコも、ひとつの仏である。あらゆるものが仏である、と。

ところが、厄介なことに、後期のウィトゲンシュタインは、実例ないしは範例によってしか規則は教えられないといっている。もっとよい方法があればよいが、とりあえず見つからないから仕方なく範例によって教えているというんじゃなくて、それしか方法がないのだ、と。従来の論理学における「範例にしたがう」ということに誤解がある、と。それは不完全な説明方式なのではない、と。それを不完全だとおもうほうに問題があるのだ、と。

で、麻三斤である。とりあえず「麻三斤」と答えたというんじゃなくて、それでしかありえなかった。その証拠に、無門もこう歌っている。その是非を問題にするひとは、是非のひとでしかない、と。

ひょっとすると禅も、範例によって伝えるということを方法にしているんじゃないだろうか。しかし、その場合の範例とはなにか？　範例にしたがうとはどういうことか？

第十九則　平常心が道である

南泉《なんせん》の話。趙州《じょうしゅう》がたずねた。「どういうものが道でしょうか」。南泉がいう。「平常心が道じゃよ」。趙州がいう。「それをめざすのでしょうか」。南泉がいう。「めざしたりすると、すぐにまちがう」。趙州がいう。「めざさなかったら、どうしてそれが道だとわかるのですか」。南泉がいう。「いったい道というものは、知るとか知らぬとかいう沙汰を超えておる。知るというのは迷いじゃ。知らぬというのは無関心じゃ。もしめざさざるの道に達したなら、なんにもない大空のように、からりとカラッポじゃ。それをアレコレとあげつらってみても詮ないことじゃよ」。趙州はすぐに悟った。

無門はいう。南泉は趙州に質問されて、瓦が壊れ、氷が融けるように、なんの説明もいらぬようにしてしもうた。かりに趙州が悟ったとしても、この境地までにはまだ三十年くらいは修行せにゃなるまい。

春には花　秋には月
夏には風　冬には雪

のんびりしておれば
いつだって好い時節

「どういうものが道でしょうか」というのは、すでに一定の目的をしつらえたうえでの問い方である。あくまでも「道」という目的に達することが肝腎であって、そこに至るまでのプロセスは二の次である。

南泉は「平常心が道じゃよ」という。目的地に着くことよりも、歩くことそのことが大事だよ、と。道ばたの草花を見たり、小鳥のさえずりを聴いたりといった、目的地に着くまでの道すがらの経験のほうが楽しいんじゃよ、と。

しかし歩こうと決心しなければ、いつまでも歩けないでしょう、と趙州は食い下がる。道中を楽しむのもいいけど、歩こうと決心しないと、歩きはじめられないでしょ、と。

おいおい、ぶらぶら散歩しようというのに、そんな決心なんて大仰なものはいらんじゃろう、と南泉はいう。「あそこまでゆくのだ」と歯を食いしばったり、まなじりを決して歩いたりしたら、のほほんとした散歩じゃなくなっちまうよ、と。

どこにむかっているかわからなきゃ、そもそも歩けないでしょう、と趙州はいう。歩くというのは、夢遊病のように、やみくもに徘徊するというのとはちがうでしょう、と。

こうして自分の歩いている道も、はたして正しいのやら、まちがっているのやら、そんなことはわかりっこない。わかるというのは妄想だし、わからなくたって、それだけのことである。あれこれ悩んだりせず、行雲流水といった風情でのんびり歩いておればよい、と南泉はいう。

「勝つとおもうな、おもえば負けよ」という歌があった（古いなあ。美空ひばり『柔』だったっけ）。けれども「勝つとおもうな」とおもったりすると、ますます意識の泥沼にはまりこんでゆく。平常心であろうとすると、かえってドキドキする（すでに平常心じゃない）。

よく「身体でおぼえろ」という。いったん身体でおぼえてしまえば、こっちのものだぞ、と。ドキドキ、ハラハラせず、さっさとやれるぞ、と。ふむ。たしかに手足の筋肉には、頭みたいに意識する機能はないけど、ひとたび手足がうまく動いてくれないと、たちまち「あれ？」と意識しはじめる。

平常心でいられるときもあるし、平常心でいられないときもある。平常心でいられないときは、平常心であろうとつとめる。平常心が道であるっていうのはそういうことですか、と趙州は訊く。つとめたりすると、かえって平常でおれなくなるぞ、と南泉はいう。でも、それじゃあ平常心が道であるというのが、どういうことなのかわからなくなる。外れることがありうるものが道であり、外れたときはそこへと帰る努力をすることができるものが道である。平常心はその条件を満たさないではないか、と趙州はいう。

趙州にしつこく突っこまれて、南泉は「道というものは、知るとか知らぬとかいうことを超えておる」と答える。これで趙州はわかったらしい。わたしはサッパリわからない。

ほんとうにわかるには、あと三十年はかかるじゃろう、と無門はいう。ふうん。するってえと趙州も、ほんとうにわかっていたわけじゃないってこと？

平常心が道であるというとき、問題はむしろ「道」の概念にある。趙州の概念にしたがえば、平常心は道ではありえない。それでも平常心が道であるとするならば、道の概念の変更が迫られる。そこに問題があるということを、南泉は趙州に教えられた。他方、趙州は自分の道の概念に問題があることを、南泉から教えられた。

道の概念がわかることと、それが自分のものになることとは、別の問題なんじゃよ、と無門は釘を刺しているんじゃないだろうか。平常心が道なんだけど、その意味で平常心でおれるには、さすがの趙州だって、あと三十年はかかるだろう、と。


「どういうものが道でしょうか」「平常心が道じゃよ」とは、いかにもスムーズな応酬である。「山田くん、例のものを」「ハイ」ってな感じである。

「平常心が道である」という南泉の答えに対して、趙州は「道とはなにか」という問いがそこにあることを指摘する。この趙州が呈する議論は、ウィトゲンシュタインの「規則にしたがうということはありえない」という議論と酷似している。誤解していて、しかもその誤解に気づいていない、というのがポイントである。「哲学の問題は概念の問題である」とウィトゲンシュタインがいうとき、同じことを問題にしているようにおもわれる。

南泉も、趙州も、はじめは気がついていなかった。「平常心が道である」といわれて、趙州がその誤解に気づき、それを指摘した。南泉もそのことに気づいた。趙州が、道とはなにか、とあらためて問う。それに対する南泉の答えに接して、趙州はすぐに理解した。

無門の「南泉は趙州に質問されて、瓦が壊れ、氷が融けるように、なんの説明もいらぬようにしてしもうた」というコメントを、西村師は「南泉和尚は趙州に問いつめられて、ガラガラ音を立てて崩れたな。もう何の言い訳も出来ないだろう」と訳しておられる。趙州に鋭い質問をされて南泉はタジタジとなってしまった、と。しかし、それは偉大なる趙州という先入見からくる誤解じゃないかなあ。趙州の問いに対して、南泉はたちまちサラリと解いて、すっかり用済みにしてしまったというのではないだろうか。

南泉は、趙州に質問されて、とりあえず「平常心が道じゃ」と答えた。ところが趙州に突っこまれて、南泉の平常心説はガラガラと崩れてしまった。そこで南泉、ひとまず平常心説を引っこめて、道そのものの話にもどす。道というものは知る知らないの沙汰を超えておる、と。いずれにせよ「めざさざるの道」というものはあるのであって、そこに達すればよいのじゃよ、と。

「のんびりしておれば　いつだって好い時節」と無門は歌う。平常心であろうなどと余計なことを考えなければ、そのつど平常心なんじゃよ、と。

「平常心が道である」といわれて、「そうか平常心が道なんだ」と納得し、ただ平常心でありつづける。そんなことが可能だとして、それだけでよいのだろうか？

カントがいっていた。すごく親切なひとがいて、いつも親切なんだけど、かれは親切にすることが好きなだけで、かならずしも倫理的なわけではない、と。そういう親切さは、ただ当人の好みでしかなく、好みにしたがうのなら動物だってする。親切にする「べし」という格率をたてて、親切にすべきであるから親切にする。そこにおいて、はじめてその倫理性を評価できる、と。

平常心といっても、いろいろある。たんに鈍感なだけじゃあ、しょうがない。平常心が道だというときも、その平常心の中身が問題である。

趙州に「どういうものが道でしょうか」と訊かれ、南泉は「平常心が道じゃよ」と答えた。ところが趙州に「それをめざすのでしょうか」と突っこまれ、南泉はハタと気がついた。平常心にもいろいろあるってことを考えていなかった、と。平常心の中身が問題だった、と。そこで南泉は「めざしたりすると、すぐにまちがう」といいだす。趙州に「めざさなかったら、どうしてそれが道だとわかるのですか」とさらに突っこまれ、南泉は「道というのは知る知らぬの沙汰を超えておる」と答える。平常心が道なんだけど、それが道であるかどうかは問題にならない（もちろん道である）。そういう平常心をめざすというのは迷いだが、さりとてめざさないというのも無関心である。だから「めざさざるの道に達」すべし、と南泉はいう。

で、趙州はすぐに悟ったようだけど、カントはちゃんと悟れただろうか？

第二十則　力量の無駄づかい

松源《しょうげん》和尚がいった。「大いに力量があるのに、どうして立とうとせんのじゃろうか」。またいった。「口をきくことは舌にはないぞ」。

無門はいう。松源は内臓をぶちまけたというてよい。ただそれを受けとめるやつがおらんわい。たとえ受けとめるやつがおっても、わしのところでは痛棒を喫するのがオチじゃろう。なぜかとな？

ほれ！　純金かどうか識別したければ、火のなかに放りこんでみればよい。

太平洋をふんづけ
銀河系をみおろす
居場所ひとつなし
あとは頼んだぞよ

すでに修行をたっぷり積んでおるのに、いつまでも坐禅ばかりしておって、なんで自分の足で立とうとせんのか、と松源はいう。そして「口をきくことは舌にはないぞ」と念を押す。語るというのは舌先三寸でしゃべることではない、ちゃんと身体を動かせよ、と。自己満足に終始してはならん、もっと利他行にはげみなはれ、と。

せっかく力量がありながら、僧堂の奥ふかく閉じ籠もり、いたずらに坐っておるばかりじゃもったいない。温室でぬくぬくと養われた花ではいけない。どうして衆生済度《しゅじょうさいど》のために世間にでてゆかぬのか。ただし、いやしくも禅僧として世間にでてゆくからには、ただツバを飛ばしてペチャクチャしゃべっておるようではいけない。その云うこと為すこと、すべからく端的な禅機のほとばしりであるべきである。

TVが映らなくなった。故障したのだろう。で、修理して映るようにする。そうやって修理に修理を重ね、故障する箇所を根絶したら、いかなる大力量をもってしても映らなくすることは不可能なのだろうか？　そんなバカなことはない。故障する箇所は、いくらでもでてくる。TVはいつかきっと映らなくなるものである。TVが映らなくなるのは故障したからだが、故障したから映らなくなるというよりも、映らなくなったのは故障したからである。映らなくなったということを、故障したと呼ぶのである。故障というのは、頭でこしらえたものでしかない。

横綱は平幕より強い。だが、ときには平幕が金星をあげることもある。横綱がかならず平幕に勝つと決まっているなら、だれも相撲なんか観ない。強いから勝つというよりも、勝つから強いのである。で、どんなに強いものだって、負けることもある。

立とうとしないのに、力量を云々してもはじまらない。いくら滑らかな舌があっても、それだけで口をきいたことにはならない。立ってナンボ、口をきいてナンボである。

いや、待てよ。どう考えても、これは逆をいっている。

松源和尚は、「どっしりと坐っておればよい。べつに立ち上がらずとも、また口をきかずともよい」といっているような気がする。まず自分の面倒をしっかりみてやれ、と。

そこを無門は評価している。松源はなかなかよいことをいったが、わかるやつがおるかのう、と。わかるというやつがおったら、ホンモノかどうか、ひとつ試してやろう、と。力量ありげに見えても、純金かメッキか、ちゃんとテストしてみねば、ほんとうに大力量人かどうかはわからんな、と。

いやいや、やっぱり考えすぎかも。無門は松源のことを、さほど評価しちゃいないのかもしれない。

松源の教えぶりは「内臓をぶちまけた」ものだというのは、「それをいっちゃあ、おしめえよ」ということかもしれない。知らないうちに浮世離れしちゃっている禅坊主の痛いところを、松源さん、ヘタに突っついてしまうたが、なまじ期待しないほうがマシじゃろう、と。

「太平洋をふんづけ　銀河系をみおろす」なんて藝当は、そう簡単にできっこない。天地の外に立って天地を呑みこむなんて、しょせん無理である。けっきょく「居場所ひとつなし」なんだけど、だいたい天地の内に身の置きどころがないようでは、そもそも大力量人じゃないだろう。ほんものの純金になんて、そうそうお目にかかれっこない。

僧堂にあってゴロゴロしている修行僧の姿が目に浮かんでくる。十年一日のごとく坐禅に明け暮れながら、「おれは立派なことをしている」と自己満足している。「そんだけ修行すれば、もう大力量人じゃろう。グズグズせずに娑婆《しゃば》にでてゆけよ」と松源はいうけれども、おとなしく坐禅しているしか能のないものが、のこのこ世間にでてみても、たぶんお呼びじゃないだろう。

他人事ではない。ある大学の教師は「先生なんて、しょせん専門バカじゃないですか」と学生にいわれて、すかさず「たしかにそうだが、きみはたんなるバカだ」と応えたというが、わたしだったら黙ってうつむいてしまうかもしれない。

歌のなかの「居場所ひとつなし」は、コメントの「純金かどうか識別したければ、火のなかに放りこんでみればよい」に対応している。ほんとうに力量があるなら、きっと身の置きどころがないじゃろうが、そんなんで世間にでてみたってどうするんじゃ、と。そんな大力量のものが世間にでてみたところで、はたして居場所が見つかるだろうか、と。禅の世界では大力量人であっても、そのまま世間でも通用するとはかぎらない。ほんとうの大力量人とは、どういう存在なのかなあ。

禅の世界にあることは、きっと俗世間にもあるだろう。禅の世界では大力量人だが、俗世間では鼻つまみものだというのでは、はたして大力量人といえるだろうか——と、さんざん首をひねっておいて、無門さん「あとは頼んだぞよ（請《こ》う一句を続《つ》げ）」と突き放している。あとは各自でちゃんと考えな、と。

貧乏人にはわからない苦労が金持ちにはある（んだろうとおもう）。そこを乗り越えないと、ほんとうの金持ちにはなれない。凡人にはわからない苦労が天才にはある（んだろうねえ）。そこを乗り越えないと、ほんとうの天才ではない。混じりっけなしの純金でない半端もんがヘタに世間にでてみても身の置きどころがない。だったらでるな、と無門はいう。

「力量があるのに、どうして立とうとせんのじゃろうか」とは、たとえ能力があっても実行できるとはかぎらないってことじゃないだろうか。「やれる」ことと「やる」こととのあいだには、暗くて深い河がよこたわっていそうだ。

「口をきくことは舌にはないぞ」とは、理解したとおもっても説明できるとはかぎらないってことだろう。「わかる」ことと「あらわせる」こととのあいだにも、高くて険しい壁がそびえていそうだ。

やるというのは、じっさいにやって、はじめて意味がある。やる能力があるかどうかよりも、身をもってやるかどうかである。やることを言葉で説明できるかどうかなんて、およそ二の次である。ホンモノかどうか知りたければ、火のなかに放りこんでみればよい、と無門はいう。まずやってみて、万事それからだ、と。

第二十一則　カチカチのうんこ

雲門《うんもん》の話。ある僧がたずねた。「どういうものが仏でしょうか」。雲門がいった。「かちかちのウンコじゃ」。

無門はいう。雲門は、家が貧しくて、ろくな食いものもなく、稼ぎに追いまくられ、本を読むヒマもない。だもんじゃから乾いたウンコなんかもってきて、門戸のつっかえ棒にしようとする始末じゃ。仏法の衰退ぶりが目に見えるようじゃな。

ひらめく稲光り
とびちる火の粉
パチクリすると
はるか彼方じゃ

生きているかぎり、かならずウンコをする。そういう自然の営みを、人間はなるべく隠すようにした

（水洗便所を作ったりして）。それによって、なにか大事なものも隠されてしまったような気がする。

食べる魚や肉も、切り身になってパックにはいって売っている。人間が生まれたり死んだりする現場も、まるで臭いものにフタをするみたいに隠されてしまった。「それで不都合はないじゃないか」というかもしれないが、現に人間は生まれて、魚や肉を食べ、ウンコをし、死んでゆく。その現場をべつに見たくはないが、そういう当たり前のことを見ようとしない姿勢というのは、やがて「生きている」という実感をむしばんでしまいはしないだろうか。


あろうことか、乾いたウンコが仏なのだという。「そうか、ウンコが仏なのか」とか、「なんでウンコが仏なんだ」とか、ウンコにこだわっているうちに、ウンコは仏でなくなってしまう。無門の歌は、そんな感じなのだろう。

雲門の場合、なぜウンコなのかといえば、それは雲門が貧しかったという事情があるのだろう。それにしても、こんなもので門を支えている仏法って、なんか情けないぞ。それともウンコがあればやっていけるのが仏法だったりして。すぐに浮かんでくるのは、『荘子《そうじ》』「知北遊篇《ちほくゆうへん》」のつぎの一節である。

東郭子《とうかくし》が荘子にたずねた。「道はどこにあるのか」。荘子はいう。「どこにでもあるさ」。「もうすこしハッキリさせてくれ」。「オケラやアリにあるよ」。「ずいぶん詰まらないものにあるね」。「ヒエやアワにもあるよ」。「いよいよ詰まらないね」。「カワラケにもあるよ」。「なんともはや詰まらないね」。「ウンコやオシッコにもあるよ」。東郭子は黙ってしまった。

「仏とはなにか」という問いは、べつに形而上学的な答えをもとめているのではない。だから問いに対する答えは、ときに「麻三斤」だったり「ウンコ」だったりする。麻三斤は、その土地の特産、つまりメシの種で、ウンコは、いやでも人生についてまわるメシの果てってことなのかもしれない。

とはいえ、この究極の問いに対する答えは、「なんでもよい」わけではない。答えるひとの「いま」の関心が肝腎である。雲門のいまの関心は「カチカチに乾いたウンコ」であった。しかしウン門といえども、いつまでもウンコに関心をとどめているわけではない（むしろそんなものは早く忘れたいだろう）。だから無門も「パチクリすると　はるか彼方じゃ」と歌う。ただ問答の最中における関心はウンコだったわけで、その瞬間にあってはウンコが仏であったということである。

ところで無門は「ひらめく稲光り　とびちる火の粉」と歌っているけど、いったいなにが電光石火なのかしらん。「仏とはなにか」と問われるや否や、間髪を容れずに、「ウンコ」と答えるのだろうか。瞬きしようものなら、たちまち遅れちゃう。打てば響くように答えることが肝腎である。

これって、いわゆる「主客未分」という消息だろう。麻三斤のところでは「どこに洞山のハラワタはあるのじゃろか」と無門は訊いていた。ここでは雲門「即」ウンコである。そこに隙間がない。隙間のないことを、無門は強調している。

「家が貧しくて、ろくな食いものもなく」とは、とことん貧しけりゃ、なんでも有るものを食うまでだろう。「稼ぎに追いまくられ、本を読むヒマもない」は、貧乏暇なしってことだろう。じっさいギリギリであれば、かちかちのウンコだって使いもするだろう（ふむ。たしかに隙間はなさそうだ）。

無門が「仏法の衰退ぶりが目に見えるようじゃな」と決めつけるのは、このギリギリの一刹那の気合いこそ、ノルかソルかの瀬戸際じゃ、という感じだろうか。

ここでの無門のコメントも、禅僧によれば、毎度お馴染み「抑下の托上」ということになるのだろう。ボロクソにけなしているようで、じつはホメている、と。そういう仲間内だけの読み方は、やっぱり感じがわるい。そんなふうに読んじゃうと、自慢のせがれを指して、「うちのドラ息子は」と目を細めているような風情がただよう。しかし、なんか口惜しいんだけれども、ここでの無門のコメントは、読めば読むほど、どうもホメているような気がする(われながら首尾一貫していないなあ)。

いわゆる「抑下の托上」について、夢窓国師はこういっている(前掲書、二二九頁)。

明眼の宗師の仏祖をそしり、仏祖をほむるも、仏祖のためにはあらず。学者のために施す手段なり。古人云はく、汝等仏祖と一糸毫もかはらずと云云。明眼の人の前には、仏祖とて崇むべく、凡夫とて軽しむべきことあらむや。ただこの凡聖の隔てなき本分の処に到らしめむために、種々の手段を施して、ある時はほめ、ある時はそしる。その意すべて褒貶の処にあらず。

禅僧が「抑下の托上」という屈折したレトリックを使うのは、仏祖だからといって崇め奉ったり、凡夫だからといって軽んじなきゃならないということはない、という「凡聖の隔てなき本分の処」を教えようとする方便なんだよ、と夢窓はいう。ふむ。なるほど。だったら「その意すべて褒貶の処にあらず」と心得て、そのつど虚心に、ひたすら公案そのものに対してゆけばよいってことかなあ。

第二十二則　説教はおしまいだ

迦葉《かしょう》の話。阿難《あなん》がたずねた。「世尊《せそん》はあなたに金襴《きんらん》の袈裟をさずけられましたが、ほかになにか伝えられましたか」。迦葉が呼ぶ。「阿難」。阿難は返事をした。迦葉はいった。「玄関の物干し竿を片づけなさい」。

無門はいう。もしここで気の利いたセリフがいえたら、霊鷲山《りょうじゅせん》での釈尊の説法がいまだにつづいておるということがわかるじゃろう。さもなくば、毘婆尸仏《びばしぶつ》このかた、ずっと修行してきたとしても、いつまでたっても悟れっこないじゃろう。

問いと答えとがちゃんと合っておろうか
眼ん玉が血走るほど見たやつはおろうか
兄の迦葉に弟の阿難がこたえて恥さらし
別乾坤《あのよ》における季節はずれの春景色じゃ

摩訶迦葉《まかかしよう》といえば、霊鷲山における拈華微笑《ねんげみしよう》によってお釈迦さまから「不立文字《ふりゆうもんじ》・教外別伝《きようげべつでん》」の法門を伝授された人物である（第六則）。その迦葉に阿難は問うた。金襴の袈裟という伝法の証拠品のほかに、なにを伝えられたのか、と。以心伝心によってさずけられた教外別伝の法ってなんですか、と。迦葉は呼ぶ。「阿難よ」。阿難はいう。「はい」。すると迦葉は「説法中だという目印の竿を倒しておけ」といった。

呼べば応えることに教外別伝の旨は尽きてるよ、ということだろう。「オイ」「ハイ」が過不足なくあらわしてるよ、と。

似たような趣旨の公案は、まえにもあった。たとえば、第十七則「国師三喚」。国師が三回「オイ」と呼ぶと、侍者はそのつどアホみたいに「ハイ」と応える。「おまえが悟らんのはワシのせいじゃ、すまんなあ」とおもって三回も呼んでやったのに、ちいとも気づかんとは、おまえのほうこそワシにすまんじゃないか。このバカタレめ！

さすがに阿難は、三回も「オイ」「ハイ」をやるほどアホじゃない。迦葉がオイと呼び、阿難がハイと応える。これこそが釈尊が迦葉に伝えたものである。そういわれても釈然とせぬ面持ちの阿難を見て、迦葉は「説法中って合図の物干し竿を片づけといで」という。はい、おしまい、と。不立文字のことは以心伝心なんじゃよ、と。それこそが世尊が伝えたものだと、おまえもわかっておるくせに、もう説法は終わりじゃよ、と。

ところが無門さん、さらに迫る。オイと呼ばれて、ハイと応えるという、この唯一無二の自分をさしだすこと、これより確実なことはない。それはそうだが、さらになにか一言いえ、と。ただの傍観者であってはいかんぞ、と。

禅は共同体のなかで成り立っている。仏法は共同体のなかで伝達される。しかし、その共同体が馴れあいになってしまうと、てきめんに堕落する。そのことが問題になっているということはわかる。ただし、この迦葉と阿難との問答を無門がどう評価しているのか、もうひとつシックリとこないんだよなあ。

この公案は、なんだかワザトらしい。どことなく見世物臭さえただよっている。国師と侍者とのやりとりは、なんとなく無邪気だったのに、この迦葉と阿難とのは「R指定」という感じがする。ま、たんに好みの問題なのかもしれないが。

「金襴の袈裟のほかになにか伝えられましたか」とは、聞きようによっては、ずいぶん失敬な問い方である。このふざけた質問は、馴れあっているのだろうか？　それとも当時すでに迦葉の正当性を問題にするような空気があったのだろうか？

「金襴の袈裟が伝わったように、ほかにも伝わったものがあるのか」という意味の問いなら、それはそれでおもしろい。仏法はそのつど再生するという仕方で伝わる。むしろ共同体がそのつど再形成されるのであって、遺伝子が伝わるように伝わるのではない、と。そうだったら、そのつど最初から問いなおすという意味で、やはり「霊山《りようぜん》の一会《いちえ》」が再現されている、と無門はどこか評価しているのかもしれない。

こころのなかに封印したつもりだったけど、やっぱりガマンできない。

歌の転句「兄の迦葉に弟の阿難がこたえて恥さらし（兄呼び弟応じて家醜《かしゆう》を揚《あ》ぐ）」の箇所に、西村師は「わが家の恥を晒すこと。禅者はこのように貶した言い方で褒めるのを常套とする。これを「抑下の托上」という」と注しておられる。禅僧という人種は、ホメるべきところでわざとケナすので、その口調に幻惑されてはならない、と。

党派的に仲間内だけで盛り上がっているのは、外部から見れば、むしろ見苦しい。さすがに無門は、そのことを自覚している。無門ともあろうものが、心底ではホメるつもりでいながら、ただ機械的にケナしているとは、どうしてもおもえない。

「兄の迦葉に弟の阿難がこたえて恥さらし」とは、迦葉と阿難とがツーカーの間柄だってことである。ツーカーであること自体は、わるいことじゃない。無門もそれを「別乾坤における季節はずれの春景色じゃ」と評価している。ただし、兄弟でのツーカーぶりを見せるとは、仏家の恥さらしじゃ、と無門は釘を刺している。

兄弟間でのツーカーは、一歩まちがうと、馴れあいになる。馴れあうなど「恥さらし」である。で、馴れあいにするもしないも、そのつど「わたし」が一転語を下しうるかどうかだ、と無門はいう。

オイと呼ばれてハイと応えるとき、「呼ばれたから返事をする」という因果的な思考は存在しない。大事なのは、ちゃんと返事できるってことである。そういう仏法の伝承はいまも連綿とつづいているはずである。このギリギリのところが馴れあいになると、たちどころに「恥さらし」になる。指をくわえて傍観しているようではいかん、と無門はいう。なんか一句いうてみよ、と。

ふむ。さっきは見世物臭などといったけど、無門のコメントを味わっていたら、なんだか俗人には手のとどかない、厳しい公案のような気がしてきた。

「おい」「はい」「それじゃよ」――あらかじめ別のなにかがあって、それが伝わっているわけではない。

金襴の袈裟なんかが伝わっているわけじゃない。以心伝心だって、それとしては伝えられない。

第二十三則　善もなく悪もない

六祖の話。明上座《みょうじょうざ》がかれを追って大庾嶺《だいゆれい》にまでやってきたとき、その姿を見て、六祖はすぐに法衣と持鉢とを石のうえに投げだし、こういった。「この法衣は信心の象徴じゃ。力で争うべきものではない。もってゆきたければ、もってゆくがよい」。明上座はそれをもちあげようとしたが、山のようにビクともしないので、恐れおののいた。明上座はいった。「わたしが参ったのは仏法をもとめてであって、法衣のためじゃありません。行者《あんじゃ》よ、なにとぞお導きくだされ」。六祖はいった。「善をおもわず、悪をおもわない、まさにそういうとき、どういうのが明上座の本来の面目かな」。明上座はたちまち大悟し、全身が汗でビッショリになった。そして涙を流して礼拝し、こうたずねた。「さきほどからの秘密の言葉と秘密の意味のほかに、まださらになにか教えがありましょうか」。六祖はいった。「わしがおまえに説いてやったものは、秘密でもなんでもない。もしおまえが自己の面目をかえりみるなら、むしろ秘密はおまえ自身にある」。明上座はいった。「わたしは黄梅山《おうばいさん》でみんなと修行しておりましたが、まるで自己の面目を悟っておりませんでした。いま悟りへの入り口をお示しいただいて、みずから水を飲んでみて、冷たいか暖かいかを知るような体験をいたしました。いまや行者は

わたしの先生です」。六祖はいった。「おまえがそういうなら、わしはおまえとともに黄梅を師と仰ごう。よく自分でその仏法をまもってゆきなされよ」。

無門はいう。六祖についてはこう評してよい。かれの教えぶりは切羽詰まってのはたらきで、老婆の親切心のように手厚い、と。新鮮なレイシの殻をむしり、種までとって、それを口のなかに入れてやり、あとはただ飲みこめばよいだけにしてやるようじゃな。

いくら描いても成就はしない
いくら賞めても満足はしない
本来の面目は隠しようがない
世界が終わっても朽ちはせぬ

黄梅山には五祖の弘忍がいた。その衣鉢《えはつ》を、一介の行者にすぎない慧能《えのう》が嗣いだことに対するやっかみという事情が、この話の背景にあるらしい。ま、それはそうとして、「善をおもわず、悪をおもわない、まさにそういうとき、どういうのが明上座の本来の面目かな」と六祖はいうが、善だの悪だのという分別をはなれたとき、はたして本来の面目などというものは、それとして同定されうるものだろうか。否。なにかを本来の面目とするようでは、すでに分別に堕している。本来とか、面目とか、そんなものどこ吹く風でおればよい。だから「明上座はたちまち大悟し、全身が汗でビッショリになった」とあるが、たぶん悟ってはいない。その証拠に、つづけて「ほかにも教えはあるか」とイケシャアシャアとたずねたりしている。

慧能は「むしろ秘密はおまえ自身にある」という。おまえが自分の面目をかえりみるなら、秘伝は自分自身にあるとわかるじゃろう、と。真理はつとに我が身にそなわっておるのに、それに気づかないのは、みずからの目をおおっているからじゃ、と。一切合財は、おのれの身上のことでしかない、と。

この慧能の教え方は、いくら切羽詰まったからとはいえ、あんまり親切すぎるわい、と無門はいう。世話の焼きすぎじゃ、と。

無門にいわせれば、六祖の親切すぎるのが、いちばんの問題である。明上座は、六祖の正当性を「問題にして」追いかけてきた。つまり善悪の立場にたっている。おまけに自己を弁明して「わたしが参ったのは仏法をもとめてであって、法衣のためじゃありません」などとほざいている。このような弁明も善悪の立場からでてくる。それに対して六祖は、本来の面目を問題にしろという。無門はそれをメチャクチャに親切だという。明らかにそうだろう。もとめるべきものは、なにも隠されていないんだから。

無門は「いくら描いても成就はしない　いくら賞めても満足はしない」と歌っている。これを西村師は「画《えが》いてみても絵にならず、歌にもならずで筆投げた」と訳される。本来の面目というものは、姿形のないものだから、絵画に描くことはできず、言葉で歌うこともできない、と。でも、これは「描いたり歌ったりに値するようなことは、なんにもしていない」ということじゃないだろうか。

無門は「本来の面目は隠しようがない　世界が終わっても朽ちはせぬ」とつづけている。そいつは一切合財にあまねくゆきわたっていて、たとえ世界が滅びようともビクともしない。なんとなれば、もとより有無を超えたかたちで歴然としており、端的にあるがままに開けているにすぎないのだから。生じたことがないんだから、滅することもない。端的に「なにも隠されていない」のだ。

だから六祖は、「お師匠さま」といわれても、明上座の師であることを否定せざるをえない。自分はなんにもあなたに教えていないよ、と。べつに隠れている宝のありかを教えたわけじゃないんだよ、と。

それはそうだろう。この世界はあるがままにあり、ただそれだけなのだから。明上座の本来の面目は、明上座の身上にすでに十全にあらわれていて、なんらの不足もない。それなのに、ああだこうだとご丁寧に説いてやるなんぞ、まったく老婆親切としかいいようがないわい、と無門はいう。

追いつかれた六祖、法衣と持鉢とをポイと投げだした。お好きにどうぞ、と。ところが衣鉢はビクともしない。で、明上座、あらためて自分の立場を反省する。「衣鉢が六祖に渡ることが悪であり、自分が衣鉢を奪い返すことが善である」というのは悪である、と。

困ってしまった明上座、仕方がないので衣鉢を奪い返すというんじゃなくて、仏法をもとめるというのは善であるという立場にたとうとする。六祖はこう問う。「善だの、悪だの、どうでもよい。そんなことよりも、どういうのが明上座の本来の面目か」と。

本来の面目というと大袈裟だが、それは奥深いところに隠されている宝物なわけじゃない。「ただありのままを示しただけなのに、それを秘密とおもうなら、その秘密はむしろおまえ自身にある」といわれ、つまり自分でやってみて実感すればいいんだということに気づいた明上座は、すっかり感激して「あなたはわたしの先生です」とのぼせあがる。六祖は「おまえの先生になるのはゴメンじゃよ」という。本来の面目は、もとより個人的なものでしかないんだし、わしはなんにも教えちゃおらんよ、と。ソクラテスにもこれに似た話があったっけ。わたしからなにかを学んだとおもうなら、わたしを誤解している、と。だからソクラテスは、ソフィストのように教説を売ったりはしない。おのおの自分がもっている真理を自覚するための機縁を与えてやるにすぎない。母親が子どもを生む手助けをしているだけである（魂の産婆術ってやつ）。

それにつけても無門である。ここでも六祖のお節介を叱っているように見える。これもまた「抑下の托上」なのだろうか？　でも、ホメるべきときにわざとケナすようなな物言いをするというのは、すでに一定の価値観を前提しているってことで、そういうのは禅には馴染まないんじゃないかなあ。

たしかに無門のコメントはすこし屈折している。しかし、だれかが廊下のゴミを拾ったとき、そいつを「この偽善者め」とケナすような真似を、無門はしないとおもう。息子が一流大学にはいった。ほんとうは嬉しいのに、目を細めて「このスネかじりのゴクツブシめが」といってみるとか、そういうのは無門には似合わない。

第二十四則　言葉を遠く離れて

風穴《ふけつ》和尚の話。ある僧がたずねた。「言葉によってでも、沈黙によってでも、真理につながりをも

ちたければ、どうすれば失敗しないでしょうか」。風穴がいった。「ずっと江南の春の陽気のことをおもうておるんじゃが、そこではシャコが鳴いて、たくさんの花が香っておる」。

無門はいう。風穴のはたらきは稲妻のようで、道を見つけたら、ただちにゆく。しかし先人の言説を断ち切らなんだのが残念じゃ。もしこの間の消息をズバリと看てとれたら、ひとりでに出口が見つけられるじゃろう。とりあえず言葉をはなれて、なにか一句を吐いてみよ。

シャレた文句はいらんこと
語るに落ちるだけじゃから
ペチャクチャとやられたら
かえってチンプンカンプン

「真理」と訳したのは、原文の「離微《りび》」である。「離」は、現実をはなれた絶対無差別にあること。「微」は、現実にあって玄妙にはたらくこと。このような不二の妙道については、語ることはおろか、黙ることもできない。内に沈潜する「離」が黙ることで、外へとむかう「微」が語ることだから、語れば「離」を犯すし、黙れば「微」を損なう。さて、どうするか？

語るのと、黙るのと、両方を活かす道はあるのか、と僧は問うている。語れば「離」を犯すし、黙れば「微」を損なうというディレンマにおちいるが、動中に静があり、静中に動があるように、語っても離を犯さず、黙っても微を損なわないようなすべはないものだろうか、と。煎じ詰めれば、言葉ならざるかたちで言葉を使うにはどうしたらよいか、という問題だろう。

語黙の黙は、語の無でしかなく、語黙の語は、黙の無でしかない。では、語黙をはなれた語黙とは、すなわち言葉を遠くはなれた言葉とは、いったいなんだろうか——というふうに考えると、なにやら大問題のような気がしてくるけど、この公案であつかわれているのは、そんな本質とか実在とかいった形而上学的な話じゃなくて、単純に「語ったり、語らなかったりするとき、やりすぎないためにはどうすればいいのか」といった程度の話なんじゃないかとおもったりもする。

それに対する風穴の答えの「とこしえに憶《おも》う江南三月の裏《うち》、鷓鴣《しゃこ》啼《な》く処百花香《かんば》し」は、あえて理屈っぽく解説してみれば、「とこしえに憶う」が黙ること、「鷓鴣啼く」が語ることで、これらが玄妙に按配された見事な春景色だってことなんだろう。「江南の春の陽気は、シャコが鳴き、花が香っておる」とは、春になれば、鳥は歌い、花は咲く、といっているのだろう。語りたいときに語り、黙りたいときに黙ったらどうじゃ、と。

見事な答えだとおもう。が、いかにも臭い。無門ならずとも、ちょいとイチャモンをつけたくなろうというものである。

風穴は、当意即妙に「とこしえに憶う」云々と杜甫の詩句で答えている。詩聖・杜甫の句なんだから、いまさら文句をつけることは意味をなさないじゃろう、と。なるほど杜甫の詩句をもって答えるというのは、なかなかスマートである。うまいこと離微不犯《ふぼん》の境涯をあらわしているように見える。でも、ひとのフンドシを借りて答えようって料簡はいただけない。で、無門も文句をつけている。ひとの言葉をちゃっかり拝借しておきながら平気な顔をしているのは横着じゃぞ、と。もうちょっと工夫して、おのれの言葉でやってみんしゃい、と。

ご指摘、ごもっとも。ただ教師のはしくれとして、ここはひとつ風穴の肩をもってみたい。

鮮烈なイメージをもたらすような適切な比喩をもちいることは、教師にとって必須のテクニックである。情理を尽くして説明するよりも、うんと有効だったりする。授業中にうまい比喩が見つかれば、わたしだって一も二もなく飛びつくだろう。ただそこには教師なりのオリジナリティがなきゃいけない。

無門の歌は、ひどく辛辣である。「シャレた文句はいらんこと　語るに落ちるだけじゃから」とは、さしたる詩心もないのに歌ってみたところで、そんなのは語ったつもりでも黙っておるようなもんじゃよ、といった感じだろうか。「ペチャクチャとやられたら　かえってチンプンカンプン」とは、シャシャリでてきて、しゃべりまくられた日には、ホトホトくたびれるわい、という気分だろう。

生半可な言葉を見せびらかされた日にゃあ、かえって迷惑じゃ。そんな既存の文句に頼るのではなく、自前のものを使いこなしなはれ、と無門はいう。ふむ。カッコいい。が、そういう無門の歌自体が、じつは雲門文偃《ぶんえん》禅師の偈（『五燈会元』巻十五）を、そっくりそのままパクッているのはご愛敬である。

われらが無門さん、もちろん故意にやっているのである。おいらの歌いぶりときたら、オリジナルを超えて、おのれの言葉として使いこなしておるのじゃよ、と。煮ても焼いても食えないオヤジである。

言葉には「分ける」という作用がある。言葉は、さまざまに感覚される世界に線を引いて、「これとこれとは同じとみなす。よって同じ名で呼ぶ」「これとこれとは異なるとみなす。よって異なる名で呼ぶ」

と分ける。言葉のはたらきは、つまり抽象化である。人間はなまじ言葉による抽象化のすべを知ってしまったもんで、ひたすら抽象の方向へと思考が進み、せっかくの感覚を忘れてしまいがちである。いったん同じ言葉で表現されようものなら、無造作に同じものとみなしてしまう（つまり感覚を忘れてしまう）。

人間はとにかく言葉による抽象化が大好きで、感覚のもたらすデータを言葉のフィルターをとおして「分かった」として処理し、そこで感覚を麻痺させ、さらに疑うことをしない。禅が「不立文字」を謳うのは、こういう言葉による抽象化に「喝」を入れるのだろう。

「悟る」とは、「わかる」ことである。「わかる」とは、ポンと膝を打ちたくなるような瞬間の出来事である。だとすると、悟りもまた瞬間の出来事だろう（そこに至るまでの助走のようなものはあるにせよ、悟りそのものは瞬間にやってくるのだろう）。その瞬間は、おそらく「無時間」である。

こういう瞬間（無時間）と言葉とは、けっして相容れない。言葉は時間軸によるものである（ささいな考えを述べるときだって、そこで言語を使うかぎり、かならず時間がかかる）。禅の悟りは、時間軸にあてはまらない無時間モデルのものである。そのことを禅では「不立文字」というんじゃないだろうか。

いったい言葉とは、そこから一切合財がはじまるものである。その意味じゃ、言葉こそが「すべて」である。けれども、別の意味だと、言葉なんてちっぽけなものでしかない。しょせん言葉には表象するという機能しかない。そんな媒体でしかないものは、ほとんど無にひとしい。

言葉は、それが「なんであるか」というふうに世界のなかにあるモノと同じようにとらえようとしてもうまくゆかない。かといって、それとは別のかたちでとらえようとすると世界と一体化してしまう。

言葉ってやつは、無であると同時に全でもある。どうにも処置なしである。杜甫の詩句でも借りてくるしかないのかもしれない。

第二十五則　説法はむつかしい

仰山和尚《きようざん》は、夢のなかで弥勒菩薩《みろくぼさつ》のもとにゆき、第三番目の座席に坐らされた。ひとりの尊者があらわれ、槌を突いていった。「今日は第三番目の座のものが説法する番だ」。仰山は起《た》ちあがり、槌を突いていった。「大乗仏教の教えは、ありとあらゆる理屈を超越しておる。よく聴け、よく聴け」。

無門はいう。まあ、いうてみよ。これは説法したのか、それとも説法しなかったのか。口を開けば、すぐにまちがうし、口を閉じていても、またまちがう。口を開かなくても閉じなくても、どちらも真理を去ること十万八千里の彼方じゃ。

真っ昼間じゃというのに
たわけた寝言をほざいて
あの手この手の怪しさで
愚かな衆生をたぶらかす

「ありとあらゆる理屈を超越しておる。よく聴け、よく聴け」とは、いかなる言葉をもってしても説きようがないものじゃが、まあ聴いてみよ、という木で鼻をくくったようなセリフのように聞こえる。わたしの経験を申せば、こういったエラそうな物言いは、得てして「豪華に見えて、中身はスカスカ」ってことが多い。

仰山が「よく聴け、よく聴け」と見得を切ったとき、聴衆はどうしたのかなあ。「つきあってらんない」と、聴衆がそそくさと逃げてしまったなら、仰山はそこでハッと夢から覚めたんじゃないだろうか（そうだったら万歳だ）。もし聴衆がみんな感心して聴いていたようなら、そんなはたらきに乏しい仰山の言葉など、しょせん夢中説法でしかない。

あらゆる言語をはなれたものを聴けというのは、はたして「説法したのか、それとも説法しなかったのか」と無門はマジメな顔をしていう。言語をはなれたものを、どうやって伝えるのじゃ、と。

さらに無門は「口を開けば、すぐにまちがうし、口を閉じていても、またまちがう」と追い討ちをかける。語れば、外れるし、語らねば、失せる。語るのも、語らぬのも、どっちもダメじゃ、と。

仰山の言い草はまったくもって眉ツバじゃよ、と無門はくさしているんじゃないだろうか。そうおもって歌を読みなおしてみると、こんなふうにも訳してみたくなる。

昼の日中から
寝ボケておる

こねて丸めて
だまくらかす

口を開くのはダメ、口を閉じてるのもダメ、につづけて「口を開かなくても閉じなくても、どちらも真理を去ること十万八千里の彼方じゃ」といっているが、これは口を開いても閉じてもダメだと念を押しているのか、それとも（開いても閉じてもダメだからといって）口を開かず、かつ閉じないというのもダメだというのか、どっちだろう？

もちろん「口を開かず、かつ閉じない」なんていうことは、現実にはできっこない。しかし夢のなかでならできるかもしれない。どんなに不可解なことでも夢のなかでならできるというなら、そういう夢を仰山は見たのかもしれない。そして寝ボケまなこをこすりながら「大乗仏教の教えは、ありとあらゆる理屈を超越しておる」などと、したり顔で説いたのかもしれない。

そういう仰山の夢物語めいた説法のウソくささを、無門はゆるさない。現実に論理にならないものは、夢のなかでも論理にならない。現実にできないことだって夢のなかならできるけれども、論理的に不可能なことは、夢のなかでだって不可能なわけで、にもかかわらずそれを現実にやってのけたという夢は、しょせん「夢のなかの夢」でしかない。夢のなかで夢を説いてみても、それもまた夢でしかない。

さて、それはそうだとして、仰山は説法したのか？　しなかったのか？　なるほど夢のなかで説法したのかもしんないけど、その説法が夢のなかの夢だったら、ほんとうの説法であるはずがない。

夢のなかで悪事をはたらく。目が覚めてみれば、すべては夢だった。よかった、夢か。これにて一件落着――するかなあ。夢だろうが、現実だろうが、悪事は悪事なんじゃないだろうか。夢は非現実ではあるが非論理ではない。夢にだって意味はある。意味があるなら、論理にかなっている。夢のなかで悪事をはたらいたら、やっぱりいけないんじゃないの――などと悩みだすとキリがない。で、無門もこう歌っている。「あの手この手の怪しさで　愚かな衆生をたぶらかす」と。

無門はいう。語りえないということを語ろうとすると、なにが語りえないのか、そいつを語らなきゃならなくなるぞ、と。語りえないことを語ろうとするというのは、できないことをしようとすることで、つまり夢でしかない。仰山は、そのことを夢のなかで語ったが、それは昼寝をしながら見た夢でしかない。だから無門は「真っ昼間じゃというのに　たわけた寝言をほざいて」と歌う。

仰山は「夢のなかで」と申し訳のようにことわりながら、「ありとあらゆる理屈を超越しておる」とうそぶき、おまけに「よく聴け、よく聴け」と説法をぶつ。身のほど知らずにも、ヤル気満々である。「あらゆる言葉をはなれているぞ」といいながら、あえて「聴け」といってのける。「絵にも描けない美しさじゃ」といいながら、ヘタクソな絵を「ちゃんと見てくれ」という。

「諦聴《たいちょう》、諦聴」とは、煎じ詰めれば、「わかったか、わかったか」ということだろう。説明もしてくれないで、ただ「わかったか」といわれても、俗人のわたしだって困る。

無門は「これは説法したのか、それとも説法しなかったのか」と問う。仏法は言葉では説けない、と言葉で説いておるが、これは仏法を説いておるのか、おらぬのか、と。そのうえで「説けばまちがうし、説かねば伝わらぬ」とヒントをだし、「説くのも説かぬのもダメじゃといっても、説くでもないし説かぬでもないというのは、もっとダメじゃ」と念を押す。

無門さん、いつになく親切である。言葉をはなれるというのは、どういうことなんじゃろうか、と問題をおさらいしてくれ、さらに「黙っていることでもないじゃろう」と教えてくれる。いやはや、気味がわるいくらい親切である。こういうときの無門って、とことん意地悪なんだよね。

仰山のいうことは、しょせん白昼堂々と寝言をほざいておるようなものであって、善男善女をだまくらかすようなタワゴトじゃわい、と無門は決めつける。さすがに恥ずかしいのか仰山は夢のなかの話ってことにしているが、その夢を語っているのは青天白日のもとでじゃないか、と無門はからかっている。

なんだか仰山が可哀想になってきた。ふむ。もし無門に「口を閉じたまま、なにかいうてみよ」と迫られたら、わたしならどうするだろう？　窮余の一策で、「いえるか、いえないか、まず和尚さんから」といって、無門の口をふさぐかもしれない。

第二十六則　スダレを巻く坊主

清涼院《しょうりょういん》の大法眼《だいほうげん》の話。僧たちが昼飯のまえに参じてきたので、手をあげて簾《すだれ》のほうを指さした。ふたりの僧がいっしょに簾を巻きあげた。法眼はいった。「ひとりはよいが、ひとりはダメだ」。

無門はいう。さあて、いうてみよ。どっちがよくて、どっちがダメなのか。もしここに心眼をピタりとつけることができたら、どこで清涼国師がヘマをやらかしたのか、たちどころにわかるじゃろう。まあ、それはそうなんじゃが、ヨシとかダメとかいうことばかり詮索しておってもいかんぞよ。

巻きあげれば青い空
それとて宗旨でない
空もまた捨て去って
風ひとつ通しゃせぬ

ふたりの僧がいっしょに簾を巻いたにもかかわらず、ひとりはマルで、ひとりはペケだと法眼はいう。同じことをしたのに、片方はよくて、片方はわるい、と（その片方がどちらなのかはいわない）。どちらかがよく、どちらかがわるいっていうことは、つまり「どっちでもよい」ということだろう。じゃあ、はじめから「どっちでもよい」といえばよいかというと、そうは問屋がおろさない。法眼においては「どっちでもよい」にせよ、それぞれの僧にとっては、よかったりわるかったりする。自分がよいのかわるいのか、それは自分一個の問題として、おのおの引き受けてゆくしかない。

そうはいっても法眼が、ほんとうは「どっちでもよい」くせに、わざわざ「ひとりはよいが、ひとりはダメだ」という理由が、よくわからない。案の定、無門は「どこで法眼がしくじったかがわかるじゃろう」という。「ヨシとかダメとかいうことばかり詮索して」おると法眼みたいになっちまうぞ、と。

法眼は余計なことをいったと無門は見ている。いちばんの問題は、簾を巻きあげるのにふたりも必要かということである。どっちかひとりで用は足りる。どちらかひとりでよいし、どちらのひとりでもよい。

ふたりの僧がいっしょに簾を巻きあげたが、要するに巻きあがればよいのである。簾を巻きあげるのは、青空が見え、風がとおるようにするためである。どちらの僧の巻きあげ方がどうかなんて、どうでもよい。無門も「巻きあげれば青い空」と歌っている。簾が巻きあがって、青い空が見えるわい、と。

どっちがよくて、どっちがダメなのか、こいつがわかれば、法眼がドジったことがわかるじゃろう、と無門はいう。素直に読むかぎり、ふたりの僧の巻きあげ方の優劣をあげつらった法眼を、無門は皮肉っているようにおもえる。これを抑下の托上だととらえる必要はないとおもう。

ちょっとだけ余談。無門の歌によれば、この公案には、もうひとつの奥行きがある。

簾を巻きあげれば見晴らしがよくなる。禅の修行をしていると、なにかの拍子に、ふと悟れたような気がすることもあるだろう。カラリと晴れわたった大空のもとにいるような気分になることもあるだろう。しかし巻きあげた簾は、いずれおろさねばならない。見晴らしのよい大空のもとでノビノビしていても、やがてドロドロした日常生活にもどらねばならない。迷いにみちた大地に足をおろし、よちよち歩いてゆかねばならない。

簾を巻きあげれば、青空がカラリとひろがる。そういうカラッポの心境を得ることは、たしかに大切である。けれども、そこに腰を落ち着けていちゃいけない。さわやかな大空のもとをはなれ、いったんそれは忘れて、風ひとつとおらないようなジメジメとした部屋で、じっくり地道に坐ってみることのほうが、むしろ大事なんじゃないか。そこよりほかに住むべきところはないのだから。

簾をもういっぺんおろして、風もとおらないスキのない境涯に至ってみたらどうじゃ、と無門は歌う。ポカンとしてるようで、なにもかも承知してる、そんな油断ならないあり方もいいんじゃないか、と。

私見によれば、この公案のポイントは、法眼が「手をあげて簾のほうを指さした」ことにある。法眼の指示によって、ふたりの僧は簾を巻きあげたわけだから。

どちらのひとりが立つべきであったか、それが問題なのではない。「昼飯のまえに参じてきた」という、この大事なときに簾を巻きあげるように指示する法眼に、むしろ問題があるんじゃないだろうか。

法眼が簾のほうを指さしたので、ふたりの僧が、素直に立って、いっしょに簾を巻きあげた。すると法眼、いうにこと欠いて、「ひとりはよいが、ひとりはダメだ」とほざいた。べつにふたりも立つ必要はない。ひとりで十分である。それはそうだけど、じゃあどっちのひとりにやってほしいのか指示すべきだろう。これがふたりじゃなくて、その場にいた全員が一斉に立ったらどうしただろうか？

無門は「どっちがよくて、どっちがダメなのか、いうてみよ」といっているが、これは読者に語りかけているものの、本心では「ヘマをやらかした」法眼にむかっていっているようにおもえる。いけないのは法眼である、と。指示が徹底しちょらんぞ、と。

授業の最中、暑いので「窓を開けて」という。素直な学生がふたり立って、いっしょに窓を開ける。すると「ひとりでよい」と先生は叱る（自分の指示がハッキリしていなかったことは棚に上げて）。もし教室中の学生がみんな一斉に立って、ドヤドヤと窓を開けにかかったらどうするんだろうね。

みぎが率直な感想なんだけど、ひとりの教師としては、いささか別の感想もある。試験のとき、AくんとBくんとが同じ答案をだした。どっちも正解であった。Aくんは優等生で、Bくんは劣等生である。Aくんは、できて当たり前、Bくんはガンバったのである。教師たるもの、Bくんの努力を評価しないわけにはゆかない。内面的なちがいを斟酌してやらなきゃならないんだけど、デキルやつができても当たり前だってことを洞察するのは、存外むつかしい。ウサギが十キロ走るあいだにカメが十メートル歩いた。それを同じだとみなしてくれるような世のなかだといいんだけどねえ。

ふとおもったのだが、ウサギとカメの話だけど、自分をおちょくったウサギに競争を申しこんだのは、たしかカメだったはずである。するとカメは、ウサギが油断することを見込んでいたのだろうか？　ぐうすか昼寝をしているウサギのわきを、のろのろ歩いているカメは、なにを考えていたのだろうか？　カメにはカメの世界があってよい。べつに競争することはない。カメはそうおもってもよかったのにねえ。

無門の歌を読むと、簾を巻きあげさせた法眼が、もとをただせばダメなんだというふうに、やっぱり解釈したくなる。参禅のさい外の景色が見える必要なんてない、と。余計なことだよ、と。

簾を巻きあげるということに、どういう含意があるのか知らないので、なんとも確信がもてないけど、ひとりで巻きあげられるものをふたりで巻きあげれば、どっちかはわからないけれども、どっちかが余計だろう。参禅に専心すべきなのに、余計なことに手をだすなんて、という消息があるようにおもう。

さらに歌を味わっていると、そもそも簾を巻きあげさせること自体が、すでに余計なんじゃ、と無門はいっているような気すらしてくる。

第二十七則　とうとう無一物に

南泉《なんせん》和尚の話。ある僧がたずねた。「和尚さんには、だれかにむかって説いたんじゃないような教えがありますか」。南泉はいった。「あるとも」。僧はいった。「だれかにむかって説いたんじゃない教えとは、どういうものですか」。南泉はいった。「それは心ではなく、仏ではなく、物でもない」。

無門はいう。南泉ともあろうものが、こんな質問をうけただけで、財産をスッカラカンに使い果たして、おまけに見苦しいほどヘトヘトになってしもうた。

バカ丁寧は男をさげる
言わぬが花なんだから
海が陸に変わろうとも
口を閉ざして語るまい

「だれかのために説いたんじゃないような教えってありますか」と問うたのは、たぶん「そんなものはないよ」と答えてほしかったのだろう。ところが案に相違して「あるよ」と答えられた。その南泉の答えが、ほかならぬ「だれかのために説いたんじゃない教え」そのものであることに、僧は気づかない。で、さらに愚問を重ねる。つられて南泉もおしゃべりしてしまった。

無門のコメントはありがたい。もし本則だけを読んでいたら、「不是心《ふぜしん》、不是仏《ふぜぶつ》、不是物《ふぜもつ》」というカッコよい答えを見て、「南泉はすばらしい」と、うっかり感心しかねない。

人間というのは慣れる生きものである（しかも慣れていなかったころのことは忘れてしまう）。どんなに刺激的なものを見ても、なんだか勝手に慣れてしまって、「ふむ、そういうことね」というふうに神経がマヒしてしまう。ときどき無門に「喝！」とやってもらう必要がある。

だれにむかって説いたのでもない教えは、だれかにむかって説かれたとたん、消失してしまう。だれにむかっても説かれることのない教えは、この世界の構成要素を超えたところにある。だからそれは「心ではなく、仏ではなく、物でもない」。しかし、だれにむかっても説かれたことのない教えは、説かれる必要がなかったから説かれなかったのだろう。無門は「バカ丁寧は男をさげる」と注意する。説く必要がないことは説かぬに越したことはない、と。

釈尊の八万四千の法門は、もとより有無を絶している。そんなものについての愚問に、わざわざ「あるよ」と答えてやったうえに、「それは心でも仏でも物でもない」と蛇足までつけてやった。ありとあらゆるものじゃないよ、と。なんてこったい。あんまり親切すぎるのは、かえって相手をスポイルする。

説かれない教えは、説かれないところが値打ちである。説かれない教えを味わうとき、ヒョウタンから駒のように、説かれた以上のことを悟ることだってないとはかぎるまい。無門は歌う。「言わぬが花なんだから」と。黙っているにかぎる、と。

「心でなく、仏でなく、物でない」という按配に、ひとつひとつ否定していったのではキリがない。はじめのうち僧も「どうも恐縮です」というニュアンスだったのが、だんだん「もう結構です」と辟易《へきえき》しはじめる。それに、いくら「そうでないもの」を列挙してみても（家の財産をスッカラカンになるまで放りだしてみても）、それが「なんであるか」を答えたことにはなりっこない。

「でない」という否定を重ねてゆき、すべてを否定し尽くしてしまうと、それは肯定へと翻る。いわゆる「絶対否定＝絶対肯定」というやつである。もしそうだとしたら、わざわざ「不是心、不是仏、不是物」と羅列してみせるのは、骨折り損でしかない。

南泉和尚ともあろうものが、ものわかりのわるい坊主にかかずらって、とうとう身ぐるみはたいてしまった。無門が「財産を使い果たして、見苦しいほどヘトヘトになってしもうた」と罵倒する所以である。例によって禅門では、この口を極めた罵りを、じつは最大限のホメ言葉であるとみなすんだろうなあ。しかしながら、わたしは禅僧ではないから、無門のコメントを言葉どおり素直にとらえておきたい。

第二十五則で、仰山は「大乗仏教の教えは、ありとあらゆる理屈を超越しておる」といっていた。これは本則の「だれかにむかって説いたんじゃないような教え」と同じじゃないだろうか。

ちなみにそこでの無門は「これは説法したのか、それとも説法しなかったのか」とコメントしていた。そして仰山ときたら「昼の日中から　寝ボケておる」と笑っていた。説法でないことを説法する夢を見おった、と。くだらぬ夢物語を真っ昼間からするもんだから、「口を開かなくても閉じなくても、どちらも真理を去ること十万八千里の彼方」ってハメになっちまい、どうしようもない問題がウジャウジャでてきて、はた迷惑ったらありゃせんわい、と。いくら夢のなかでも、説法できないものはできんのじゃ、と。

「ある」「ない」が問題にされるのは、「ある」「ない」といわれるものが、「語られうる」「考えられうる」からである。それに対して「ある」「ない」を絶したものは、語られえないし、考えられえない。語られえず、考えられえないものについては、黙っておれ、と無門はいう。徹底して沈黙しておれ、と。

語られないものや考えられないものをズラズラと列挙して、そのどれでもないよ、といってみても、けっきょく語ったことにも考えたことにもならない（疲れるだけである）。夢のなかで語ってみたところで、そんなのは白昼夢にすぎないんだから。

そういえば第一則では、「犬にも仏性はあるか」と問われて、一切衆生悉有仏性《いっさいしゅじょうしっうぶっしょう》なんだから「有」と答えそうなもんなのに、趙州は「無」と答えていた。一切衆生悉有仏性というときの有は、相対的な有無を絶した絶対の有だから、有といっても無といっても同じことだろう。この公案も似たようなことを問題にしているのかもしれない。

「ひとに説いたんじゃない教えはあるか」などという愚問に対しては、有るといっても無いといっても同じことである。ところが南泉に「ある」と答えられて、それを相対的な有無においてとらえた僧は「あるというならそれはなんですか」と訊いてくる。そういう困った手合いは無視すればよいものを、根っから親切な南泉は「アレではないし、コレでもないし、ドレでもない」と答えてやった。相手するだけムダなのに、おつかれさん、という感じかなあ。

第二十八則　名にし負う大先生

龍潭《りゅうたん》の話。徳山《とくさん》が教えを請うてやってきたとき、いつのまにか晩になっていた。「夜も更けた。ぼちぼち帰ったらどうじゃ」。徳山はおいとまの挨拶をして、簾《すだれ》をくぐって外にでた。ところが真っ暗なので、引き返してきた。「外は真っ暗です」。そこで龍潭は手燭に火をともしてやった。徳山はそれを受け取ろうとした。すかさず龍潭は、それをフッと吹き消した。徳山はハッと悟った。そして礼拝した。龍潭はいった。「どんな道理を悟ったのか」。徳山はいった。「これからは世のなかの老和尚たちの言葉を疑いますまい」。

その翌日、龍潭は法堂《はっとう》にのぼって説法した。「ここに一人の男がいて、歯は剣の木のよう、口は血の盆のようで、棒で殴ってもふりむきもしないなら、将来いつの日か、孤峰の頂上でおのれの道を立てるじゃろう」。すると徳山、やにわに『金剛経《こんごうきょう》』の註釈書を取りだすと、法堂のまえで松明をふりかざしていった。「どんなに深遠なる教えを究めたところで、一本の毛を虚空に置くようなもの。世のなかの機微を尽くしても、一滴の水を大渓谷にそそぐようなものにすぎない」。そして註釈書を焼

き捨てて、龍潭のもとを辞去した。

無門はいう。徳山がまだ故郷におった時分、心は憤りにふるえ、口もきけぬほどじゃった。南をたずね、ひとつ教外別伝《きょうげべつでん》をとなえる禅の宗旨をぶっつぶしてやろうぞ、と怪気炎をあげておった。

はるばる澧州《れいしゅう》までやってきたとき、老婆に「どこぞ腹ごなしできるところはないか」とたずねた。すると老婆がいった。「和尚さま、荷物のなかは、どんな本ですかな」。徳山はいった。「『金剛経』の註釈書じゃ」。老婆はいった。「『金剛経』には「過去の心は得るべからず、現在の心は得るべからず、未来の心は得るべからず」とございますなあ。和尚さまは、いったいどの心に食わせようとなさるのですかな」。徳山はこの問いを喰らって、口をへの字にむすんだまま、なにも答えられなんだ。そういうことなんじゃが、こうなっても徳山はまだ老婆の一句に降参することを承知せなんだ。そこで老婆にたずねた。「近くにだれぞ禅匠がおられるのか」。老婆はいった。「五里ほどむこうに龍潭和尚がおられます」。そこで龍潭のもとをたずねたが、またもや徳山はボロクソに負けてしもうた。まえにいうた大言壮語と、あとでやらかしたヘマと、まるでテンデンバラバラじゃ。龍潭のほうも、この出来のわるい子どもが可哀想になったのか、おのれの親バカぶりに気づいておらんようじゃな。徳山にわずかばかりの成仏の火種を見つけたとおもうたら、あわてふためいて汚水を頭からブッかけ、せっかくの火種まで消してしもうた。冷静に考えてみれば、ふたりともお笑いぐさじゃよ。

聞くより見るほうがまし

見るより聞くほうがまし
鼻の詰まりはなおっても
眼ん玉がつぶれてはのう

このごろ南方では禅宗という新興宗教が流行っていて、やれ不立文字《ふりゅうもんじ》だの教外別伝だのとほざいて、ありがたい教典をないがしろにしているという。もともと勉強好きの徳山は腹にすえかねていた。で、禅退治の旅にでかけ、龍潭と遭遇した。学僧と禅僧と、さんざん甲論乙駁して、気がつけば真夜中である。「ぼちぼち帰ったらどうじゃ」と龍潭はうながす。徳山があんまり長っ尻なので、いささか辟易していたのかもしれない。いい加減にしとくれ、と。あたりは漆黒の闇。土地に不案内の徳山は一歩もふみだせない。仕方がないので龍潭は手燭に火をともし、それを渡すとみせて、すぐに吹き消してしまう。ふたたび世界が暗闇になる。徳山、すっかり参ってしまった。龍潭はといえば、そこはかとなく意味ありげな顔をしてみせる（なんとも臭い芝居である）。

真っ暗闇だろうがなんだろうが、歩こうとおもえば手探りでも歩ける。手燭の火がなければ歩けないというんじゃ情けない。が、すっかり龍潭の軍門に下ってしまった徳山は、「これからは世のなかの大先生の言葉を疑いません」と白旗をあげてしまった。それだけでは足りぬというのか、あろうことか『金剛経』の註釈書を燃やすという暴挙にまでおよんだ。教典という手燭の火なんぞいりませぬ、という気合いなんだろうなあ。手燭の火や教典には、なんの罪もない。それをあつかう人間のこころがけ次第なのに。徳山さん、せっかくあんなに勉強好きだったのに、教外別伝なんて世迷い言はぶっつぶしてやるという荒い鼻息はどこへやら、まんまと禅僧の手管にたぶらかされちゃった。してやったり、と龍潭はおもったか、すっかり自信喪失している徳山に止めを刺すように、ここぞとばかりホメ殺す。「将来いつの日か、孤峰の頂上でおのれの道を立てるじゃろう」と。このさい木に登るだけ登らせ、降りられなくしてベソをかかせてやろう、と。

みぎは俗人の印象をそのまま書いてみた。龍潭は意地悪だなあ、と。一本気の徳山を、持ちあげるだけ持ちあげておいて、冷たく持ちあげっぱなしにし、ひとりじゃ降りてこれないようにしちゃった。無門はこんな龍潭をどう見ているのだろうか？

もし龍潭が本気で徳山を評価しているとするならば、「出来のわるい子どもが可哀想になったのか、おのれの親バカぶりに気づいておらん」と無門は罵倒する。龍潭とやら、子どもに甘い親バカじゃ、と。さらに「汚水を頭からブッかけ、せっかくの火種まで消してしもうた」と笑う。すこし見所があるとおもったら、あわててチョッカイをだしてダメにしちまった、と。

無門の語るところから想像するに、徳山はかつてガリガリの勉強家だったようである。熱心に詰めこんだ知識で頭のなかがギッシリになっていた。で、エラそうに「教外別伝」とほざいている連中をギャフンといわせてやりたくなって旅にでる。道中、茶店のバアさんに一本取られても、かれは落ちこまない。根っからガリ勉の徳山くん、まだまだ自分の勉強が足りないからだ、と反省しちゃったりする。そしてバアさんに大先生の存在を教えてもらう。ガリ勉の徳山くん、龍潭のもとでも一所懸命に勉強した。龍潭もその一途さには感心したものの、いつまでも「もっと、もっと」としつこく迫ってくるのに、いささかウンザリしてきた。ある晩、「もう遅いから帰れ」と追いだすと、外は真っ暗。徳山が灯りをほしいというので、チャンス到来、龍潭は灯りを手渡すとみせかけて、いきなりフッと吹き消す。とたんに徳山は悟るところがあった（やれやれ、やっとか）。

他人にもらった灯りで闇を照らそうなどとおもうな。灯りくらい自分でなんとかせよ。頭でっかちに勉強ばかりしておってもダメだ。ちゃんと自分の足で立ってみな。そう龍潭はいいたかったのだろう。

ここまでは大先生の思惑どおりだった。が、だんだん雲ゆきが怪しくなってくる。

龍潭は「こいつは剣のような歯をもっていて、口のなかは血まみれだ。なかなか気概がある。いつか自分の足で立ったなら、ひとかどの人物になるだろう」と公衆の面前でおだててやった。すると徳山、なにを血迷ったか、勉強道具を焼いてしまった。どうしてまた『金剛経』の註釈書を焼いちゃったのかなあ。

そもそも旅にでた動機は、「教外別伝をとなえる禅の宗旨をぶっつぶしてやろう」ということだったはずである。『金剛経』の註釈書によって「勉強」する徳山と、もっぱら教外別伝をとなえるばかりの「老師」である龍潭との対決だったはずである。それなのに『金剛経』の註釈書を焼いちゃうというのは、ガリ勉をやめて老師へと乗り換えたってことだろうか。

龍潭は、徳山の熱心さにほだされ、親切に教えてやった。徳山もよくそれに応えた。それは結構であるが、龍潭はいささか徳山を甘やかした気味がある、と無門はいう。他人から学ぶことに異常に熱心な徳山が、ちょっとは自分の頭で考えろといわれて改心したのはよいが、かといって目を開けて外を見ることをやめてしまっては具合がわるい。自分で息をするようになったのはよいが、他人から学ぶことだって大事である。それらはひとつのことなんだから、と。

無門のいうことを肝に銘じるべし（これは自分にむかっていっているのである）。

人生の行路は、もとより明るい昼ばかりではない。闇夜を歩むことだってあるだろう。そのとき灯火に頼ってばかりというのでは、いつ消えてしまうかもしれない便法にすがるようなものである。そんな風前の灯火に頼りきるんじゃなくて、暗闇を歩めるほどの眼力を養うべきである。自分自身を灯火として、自分の足で歩いてゆこう。ほかに手立てをもとめてはいけない――それはそれで正しい。しかし、身体ひとつで無事に渡ってゆけるほど、世のなかは甘くない。

徳山は「深遠なる教えを究めたところで、一本の毛を虚空に置くようなもの。世のなかの機微を尽くしても、一滴の水を大渓谷にそそぐようなもの」とうそぶく。理論の研究なんて、大空にひとすじの毛くらい、実地の修行だって、谷底にひとしずくの水ほど、と。そう吐き捨てて『金剛経』の註釈書を焼いてしまった。なんたる増上慢！

フッと吹き消された手燭の火は、すなわち闇を照らす灯りは、仏典の註釈書のような手助けを象徴している。手燭の火を消すことと、書物の学問を棄てることとは、イメージとして対応している。なるほど徳山は、書物だけに頼るべきでないことを悟ったのだろう。書物にすがりつくよりも、じっさいに目でよく見るほうが大事だ、と。けれども、書物を捨ててしまうというのは、目玉をくりぬくようなものだろう。それではなにも見えなくなってしまうではないか。バカげておるぞよ、と無門はいう。

無門は歌っている。他人から教わるよりも、自分の目で見るほうが大切じゃが、自分の目で見るより、他人から教わることのほうが大事なときだってあるぞ。自分の鼻で息ができるようになったのはよいが、さりとて目が見えなくなってはのう。勉強好きなのが、せっかくの取り柄だったのに。

学問好きの徳山には、徳山なりの禅があって然るべきじゃろ、と無門はいう。大先生の灯火を即物的に受け取るんじゃなくて、自分の灯火をともしたらどうじゃ、と。ところが龍譚は、徳山の灯火の火種まで吹き消してしまった（いやはや）。無門は、醜態をさらした龍潭を笑っている。そんな坊主に翻弄された徳山も、もちろんお笑いぐさである。たしかに「冷静に考えてみれば、ふたりともお笑いぐさ」である。
この龍譚への無門のコメントをも、禅家では「抑下の托上」と評するのだろうか？

第二十九則　風でも旗でもない

六祖の話。風が寺の旗をハタハタとはためかせていた。ふたりの僧がなにやら口論している。ひとりは「旗が動くのだ」、ひとりは「風が動くのだ」といい、侃々諤々《かんかんがくがく》、いっかなケリのつく気配もない。六祖がいう。「風が動くのではないし、旗が動くのでもない。おまえたちの心が動いておるだけじゃ」。ふたりの僧は背筋がヒヤッとした。

無門はいう。風が動くのではないし、旗が動くのでもないが、さりとて心が動くのでもない。さてそれなら祖師はどこにおるのじゃろう。ここのところをキッチリと見極められたら、ふたりの坊主がえらい掘り出し物をゲットしたことがわかるじゃろう。それにしても、六祖ともあろうものがクスクス笑いをこらえきれず、とんだ粗相をしてしもうた。

風や旗や心がうごくなんぞ
どれもこれもみな同罪じゃ
偉そうな口をきいてみても
語るに堕ちるというところ

「風や旗が動くんじゃなくて、おまえたちの心が動いてるだけ」という六祖の指摘は、たしかに的を射ている。だが、心が動くということにこだわると、今度はそれにとらわれてしまう。そこで無門は「風や旗や心が動くのではない」という。無門のほうが一枚上手である（と無門贔屓《びいき》のわたしはおもいたい）。

六祖が「おまえたちの心が動いておるだけじゃ」といっているのは、「ああ風が吹いているなあ」「おお旗が揺れたぞ」と心でとらえることだろうか？　もしそうなら、その心は風に対する心であり、旗に対する心である。そうではなくて、風がそのまま心であり、旗がそのまま心である、ということだろう。

もっというなら、風でもなく、旗でもなく、心でもない、この「世界」が動いているって感じだろう。そういった自分と世界とのあいだに微塵のギャップもないあり方、それは「永遠の今」という「不生不滅」のものが動くということなんじゃないだろうか。動くのは、風でも旗でも心でもない。では、なにが動くのか？　動くのは「永遠の今」であり「不生不滅」である、と無門はいっているような気がする。

じゃあ、その不生不滅が動くとき、祖師はどこにおられるのか？

心が動くというのは、心の底から動くということである。六祖ともあろうものが、なんとも半端なことを口にしちまったもんじゃ、と無門はいう。なにぶん六祖の心は不生不滅だったもんで、ついウッカリと「おまえたちの心が動いておるだけじゃ」と口が滑ってしまった。なまじ不生不滅だったばっかりに、おもわずボロをだしてしまった。

やれ「永遠の今」だの「不生不滅」だのと妄想の翼をひろげつつ読むのは、じつに俗人冥利に尽きる。とはいえ、いささか妄想がすぎたような気もするので、もうちょい理性の限界内で考えてみよう。

旗が動いているんじゃなくて、むしろ風が動いている。なぜなら旗は風によって動かされているだけなんだから、と俗人は考える。六祖は、風も旗も動かされているだけじゃという。動いているのは、それを見ているおまえたちの心だ、と。ところが無門は、心だって動かされているぞといい、さらに「祖師はどこにおるのじゃろう」と訊いてくる。動いているのは心だと六祖がいったのはどういうわけだ、と。六祖の言葉は、ただ表面的に理解するだけなら鉄クズにすぎないが、受け取りようによっては金なんじゃよ、と。動くものはなにかという問題にでくわして、不生不滅なる絶対者にぶつかったわい、と。

「祖師はどこにおるのじゃろう（いずれの処にか祖師を見ん）」を、西村師は「何処に六祖の言い分を見るべきであろうか」と訳される。ここはもっと素直に、祖師はどこにおるのか、祖師の心はどこにあるのか、と解釈しておきたい。動かないはずの心について、六祖は不覚にも「動く」といってしまった。そのとき祖師の心はどこにあったか、と。

ふむ。理性の限界内で、せいぜい俗人らしく読んでみたつもりだが、まだどこかカッコつけているような気分がある。もっと泥くさく、ベタな感じで読んでみよう。

やれ旗が動くだの風が動くだのと議論している僧たちに、六祖が「旗でも風でもなく、おまえたちの心が動くのだ」といったのは、なるほど理屈ではある。旗や風が動くのも、それを認識するものあってのことである。だれも認識するものがなければ、その出来事は起こっていないも同然である。

「だれもいない森のなかで木が倒れたら、はたして音はあるか」という問いは、とりあえずナンセンスのようにおもえる。聴くものがいなくなったという理由で、ステレオが急に音をださなくなったり、目を閉じたというだけで、絵が色を失ったりするとは考えられない。だが、ほんとうにそうだろうか？　いろんな空気振動のうち、人間によって知覚される周波数のものを「音」と呼んでいるんじゃないの。だとすると、音の定義のなかには「人間によって知覚される」ということがはいっているんじゃないだろうか。

ながく教師稼業をやっていると、ときおり「自分はちゃんと教えているだろうか」という懐疑にさいなまれる。わたしが「教える」ことは、学生が「学ぶ」ことによって成立する（わたしが教えることは、学生が学ぶことから独立した、もうひとつの行為なわけではない）。わたしが教えたことによって、わたしが変化する必要はないが（じっさいは変化するんだけど）、学生には変化がなければならない。然るべき変化が生じたとき、そのことを教師が「教えた」とか、学生が「学んだ」とか呼ぶのだから。

これと同じような関係が、知覚とその対象とのあいだにも存在する。よほど特殊な状況を除けば、ひとまず「音がでているのは、その音が聞こえているときである」と考えておいて大過ないだろう（もちろんトリヴィアルな文句はいくらでもつけられる――神が音を創造するときは空気振動を創造すればよいが、それが音として知覚されるようにするためには、もうひとつ別の創造が必要である。だから音と空気振動とは同一だけど、音と聴覚とは異なっている、とか)。

知覚(聴力)の存在と対象(音)の存在との関係は、なるほど偶然的かもしれないけれども、空気振動の創造とは別に聴力をはたらかせる創造が必要だとはおもいにくい。現実に空気振動が起こっていて、そいつを聴くために神さまがわざわざ聴覚を創造しなきゃならないとしたら、そういうひとは「聴力がない」のである。神さまが創造したのは、空気振動があるときには必然的に聴覚が生ずるような仕組みなんだろうから。聴くものがいなくなっても、ステレオが音をださなくなるわけではない。ただ「聴かれた音」がなくなるだけである。だが、聴かれた音ではなくて、「音そのもの」はどのように聞こえるかと訊かれても困る(音はどのように測定されるかと訊かれたら、空気の振動として測定され、空気の振動として表現される、とか答えるけど)。

旗や風が動くなら、それを認識する人間の心がなければならない。旗が動き、風が動くとき、心はそれを動くとおもっているとして、その心とはなにか? たんにインプットされるデータを処理するだけのものなのだろうか?

存在するものは「動くもの」ではなく「はたらくもの」である。はたらくというのは、理解を表現することである。その表現の示すものが意識である。

風が動くのではない。幡が動くのでもない。じゃあ、動いているのは心か? いや、心が動いているのでもない。じゃあ、動いているのはなにか? 動いているのは不生不滅の現在である。やっぱりそういう話として読んでみたいんだよなあ。

第三十則　心こそが仏である

馬祖《ばそ》の話。大梅《だいばい》がたずねた。「どんなものが仏でしょうか」。馬祖はいった。「ほかならぬこの心がただちに仏だ」。

無門はいう。もしこの言葉をすんなりと理解できたなら、仏の衣をまとい、仏の飯をくらい、仏の話をしゃべり、仏の行をおこなうことが、そのまま仏にほかならぬってことになろう。それはそうなんじゃが、大梅はよくもまあ大勢のひとを導いて、とんでもなくまちがった仏教の物差しを信じこませてしもうたもんじゃ。大梅なんぞには、仏という文字を口にしただけで三日も口をすすぐものもあるということが、わからんということじゃな。ちゃんとした人物であれば、即心是仏などといわれた日にゃあ、耳をふさいで逃げだすじゃろうに。

青い空に白い太陽
もとめるのは禁物

まして問うなんぞ
盗人猛々しいわい

　馬祖は、この第三十則では「即心是仏」といい、あとの第三十三則では「非心非仏」といっている。そのことはおいといて、もし「即心是仏」であるならば、仏の衣をまとうのは、仏が衣をまとうのであり、仏の飯をくらうのは、仏が飯をくらうのであり、仏の話をしゃべるのは、仏が話をしゃべるのであり、仏の行をおこなうのは、仏が行をおこなうのである。ふむふむ。すると、こういうことになるだろう。わたしが歩いたり、笑ったり、ウンコをするのも、仏が歩いたり、笑ったり、ウンコをするのである、と。

　いくら「即心是仏だけじゃわからん」と叫んでも、大梅の耳には届かない。わたしは「ちゃんとした人物」だから、即心是仏といわれたら、とりあえず「耳をふさいで逃げだす」ことにしたい。が、逃げだすまえに、一言だけ。

　大梅は、大勢のひとのまえで、大声で「仏とはなにか」と馬祖にたずねた。仕方がないので、馬祖は「即心是仏」と答えた。馬祖にそう答えさせてしまった大梅がわるい、という話じゃないだろうか。

　もし「即心是仏」がスンナリとわかるようなら、云うこと為すこと、すべて仏だろう。それなのに大梅は、馬祖を「心即仏」の「即」という「仏教の物差し（定盤星《じょうばんじょう》）」をチラつかせざるをえないように仕向けてしまった。仏という字をいっただけで口をすすぐようなセンスをもった人間なら、「即心是仏」などと聞いた日にゃあ、きっと耳をふさいで逃げだすだろうってのにねえ。

　些細なことだが、「とんでもなくまちがった仏教の物差しを信じこませてしもうたもんじゃ」の箇所を、西村師は「意味のないことを教えたものだ」と訳しておられる。大梅が「意味のないこと」を教えたことになっている。しかし、答えたのは馬祖である。大梅はくだらない質問をして、馬祖に半端なことをいわせちゃった、ということじゃないだろうか。

無門は歌う。青天白日のもと、見えていないものはなんにもないのに、見えないふりをして「仏とはなにか」と訊いたりするなんて、盗品片手に「盗んでいない」というようなもんじゃ。「即心是仏」もいいけど、語りえないものが公然と密輸入されているぞ。知っていながら、知らないふりをする。そして、問わずもがなの質問をして、「即」をいわせようとする。わるいやっちゃ。無門が「盗人猛々しいわい」と歌うのは、そういうことだろう。

第三十一則　バアさんを見破る

趙州《じょうしゅう》の話。ある僧が老婆にたずねた。「五台山へは、どちらにゆけばよいかな」。老婆がいう。「まっすぐゆきなはれ」。僧がすこし歩きかけるや否や、老婆はいった。「お人好しの坊さまが、またあんなふうにゆきおるわい」。あとで僧はこのことを趙州に話した。趙州はいった。「ひとつわしがいって、おまえのためにバアさんを調べてやろう」。翌日、さっそく老婆のもとにゆき、同じように問うた。老婆もまた同じように答えた。趙州は、帰ってくると大衆につげた。「五台山のバアさんは、わしが

おまえたちのためにすっかり見破っておいたぞ」。

無門はいう。バアさんときたら、本陣に居ながらにして計略をめぐらすことはできても、いかんせん賊をとっつかまえることを知らん。趙州の爺さんはといえば、敵の本陣を攻略するはたらきは見事じゃが、そうはいうても大将軍という貫禄はない。わしから見れば、ふたりともなっとらんぞよ。さあ、いうてみよ。いったい趙州は、バアさんのどこを見破ったというのじゃろうか。

問いが同じなら
答えもまた同じ
飯のなかにイシ
泥のなかにトゲ

ある僧が五台山への道を、すなわち仏教の真理への道を、茶店のバアさんにたずねた。本来、みずから求め、みずから迷い、みずから得てゆくべきものを、坊主ともあろうものが、見ず知らずの他人に、恥ずかしげもなくたずねた。それがまず情けない。

いやしくも求道者なら、こと五台山への道にかんしては、恥や外聞をもつべきだろう。他人のいいなりに歩きはじめるなんて、まったく坊主の風上にも置けない。

茶店のバアさん、僧に対しても、趙州に対しても、まったく同じ対応をした。このバアさん、判で捺したように、だれに対しても同じ返答をした。これまで何度も五台山への道を教えてきたからだろう。つまり道を教え慣れた、というか道を教えるのにウンザリしている。そういうバアさんであってみれば、かわいい愉快犯であるが、禅僧たるもの、たかが茶店のバアさんの手玉に取られるようじゃいけない。

とりあえず五台山への道がわからないので、茶店のバアさんにたずねる。背に腹はかえられない、と。たずねた瞬間からバアさんに主導権を握られてしまっていることに、僧は気づかない。道に迷ってからブツクサいっても後の祭りである。バアさんに道を教わったら最後、かならず道に迷わざるをえない。

僧は「五台山へは、どちらにゆけばよいかな」とたずねている。どの方向かと訊いているのである。それに対してバアさんは「まっすぐゆきなはれ」とだけ答える。まっすぐゆけといわれても、西か東か、どっちの方向かが示されていなければ答えになっていない。「まっすぐゆけ」といわれれば、たいてい「自分のやってきた道の延長線上にまっすぐゆけってことだろう」と解釈するだろう。だれだって引っかかる。で、みんな自分がきた道の延長線上にまっすぐゆこうとするのを見て、バアさんはペロリと舌をだす。

はじめのうちは悪意はなかったのだが、あんまりみんな引っかかるもんだから、だんだんおもしろくなってきた。そして退屈しのぎのために、いつもその手を使うようになり、いつのまにか「いじわるバアさん」になっていたってところだろう。

いじわるバアさんだと決めつけるのは、わたしの早とちりかもしれない。ひょっとするとバアさんも、ただ口で「まっすぐゆけ」というだけじゃなくて、バアさんなりに方向を示していたのかもしれない。たとえば五台山のほうを見ながら「まっすぐにゆけ」というとか。自分がそっちのほうをむいて、その方向に「まっすぐにゆけ」と教えるなら、すくなくともウソをついてはいない。趙州はそのあたりを確認したかったのかもしれない。

道を訊くものは、道を知りたいから訊く。だが、いつもそうとはかぎらない。ご飯のなかに砂粒が混じっているように、バアさんの本性を確かめるために道を訊くやつも、まれには存在する。不覚にもバアさん、それに気づかなかった。

趙州の戦略はこうである——五台山のほうから歩いてきて、五台山への道をたずねる。例によって、バアさんは五台山を見ながら「まっすぐにゆけ」という。当然、バアさんは「きっと五台山からどんどんはなれてゆくだろう」とワクワクしていた。ところがどっこい趙州は、くるりと踵を返して、五台山にむかってスタスタ。バアさん、ガックリ。

無門のコメントが素敵である。「わしから見れば、ふたりともなっとらんぞよ」と首をふる。バアさんは不覚をとったが、趙州さんも大人げないじゃないか、と。

ふむ。なんだか興が乗ってきたぞ。いささかワルノリ気味に考えてみよう。

バアさんは「お人好しの坊さまが、またあんなふうにゆきおるわい」という。「また」というところからして、これまで何人もの僧をだまくらかしてきたのだろう。ということは、おそらく一本道ではなかったにちがいない（三叉路とか、四辻とか）。バアさんの「まっすぐゆけ」という答え方は、「まっすぐ」とだけいって、どの道筋かは指示していないのだから、じつは答えになっていない。それにもかかわらず、僧たちはなぜか「どの道なんだ」と問い返すこともなく、すたこら歩きはじめる。みんな自分のやってきた道の延長線上にまっすぐゆこうとする。

人間だれしも「思い込み」がある。右からきた僧は左へ、左からきた僧は右へ、南からきた僧は北へ、北からきた僧は南へという具合に、「またあんなふうにゆきおるわい」というふうに、みんな同じように歩いてきた道の延長線上にまっすぐゆこうとする。

バアさんは、ただ店先に立ったままで、僧たちをだまくらかすことに成功している。なぜ成功するかといえば、僧たちがバアさんの魂胆に気づかずに、あるいは十分にわかっていないのに問い返しもせず、独り合点してゆくからである。

ウィトゲンシュタインの矢印の話を髣髴とさせる公案である。矢印があれば、たいてい矢印のほうに進みたがる。なぜだろう？　その反対に進むことを指示することだってありうるのにねえ。誤解の可能性はつねにある。しかし事実としては、たいてい誤解は生じないんだけど（記号のはたらきは人間のあり方に依存しているから）。

さて、このバアさんの本性について、さらに妄想をたくましくしてみよう。

①　このバアさん、なかなか曲者であるという解釈。

いっぱしの僧たるものが、五台山への道も知らないほどノンキであってよいものだろうか。「好きなようにしたらよかろう」と、いちいち方向を示すことなく、あえて「まっすぐゆきな」と突き放した。

この解釈はおもしろい。だが、それならなぜ「お人好しの坊さまが、またあんなふうにゆきおるわい」などという感想をいだくのか、いささか不可解である。「お好きなようにまちがえれば」といっているのだから、好きなようにまちがって当たり前で、いまさら批評することはない。だから、ひとまずボツ。

② このバアさん、たんなる愉快犯であるという解釈。

「まっすぐゆきな」という指示は、厳密にいえば指示になっていない。ゆくべき道筋がちゃんと示されていないんだから。だったら当然「どっちの方向なのか」と問い返してくるべきなのに、だれも問い返してこない。そういう横着な坊主たちをバカにして、バアさん楽しく遊んでいた。

「自分のやってきた道の延長線上にまっすぐ」と理解するのは、愚かな「思い込み」でしかない。勝手にどんどんまちがってくれる坊主を見て、バアさん無邪気に喜んでいる。

③ このバアさん、じつは方向も指示していたという解釈。

じつはバアさん、非言語的にではあるが、ちゃんと方向も指示していた。だが悲しいかな、僧たちはその非言語的な指示に気づかないで、おのれの思い込みで、やってきた道の延長線上に歩いてゆく。

「なんでじゃろ」と、はじめはバアさんも不思議におもっていたが、だんだんそのまちがいぶりが楽しくなってきて、「ちゃんと教えてんだから、あたしゃ知らないよ」と知らんぷりをするようになった。

もっとほかの解釈もありうるのだろうが、これくらいにしておこう。どのみちここらで趙州が登場し、バアさんの本性をあばくという段取りになるんだから。

バアさんは、趙州の質問に対しても、いつもと同じように答えた。それをうけて趙州がなにをしたのかは、この本文からはわからない。唯一わかっているのは、趙州がバアさんの本性をあばくのに成功したってことだけである。

無門は、ふたつのミスを指摘している。

バアさんは、趙州もいつもの僧たちと同じだと勘違いした。趙州は五台山への道を知りたいから道をたずねたのではない（もちろん道は知っているが、バアさんの本性を知るために道をたずねたのである）。ふつうは「道」を知りたいから道を訊くものだが、まれに「人」を知るために道を訊くこともある。ところがバアさんは、五台山への道を訊くものは、だれもみな五台山への道を知りたいのだとおもって疑わない。賊が迫ってきているのに気づかず、バアさんも「思い込み」でやっている。これじゃあ僧たちと五十歩百歩、目クソ鼻クソである。これがバアさんの犯したミス。

無門は、バアさんのやらかしたミスについて指摘したあと、趙州についても「敵の本陣を攻略するはたらきは見事じゃが、そうはいうても大将軍という貫禄はない」とコメントしている。五台山への道を訊くという行為の通常の意味を、趙州は奪い取った。知らないから訊くんじゃなくて、知っているのに訊いた。バアさんはそのことを知らないから、趙州にまんまと「見破」られた。しかしまあ「大将軍という貫禄はない」と評するのだから、たぶん「大人げないことをするわい」とおもっているのだろう。

想像するに、趙州はわざと五台山のほうからやってきて、五台山への道を訊いたんじゃないだろうか。するとバアさんは、趙州と対面して「まっすぐゆけ」と教えることになるだろう。そのことで、バアさんの道の教え方が明らかになる。さて、そのあとで趙州にできることは、すこぶる限定されている。

① 知らないふりをして、僧たちと同じように、やってきた道の延長線上に歩いてゆく。バアさんは、みずからの敗北を知ることなく、ひそかに満足しておれる。

② バアさんの非言語的な指示にしたがって、あるいは自分の知識にしたがって、五台山のほうへと逆戻りする。バアさん、ガッカリする。

③ もし非言語的な指示もなかったとしたら、方向と道筋とをきちんとバアさんに確認する。バアさん、やっぱりガッカリする。

無門にいわせれば、こんな茶番劇は、どのみち趙州みたいな大物がすることではない。わざわざ茶店にまで出向いて、知っているのに知らないふりをするといった芝居をしなくたって、バアさんの正体はわかっていたはずである。これが趙州の犯したミス。

ここにおいて無門は「わしから見れば、ふたりともなっとらんぞよ」と結論づける。バアさんも趙州も、それぞれミスを犯しているわい、と。

無門はこう歌っている。問いが同じなら、答えも同じでも、べつに不思議はないが、飯のなかにイシが混じることもあるし、泥のなかにトゲがあることもあるさ、と。いやしくも真理をもとめようとするからには、他人の言葉をただ鵜呑みにしているようではいけない。「問いが同じなら　答えもまた同じ」なんだから、自分自身の切実な問題として、つねに問いに体当たりしてゆくべきである。そうすれば「飯のなかにイシ　泥のなかにトゲ」という難儀にでくわしても、おのれの問題として対処できるだろう。

趙州が「バアさんは、わしが見破っておいたぞ」というのは、バアさんのやり方を看破したというのではなく、「わしは自分の流儀を貫いてきたぞ」ってことかもしれない。だが無門は、そんな当たり前のことをわざわざバアさんのところまで出向いて確認するとは、趙州もまだまだじゃ、と斬って捨てる。

『趙州録』はわたしの枕頭の書である。趙州は、好きな禅僧ベスト5にはいる。ただし本則を読むかぎり、無門のほうに軍配をあげざるをえない。

第三十二則　ただ黙っていても

世尊《せそん》の話。異教徒がたずねた。「言葉では問わないし、沈黙でも問わない、とはなんでしょうか」。世尊はじっと坐ったまま。異教徒はすっかり感心していった。「世尊はまことに慈悲ぶかく、迷いの雲を払い、悟りの世界に導いてくださった」。そして礼拝して去っていった。あとで阿難《あなん》が仏にたずねた。「あの異教徒は、いったいなにを悟って、あのように感心して去っていったのですか」。世尊はいった。「俗世間でいう『駿馬はムチの影を見ただけで駆けだす』といったところだね」。

無門はいう。阿難といえば生粋の仏弟子じゃというのに、まったく異教徒の見識にもおよばんようじゃな。まあ、いうてみよ。異教徒と仏弟子と、どれほどの差があろうか。

刃のうえをあるき
氷のうえをわたる
梯子もつかわずに
絶壁で手をはなす

「言葉でもなく、沈黙でもなく、それでいて真実をお示しくだされ」と難題をふっかけ、世尊が黙って坐っているのを見て異教徒はすっかり感心した——という消息について阿難がたずねると、「駄馬はムチで打たれなきゃ走らんが、駿馬はムチを見ただけで駆けだすのだよ」と、世尊はまるで異教徒をホメそやすような口吻である。弟子である阿難の面目は丸つぶれである。

ムチで打たれて走るのは、言葉で説明されてわかるということである。ムチで打たれるまえに駆けだすのは、言葉ならざるものを察することである。おまえは「多聞第一《たもんだいいち》」とかいわれて得意のようだが、もっと非言語の言語を聴きとるようにしなさい、と世尊は阿難をさとしている。

しょぼくれた顔をした阿難のありさまが浮かんでくる。厨房の隅でシェフに叱られる新入りのコックを見たようでバツがわるい（見てはいけないものを見てしまったような申し訳なさといおうか）。なまじデキる子がたまに赤点をとったりすると、必要以上にヘコんでしまう（その点、劣等生のわたしは平気）。

ヨロ。

可哀想に阿難ときたら、お釈迦さんの秘蔵っ子としてズッシリと重たい期待を背負わされて、すでにヨロヨロ。

ところで、異教徒による「有言《うごん》を問わず、無言を問わず」の意味だが、「言葉をはなれるというのはどういうことか」と訊いたのか、それとも「言葉をはなれたところで自分の迷雲を晴らしてくれ」ともとめているのか、いまひとつ分明でない。たぶん後者なんだろうとはおもうんだけど。

いずれにせよ、この異教徒は、よほど機が熟していたとおぼしく、世尊のちょっとした様子によって、たちまち悟った。それにひきかえ阿難は、異教徒が悟ったことに外的な所証のないことを不審におもっている。いったいなにがあったんです、と。そこで世尊は「駿馬ってやつは、明示的な所証がなくたって、ちゃんと走りだすものさ」と答えた。

機が熟すというのは、けっして優劣の問題ではない。ただ反応する準備ができているかどうかってだけのことである。ニュートンは、リンゴが落下するのを見て万有引力の法則に気がついた。わが津軽のリンゴ農家は、リンゴの落ちるさまなんて毎日見飽きるほど目にしていたんだけど、だれも万有引力に思い至らなかった。それはリンゴ農家のひとたちがニュートンよりも劣っていたわけじゃなくて、ニュートンみたいに四六時中ずっと万有引力のことを考えていなかったというだけのことである（たぶん）。

徳山が手燭の火を受け取ろうとしたとき、龍潭がそれをフッと吹き消し、徳山はハッと悟った（第二十八則）。それしきのことで悟っちゃったのは、徳山の機が熟していたからである。機が熟していないもののまえで何百本の手燭を吹き消してみても、なにも起こらない。

阿難くん。気を落としちゃいけない。悟りを焦ってはいけない。まだ機が熟していないだけなのかもしれないからね。

無門はこれを「転向」の問題としてとらえているような気がする。

転向ということがありうるとして、それは論理的な説得によるのか？　それとも転向すべき外在的な理由によるのか？　そういうことでひとは転向しない、と無門はいう。

歌は転向のありようを、そのまま歌っている。刃のうえを歩くのも、氷のうえを渡るのも、内面的なありようであって、そこからパッと手をはなすのじゃ、と。その間の仔細のなんたるかは、一般的な問題にはなりっこないぞ、と。

われわれは安心して大地のうえを歩いている。だが大地が「刃のうえ」だったり「氷のうえ」だったりしたら、とても安心して歩いてなんかいられないし、さりとてジッとしてもいられない。親に虐待されている子どもの気持ちも、そういった感じかもしれない。どんなに虐待されたって、親にしがみついていなきゃならない。ちょうど崖っぷちに命がけでぶらさがっているようなものだろう。

無門は「梯子もつかわずに　絶壁で手をはなす」と歌う。登ろうとせずに、手をはなしてごらん、と。

無門の言葉は、悪魔の囁きなのだろうか？

「言葉では問わないし、沈黙でも問わない」とは、どうしても言葉にしがみついてしまうことの悩みを訴えている。それに対して世尊は、ただ「じっと坐ったまま」である。なにかにしがみついているから悩みが生ずる。手をはなしてしまいなさい、受けとめてあげるから、と。世尊は無上の慈悲をあらわしている。それに感激した外道は、おもいきって手をはなしてみた。

異教徒と仏弟子と、どれほどの差があろうか、と無門は問う。転向ということがありうるとして、転向した仏教徒と、生まれついての仏教徒と、その距離はどんなものか、と。

もともとの仏弟子と転向者とのあいだには、やはり差異がある。もともと真理のなかにいるものが真理を自覚するのと、もともと虚偽のなかにいるものが真理を受け容れるのとでは、きっと同じではないだろう。その意味じゃあ異教徒のほうが、むしろ有利かもしれない。崖っぷちにぶらさがっているんだから、救われるためなら、なんでも切り捨てるし、なんでも拾い上げる。受けとめてあげるといわれれば、おもいきって手もはなしやすい。

第三十三則　心でも仏でもない

馬祖《ばそ》の話。ある僧がたずねた。「どんなものが仏でしょうか」。馬祖はいった。「心ではないし、仏でもない」。

無門はいう。ここのところがバッチリなら、禅の修行は卒業じゃ。

剣客にでくわしたなら剣を抜くのは当たり前
詩を読ませるなら詩人でなければ無駄なこと
ペチャクチャしゃべるのは三分くらいにせよ
そっくりそのまま全部さらけだしちゃいかん

馬祖は「仏とはなにか」と問われて、第三十則では「即心是仏」と答えていたが、ここでは「非心非仏」と答えている。『馬祖語録』を見ると「即心即仏」ともいっている。「即心是仏」は「心こそが仏である」であり、「即心即仏」は「この心こそが仏にほかならない」である。つまり「即仏」のほうが「是仏」よりも語気が強い。「非心非仏」は、「即心即仏」の裏返しである。心および仏への執着をきっぱりと捨てるのである。

『馬祖語録』を読んでみよう（入矢義高編『馬祖の語録』（禅文化研究所）を参考にした）。

大梅山法常禅師、初めて祖に参じて問う。「如何なるか是れ仏」。祖云う「即心是仏」。常、即ち大悟す。後、大梅山に居す。祖、師の住山せるを聞きて、乃ち一僧を到り問わしめて云う「和尚、馬祖に見《まみ》えて箇の什麽《なに》を得てか、便ちこの山に住す」。常云う「馬師、我れに向かって即心是仏と道う。我れ便ち這裏《ここ》に住す」。僧云う「馬祖、近日、仏法また別なり」。常云う「作麽生か別なる」。僧云う「近日また非心非仏と道う」。常云う「這の老漢、人を惑乱せること、いまだ了日あらず。任汝《たと》え非心非仏なるも、我れは只管《ひたすら》に即心即仏なり」。その僧、回《かえ》りて祖に挙似す。祖云う「梅子熟せり」。

大梅山の法常禅師、馬祖に参じて「どういうのが仏でしょうか」とたずねた。馬祖はいった。「即心是仏」。法常はすぐに大悟した。のちに大梅山に住した。馬祖は、師が住山したことを聞き、僧をつかわして「和尚は馬祖に参じて、いったいなにを会得して、この山に住しておられるのですか」と問わせた。法常は「馬祖はわしに即心是仏といわれた。だからここに住しておる」という。「馬祖はこのところ仏法が変わってこられましたよ」。「ほお、どう変わったのか」。「ちかごろでは非心非仏といっておられます」。「あの爺さんときたら、ひとを惑わせてばかりいて、まったくキリがないわい。たとえ非心非仏であろうとも、わしは即心即仏でやるだけじゃよ」。僧は帰って馬祖に報告した。馬祖がいう。「梅の実は熟したようじゃな」。

法常は「たとえ馬祖が非心非仏でやっていようとも、わしは即心即仏でやるだけじゃ」と小気味よい。禅僧たるもの、すべからくこういう気概をもつべきだろう。そのあたりは馬祖もよくわかっている。「梅の実は熟した」と。委細承知のうえで馬祖は「非心非仏」だの「即心即仏」だのと、アレもコレもと、やっているのである。

『馬祖語録』では「即心即仏」と「非心非仏」とがペアになっている。「即心即仏」というテーゼばかりが金科玉条とされると、かならずドグマへと堕落する。「非心非仏」というアンチテーゼも用意しておくほうが、禅としては健全である。

『馬祖語録』には、こういう問答も見えている。

僧問う。「和尚、甚麽《なん》と為《し》てか即心即仏と説く」。祖曰く「小児の啼くを止めんが為なり」。曰く「啼き止みし時は如何」。祖曰く「非心非仏」。曰く「この二種を除いて、人の来たらば、如何が指示す」。祖曰く「伊《か》れに不是物と道《い》わん」。曰く「忽《も》し其中《こちゅう》の人の来たるに遇う時は如何」。祖曰く「且らく伊れをして大道を体会せしめん」。

僧がたずねた。「和尚はどうして即心即仏と説かれるのですか」。馬祖はいう。「子どもが泣くのを止めるためじゃ」。「泣きやんだら、どうなされますか」。「非心非仏」。「これ以外の人間がきたらどうやって指示されますか」。「そいつには物じゃないといってやろう」。「もしズバリと究極をついたひとにはどうなさいますか」。「そういうやつには大道をつかみとらせてやろう」。

「仏とはなにか」などと大上段にふりかぶられると、いきおい高尚な答えを突きつけたくなる。「それは心じゃ」とか「心ではないぞ」とか。心まみれの俗人としては、どうすればよいのだ。

心とは、もっとも身近なもののはずなのに、もっとも遠いものでもある。有るのか無いのか、わからない。そんなものに仏をなぞらえると、それは衆生とは無縁の、ひどくアリガタイものになってしまう。もし仏が、有るのか無いのかわからないようなアリガタイものなら、そんなものはどうでもよい。

おもうに禅という宗教は、仏というものを人間の手のとどかない高みに祭りあげることを拒み、うんと身近な地べたにあって、たとえば「麻三斤《まさんぎん》」や「乾屎橛《かんしけつ》」において、それをとらえようとするもののはずである。そういう卑俗さも禅の本領だとおもう。ところが、そういう身近なところに徹しようとすると、人間というのは愚かな生きものだから、今度はそれに狎《な》れてしまう危険がでてくる。そして「自分自身がただちに仏である」とか、「一切万物がすなわち仏である」とか、恐れ入ったタワゴトをほざきはじめる。その挙げ句、つまらない日常を肯定することで、お茶を濁してしまう。

だから「即心即仏」と「非心非仏」とは、かならずペアでなければならないが、「即心即仏」と「非心非仏」とは、端的に矛盾している。俗人には、にわかに呑みこみがたい。が、それさえ呑みこんでしまえば、禅の修行はジ・エンドじゃ、と無門はいう。無門さん、本気で「卒業じゃ」といってるのだろうか？

禅の修行とは、それがXであると知ると同時に、それはXでないと知らねばならない。逆にXでないならば、それは同時にXである。だとすると、X即非X、非X即X、と際限なく否定と肯定とがくりかえされてゆくことになる。この際限のないくりかえしこそが禅における「修行」の本質であるとすれば、そういうものに「卒業」ということはありえない。卒業のない卒業ということが、禅における卒業である。にもかかわらず無門が「禅の修行は卒業じゃ」というのはなぜだろうか？

無門が「ペチャクチャしゃべるのは三分くらいにせよ　そっくりそのまま全部さらけだしちゃいかん」と歌うのは、全部をわかろうとしたってムダなんだから、いい加減のところで手を打っておきなはれ、というのだろうか？　それとも、ほんのちょっとが、すなわち全部なんじゃ、というのだろうか？

いずれにせよ、仏とはなにかと問うこと、そこに問題がありそうである。なにかと問いえないものが仏のはずである（それがわかれば卒業なんだろうけど）。しかし、いざ問われれば、馬祖だって親切にいろいろ答えるわけである。このようにもいえる、あのようにもいえる、と。だが、全部は語れない。親切すぎると、かえってアダになる。それが語れないことがわかったら、もう問答無用で卒業なんだろうなあ。

無門の歌だが、宙に浮いている感じで、よくわからない。

道で追い剝ぎにでくわした。そいつが剣客だったら、さっさと剣をさしだして降参してしまおう。どう見たって詩人じゃなさそうだから、剣はさしだしても、詩はさしださないでおこう。むしろ説教をしてやりたい気分もあるが、剣呑だから三分でやめておいたほうがよさそうである。いいたいことを洗いざらい述べてみたって、ろくなことはない。言葉で追い詰めたところで、なんにもならない。

ちょっとだけ解釈しなおしてみた。さっきは「剣を呈する」＝「剣をお見舞いする」と解して、起句を「剣客にでくわしたなら剣を抜くのは当たり前」と訳しておいたのだが、ううむ、そちらのほうが、やっぱり無難なのかもしれないなあ。道で剣客にでくわしたら、ひとつ反撃してみるのもよいけど、詩人にであったのでもないのに詩を捧げるのはやめとこう。ひとにであったときも、話は三分にとどめておこう。はじめから全部しゃべるべきではない。わかるひとには、いわなくてもわかるし、わからないやつには、いってもわからない（だから三分で十分なのだ）。

ところで、『馬祖語録』では「即心即仏」と「非心非仏」とがペアになっているのに、無門はどうして片方づつに切りはなすのだろうか？　説法は三分くらいにとどめておいて、全部しゃべるべきじゃないと考えているからかしらん。とはいえ、剣客（問うもの）にでくわしたら、剣を抜く（答える）しかない。問いもせぬものに答える必要はないが。

仏とは「非心非仏」であるが、それは「即心即仏」でもある。「即心即仏」と「非心非仏」とをペアにして考えると、「心と仏はひとつであるが、そのひとつなるものは、心でもないし、仏でもない」というふうに理解できるだろう。

僧に「仏とはなにか」とたずねられて、馬祖はこう答えた。「心であり、仏である」し、また「心でなく、仏でない」と。仏は仏であり、かつ仏でない、というニュアンスで。じっさいにそう答えられたら面食らうだろうが、話として読むぶんにはおもしろい。

要するにこの公案は、「仏とはなにか」と訊いたりするもんじゃない、という話じゃないだろうか。そういうのはガキのすることだ、と。ところが、うるさく訊いてくるもんだから、つい「即心即仏」と答えてしまった。だが一度こう答えてしまうと、「非心非仏」ともいっておかないと具合がわるい。

私見によれば（とことわるまでもなく、この本は私見だらけなのだが）、馬祖は「即心即仏」「非心非仏」とだけいって「主語」をいわないところがミソである。問いは「仏とはなにか」だから、答えの主語は仏だろうとおもいたくなるが、そうおもうと馬祖のおもうツボである。かれは「仏は心であり、仏である。しかしまた心でもないし、仏でもない」といっている。つまり仏とは、主語を立てて、なんであるかが語られうるものではない、と。

無門の歌を味わっていると、こんなふうにも考えたくなってくる。たぶん「即心即仏」「非心非仏」というのはいいすぎなのである。それどころか「即心」や「非心」でもいいすぎなのである。仏について言挙げしようもんなら、かならず半端なおしゃべりになってしまう。半端なことしかいえないんだったら、むしろ黙っておれ、と。

第三十四則　知恵は道ではない

南泉《なんせん》がいった。「心は仏でないし、知は道でない」。

無門はいう。南泉は、あえて評するならば、老いぼれたせいで恥知らずになっちまったようじゃな。臭い口を開けてしゃべったとたん、家の恥を外にさらしてしもうた。そうはいうものの、かれの恩を知るものは、あまりにすくないようじゃ。

空が晴れてお日さまがでる
雨が降って地面がうるおう
思いの丈を語り尽くしても
信じてもらえるか心配じゃ

「知る」というのは、とても恐ろしいことである。第十七則のところで書いたように、なにかを知るというのは、自分が変わるということである。たとえば、ヒトゲノムが解読されて、個人の遺伝子情報がすっかり解明されたとしよう。四十代から肥満がはじまり、五十代で糖尿病に、六十代でアルツハイマーになる、なんてことが予測されるとしよう。そんなことを知りたいだろうか？　そのひとの人生は、かなり暗いものへと変わってしまうんじゃないかなあ（それらの病気の予防に明け暮れるだろうから）。

「空が晴れてお日さまがでる　雨が降って地面がうるおう」と無門は歌う。病気になるときは病気になるし、治るときは治るだろう、と。それを知ってみたところで、なにか好いことはあるじゃろうか、と。

わたしは「死ぬ」ということを知っている（ふだんは忘れてるけど）。それでもこうして生きていられるってことは、すこしくらい知っても平気だってことだろうか。

とりあえず無門は、南泉のことをボロクソにこきおろしている。どうやらボケちまったらしく、家庭の事情をよそでペチャクチャと吹聴しおるわい、と。そういったかとおもうと、めずらしくフォローしてみせる。それにしても恩知らずが多いのお、と。

南泉は「心は仏でないし、知は道でない」と、いわずもがなの殺し文句を、とうとう口走ってしまった。だれもやりたがらない汚れ役を、南泉がやってくれた。だがその恩を知るもののすくないことよ、と無門はいう。「知るひとぞ知る」というのは「知らないひとは知らない」ってことだろうが、それにしても知らなすぎるわい、と。

歌はといえば、南泉の親切ぶりを揶揄している。どんなに懇切丁寧に教えてやったところで、箸にも棒にもかからぬやつはいるもんじゃのに、と。「思いの丈を語り尽くしても」は、たぶん前則の歌の「ペチャクチャしゃべるのは三分くらいにせよ　そっくりそのまま全部さらけだしちゃいかん」と呼応している。

いい加減でやめておいたほうがよいのだが、南泉はやってしまった（だれかがやらねばならなかったことではあるが）。馬祖がはじめた騒動に、南泉がついに決着をつけた。

仏とはなにか？　馬祖も南泉も、おのおのの流儀で親切に答えている。で、けっきょく「心は仏でないし、知は道でない」という陳腐なセリフに落着したようじゃな、と無門は呆れ顔である。とってつけたように「知は道でない」と答えるくらいなら、「仏とはなにか」なんて問わなきゃよいのだが、問われちまったものは仕方がない。

歌の結句「信じてもらえるか心配じゃ（ただ恐る信不及《しんふぎゆう》なることを）」の「信不及」とはどういうことだろうか？　「信不及」は、文字どおりには「信じきることができない」という意味である。つまり「信」とは、仏とはなにかなどと問わずにおれることである。信じきっていれば、疑うこともない。

信不及のものどもは、うるさく問うてくる。そういう連中を黙らせるため、馬祖は仕方なく「即心即仏」「非心非仏」といってやった。ところが、それでもおとなしくならない。そこで「心不是仏」と南泉が口走るというところまで事はエスカレートする。これで静かになってくれるかというと、たぶんそうはゆかんじゃろう、と無門はいう。

第三十則の「即心是仏」、第三十三則の「非心非仏」、それに本則の「心不是仏、智不是道」、これらは合わせてひとつの公案のようにも見える。

「心は仏でない」、なぜなら「知は道でない」から、と南泉は教えている。そういう親切な南泉を、無門はあえて「恥知らず」と評する。しかしながら、「心」「仏」があったり「即心即仏」や「非心非仏」があったりするもんだから、あれこれ迷いが生ずるわけで、そこを「心は仏でない」とズバリと断じてくれた南泉は、ありがたいともいえる。あえて汚い仕事をしてくれた南泉には、もっと恩を感じてもよいはずなのだが、そういうひとはあんまり見当たらない。

「即心即仏」の「即」が問題である。これはふたつなのだろうか？　そうじゃなくて、ひとつだというのが「非心非仏」である。だが、やっぱりひとつではない。それが南泉の「心不是仏」である。心と仏とはちがう、と。ふたつだよ、と。馬祖は馬祖なりに、南泉も南泉なりに、それぞれに親切である。

ひとつだろうが、ふたつだろうが、もういい加減にせい、と無門はいっている。

無門の「かれの恩を知るものは、あまりにすくないようじゃ」を、わたしは「せっかく南泉が汚れ役をやってくれたのに、その恩を知るものはすくないなあ」と理解したいけれども、あるいは「いくら噛み砕いて説いてやったところで、バカが相手じゃしょうがないわい」と読んだほうがよいのかもしれない。

「思いの丈を語り尽くしても　信じてもらえるか心配じゃ」と歌っていることから考えて、「これほどいうて聞かせても、わからんやつがおるわい」とガックリきているようでもある。だとすると、ムダなことをやっている南泉を笑っているのかもしれない。

「心は仏でないし、知は道でない」とは、南泉さん、よい歳をして、よくもまあ恥ずかしくもなくいえたもんだ、と無門は辛辣である。年寄りの冷や水じゃな。臭い口でしゃべろうもんなら、家の恥はたちどころに天下に広まる。ただし、そのありがたさを知るものがすくないのも、わしゃ気に食わんがの、と。

無門は歌う。晴れても降っても、どっちも結構なことじゃ。こういえば、ああいう。それもまた結構なことじゃ。情理を尽くして、すべてを説くというわけじゃろうが、すべてを説いてしまったら、説かれたほうの「信」の主体性が奪われてしまうんじゃないかな。親切すぎると、かえって信がついてこない。ありがた迷惑をやっちゃいかんて。

こんなふうに理解すると、「恩を知るものはすくない」も、「まったくお節介な話じゃわい」と読めるかもしれない。ほんとうにアリガタイとおもっているものなんぞ、おるわけないじゃないか、と。南泉ともあろうものが、ぬけぬけと当然のことをいってのけたもんで、世間の話題になった。それはそれで仕方がないとしても、それで悟ったというやつが、とんとおらんのが情けないわい、と。

第三十五則　魂とそのヌケガラ

五祖が僧にたずねた。「倩女《せいじょ》は肉体から魂がはなれて、ふたりの倩女となったというが、どっちがホンモノの倩女かな」。

無門はいう。もしここでホンモノを悟ることができたら、すぐにわかるじゃろう。魂が肉体からはなれて別の肉体にはいるというのは、ちょうど旅館に泊まるようなものだ、と。こいつをまだ悟っておらぬなら、むやみやたらと走りまわってはならん。不意に地水火風の四大元素が散らばってご臨終のときがくれば、熱湯に落ちたカニが手足をジタバタさせて苦しむようなことになるじゃろう。そのときになって「なんにも教えてもらえなかった」などと泣き言をいうんじゃないぞ。

雲と月とは同じでも
谷と山とは異なるぞ
ありがたいことじゃ
一であり二でもある

この公案は、唐代伝奇の『離魂記』をふまえている。ストーリーをかいつまんで書いてみよう。

張鎰《ちょういつ》の娘の倩女と、その従兄弟の王宙《おうちゅう》とは、相思相愛の仲であった。張鎰も「お似合いじゃないか」などと冗談半分でいったりした。で、ふたりもその気になった。ところが、ふたりの知らないあいだに、張鎰は倩女とエリート官僚との婚約を承知してしまった。失意の王宙は、恨みをいだいて傷心の旅にでる。すると王宙が泊まっている旅の宿に、親元にいるはずの倩女があらわれる。親の目を盗んで逃げてきたのだという。ふたりは手に手をとって駆け落ちし、張鎰の目のとどかない土地で幸せな家庭をきずく。

親元とは音信不通のまま、五年の歳月がながれた。子宝にも恵まれ、幸せに暮らしていたが、そうなると不思議なもんで、親に一目逢いたくなってくる。そこで張鎰をたずねてみることにした。まず王宙がひとりで張鎰に逢いにいってみると、「娘は病床にふせって意識不明のままもう五年もたつ」という。王宙はすぐさま船で待っている倩女を呼びにやらせた。張鎰の家にいる倩女と、船からおりてきた倩女と、であうや否や、ぴったりと合体した。ざっとこういう話である。

とりあえず、不思議な話ではある。でも、これが不思議なのは、身体と魂とがひとつのものだとおもいこんでいるからである。身体と魂とは別のものであり、身体は魂の宿屋のようなものだとおもえば、べつに不思議でもなんでもないと無門はいう。同時に、この身体宿屋論を生半可にわかったつもりになると、あとで「そんなはずじゃなかった」ということになるぞ、と釘を刺している。

身体と魂とは、ふたつなのか、ひとつなのか？　ふたつでもあり、ひとつでもある。

無門は歌っている。雲と月と、ふたつに見えるが、ひとつだよ。雲と月と、別のものだが、同じもの。谷と山と、ひとつに見えるが、ふたつだよ。谷があるから山があり、山があるから谷がある。ふたつは切りはなせないが、しょせん別物。めでたし、めでたし。ひとつでもあれば、ふたつでもある。

心と身体とは「二にして一」である。ただし、心にとっての身体は宿屋のようなものである。陶淵明は、その『自祭文（おのれの死を悼む文）』のなかで、「陶子まさに逆旅の館を辞し、永え本宅に帰らんとす」と歌っている。かりそめの宿である肉体に別れを告げて、とこしえに本宅たる墳墓へともどろう、と。

ことほどさように、心と身体とは別物であって、心はいずれ身体をはなれるわけだが、かといって生きながらにして心と身体とがバラバラになるのはよろしくないよ、と無門はいう。心が身体からはなれて「むやみやたらと走りまわっては」いけない、と。いざ身体が見失われようものなら、心は野宿しなきゃならなくなるぞ、と。

本則は、さっきの心と仏との「二にして一」論のヴァリエーションだとおもう。第三十二則の外道の改心もやはり「二にして一」論であった。もともとの仏弟子と改心した外道とは、二にして一である。改心した今は、永遠の今だから、永遠の今と永遠との「二にして一」論である。
第三十三則の「非心非仏」、第三十四則の「心不是仏」、この第三十五則はそのつづきで、心と身体とは「二にして一である」と論じている（とわたしは読みたい）。

「コンピュータ　ソフトなければ　ただの箱」という句がある。たしかに無機的なハードは、あまり血が通っているような感じがしない。してみると、実家で寝ていた抜け殻（ハード）よりも、ふらふらと家出した倩女（ソフト＋偽ハード）のほうが、よりホンモノなのだろうか？

人間は自分のことがわからない生きものである。自転車に乗っているときも、どうして乗れているのかはわからない（自分にできていることの説明ができない）。自分の身体に組みこまれているだろうプログラムを、自分では読めない。じゃあ読めたらよいかというと、そうでもない。ヘタに読めたりしたらプログラムが壊れてしまって、うまく動けなくなってしまう。家出していた倩女は、自分に組みこまれているプログラムを読めなかったが、ちゃっかり子どもまで産んでいる（ソフトのコピー？）。ところが、実家にある抜け殻（ハード）の倩女のほうは、魂（ソフト）と合体するまではただの抜け殻である。

ガンを告知されたら、どうなるだろうか？　告知される前と後とでは、きっと別の自分にならざるをえないだろう。ガンと自分とを関係づけて、否応なく、古い自分が死んで、新しい自分が生まれるだろう。なにかと関係づけられることによって、自分は変わる。古い自分を肯定したり、否定したりして、新しい自分になる。ただ、その変化を自分自身が知ることはむつかしい。

実家にいる抜け殻の倩女と、王宙と暮らす倩女と、どっちがホンモノの倩女なのだろうか、などと考えたくなるが、そもそもどっちかがホンモノなのかなあ。どっちもニセモノってことはないだろうか。

親にダメ出しされたくらいで簡単にあきらめ、倩女を置いて逃げてしまった王宙も、男として情けないよなあ。で、追いかけてはみたものの、倩女も釈然としない気持ちがわだかまっていた。どうして「いっしょに逃げよう」といってくれなかったの、と。そういうモヤモヤがあったからか、子どももできて生活が安定すると、今度は無性に親に逢いたくなってきた。他方、親のいいなりに実家に残ったままの倩女のほうは、どうしたって王宙への未練が捨てきれない。だから腑抜けのようにならざるをえない。

けっきょく、どっちの倩女もダメである。どうせ生きるなら、「これでいいのだ!」と自分でおもえるような生き方をせい、と五祖はいっている。俗世間の価値観に振りまわされて、おのれの真実に目をつむるのではなく、身心一如《しんじんいちにょ》の全人格として生きてみい、と。

「離魂《りこん》」というのは、じっさいどういう事態なのだろうか。倩女の場合、魂が身体からはなれ、実家には抜け殻の倩女だけが残った。ということは、身体をはなれた魂は、倩女と似た別の身体を得て、それで駆け落ちしたのだろうか? 倩女の身体がふたつに分裂したのだろうか? あるいは魂もふたつに分裂したのだろうか? ま、どうでもよいことだけど。

無門が「身体は魂の宿屋みたいなもんじゃ」といったかとおもうと、「まだ悟っておらぬなら、むやみやたらと走りまわってはならん」ともいっているのが気になる。心と身体との関係について、ちゃんと腑に落ちてもいないのに、いろんな身体を渡り歩いてはならんぞ、といいたいのだろうか? 精神的に貧しいのに、外見だけカッコつけてみてもしょうがない、とか。

身体は宿屋のようなものだってことを理解しないで、身体を「自分のもの」だとおもっていると、いざ身体に裏切られると（たとえば病気になるとか）とたんにガックリきたりする。かといって、しょせん宿屋は自宅じゃないわけで、旅の恥はかき捨てとばかり、おのれの身体をいじめるのも（たとえば入れ墨を彫るとか）これまたいけない。いずれにしても、魂と身体と、別のものだが、ひとつのものでもある。倩女のふるまいを見ていると、いまひとつ腰がすわっていない。

身体は魂ではないが、身体は魂である（心は仏であり、心は仏でないように）。つまり二にして一である。そうであるとして、じゃあ、ほんものの倩女はどこにおるのか？

無門も「一であり二でもある」と歌っている。ただし、倩女が二にして一なのか、身心が二にして一なのか、よくわからない。

心と身体とは別のものである（身体は心の宿屋でしかない）。だから身体から魂がふらふらと抜けだしたりする。だからこそ「身体と魂とは二にして一であるという身心一如を実践するのでないと、分裂してエライことになるよ」と無門はいう。

「クローン」のことが浮かんできた。クローンとは、生きもののコピーである。「クローン牛を食べることは自然への冒瀆か」と訊かれても、うまく答えられない。ただ「クローン牛というものを自分の都合で作りだした人間の所行は恐ろしいなあ」とはおもう。ということは、たぶん自然への冒瀆だと考えているのだろうが、人間はそもそも自然を冒瀆せずには生きられないんじゃないだろうか？

人間は、ほかの生きものを食べなければ生きてゆけない。ふむ。この「ほかの生きものを食べなければ」を「ほかのひとを傷つけなければ」と言い換えても、そのまま通用するような気がする。人間は、他人を傷つけなければ生きてゆけない。この事実に慣れてしまって無感覚になって生きてゆくか、これを人間の罪深さととらえて宗教に救いをもとめるか、あるいはこの事実に傷つきながら生きてゆくか（できれば最後のようでありたいのだが）。

第三十六則　悟ったひとに逢う

五祖がいった。「道で悟ったひとに逢ったら、言葉ででも、沈黙ででも、どうやってでも応対してはならぬ。まあ、いうてみよ。どうやって応対すればよかろう」。

無門はいう。もしここでピタリと対応できたら、まことに結構じゃな。それができぬうちは、のべつに眼ん玉をひんむいて、なんにも見逃さぬようにせにゃならん。

道で悟ったひとに逢うたら
語るのも黙るのもダメじゃ

一発パンチを喰らったなら　わかるやつならすぐわかる

道で悟ったひとに逢ったらというけど、そもそも悟ったひとってどういうひとのことだろう？　なにか一藝に秀でた人物のことだろうか。もしそうなら、そのひとの藝は当人だけが身につけたスキルなんだから、それを他人があげつらってみても仕方がない。

悟ったひとが会得しているものは、言葉を超えたなにかであり、沈黙をも超えたなにかだろう。言葉をしゃべってみても伝えられず、沈黙していても伝わっているような、そういった不可思議なものだろう。じゃあ、そんな超言語・超沈黙の消息を、どうあつかえばよいっていうのだろうか。

無門は「一発パンチを喰らったなら　わかるやつならすぐわかる」とうそぶく。一発喰らわされて、それからわかっても遅くない、と。文字どおりに理解すると、まるで暴力を容認するみたいだが、これは裸の人間どうしが全身全霊でぶつかるという意味だろう。

いずれにせよ、悟ったひととのコミュニケーションにおいては、とにかく言語をはなれなきゃならないが、かといって黙っていてもはじまらない。どうすりゃよいかわからないうちは、ひとまず「眼ん玉をひんむいて、なんにも見逃さぬように」しているしかない。

すくなくとも「悟ったひとに逢ったら」というのだから、きっとなにか「できる」やつが、そこにいるのである。なにができるのか知らないが、とにかくできるのだと「わかる」やつがいる。どうも太刀打ちできそうもないし、さりとてシッポを巻いて逃げるのもシャクにさわる。さてどうするか。

そんな「できる」やつに対して、言葉はダメだし、黙っているのもイヤだとしたら、どうにもなすすべはない。で、とにかく「全身で」見ているしかない。それからどうなるのって、それはおたがいにピンとくるんじゃないのかなあ。人間どうし、きっとエコーを感じるさ。だから、それ以上は考えないことにしよう（ひどく無責任だけど）。

本則の「言葉ででも、沈黙ででも、どうやってでも応対してはならぬ」も、毎度お馴染みの「二にして一」論だとおもう。言葉と沈黙とが「二にして一」であるところからはたらけ、と。

個物は個物に対して個物である。ただひとつの個物は、一般者と同じである。しかし、ふたつの個物の相互限定も、またひとつの一般者の自己限定と同じである。それだと個物というものは考えられない。

個物の「相互」限定は、一般者の「自己」限定でもある。しかし個物は一般者ではない（一般者に対して個物である）。そういった個物が相互に個物であるような「あり方」について、この公案は問題にしているような気がする。

無門は「一発パンチを喰らったなら　わかるやつならすぐわかる」というが、わたしがあなたを支配するなら、あなたはわたしの奴隷である（から個物じゃない）。そういうわたしもまた一般者である（から個物じゃない）。けっきょく個物というものは考えられなくなってしまう。同じように、あなたがわたしを支配しても、やはり個物というものは考えられない。

個物は個物の相互限定として考えられる。しかし、ふたつの個物の相互限定は、じつは個物の底にある一般者の自己限定でしかない。その場合、個物は個物を超えた一般者の奴隷でしかない。けっきょく個物というものは、そこでも考えられていない。

個物というものを考えようとすると、相互限定する個物のそれぞれが、また一般者でもあるということを考えなきゃならなくなる。つまり「二にして一」じゃよ、と。

「生きてるか？」「はい、生きてます」「死んでるか？」「はい、死んでます」。

生は生であって死ではない。死は死であって生ではない。しかし生は生死の生であり、死は生死の死である。生死は生でもなければ死でもなく、生や死から独立している。それをふまえたうえで、「生」「死」の二と「生死」の一とが、ひとつである。こういう消息を「二にして一」論と呼ぶのである（わたしが呼んでいるのだが）。

ここでいう「生死」が、「不生不滅」や「永遠の今」と呼ばれるものである（やっぱりわたしが呼んでいるのだが）。そしてその不生不滅なる永遠の今の自己限定こそが、すなわち端的な「今」のはたらきである。そういう端的な「今」のはたらきをズバリと示すことを、禅はもとめる。第三十五則に「一であり二でもある（是一是二）」と歌われるような端的な「今」のはたらき自体を、そうそう創造的に引っぱりだせるかというと、もちろん容易じゃない。が、禅はそれをもとめる。

言葉はつねに誤解される可能性をはらんでいる。だが、絶対に誤解されない言葉なんてあるのだろうか？　わが子を交通事故で失った親に「ご愁傷さま」と見舞いの言葉をかけるとき、「あなたが目をはなすからいけないのだ」「うちの子じゃなくてよかった」と微塵もおもっていないという保証はない（いくら本人が自覚していなくたって）。だったら、そんなお座なりの慰めをいうよりも、むしろ沈黙していいたほうがよい（けれども、沈黙していたのでは、なんにも伝わらない）。語りながら黙っている。黙りながら語っている。そういう按配にゆかぬものだろうか。ウィリアム・ワイラーの『大いなる西部』だったか、大の男ふたりが殴りあいながら友情をたしかめるという、いかにもアメリカ映画らしいシーンがあった。無門が「一発パンチを喰らったなら　わかるやつならすぐわかる」と歌うのも、存外そういうことだったりして。

なにせ相手は「悟ったひと」である。語ろうか、それとも黙っていようか、などと考えたってどうしようもない。じゃあどうするか？　全身で見ろ、と無門はいう。見ることは行為することなんじゃよ、と。それでどうなるかは知らんが、どこかで通じあえるじゃろう、と。

第三十七則　庭先のカシワの木

趙州《じょうしゅう》の話。ある僧がたずねた。「どういうものが達摩《だるま》大師がはるばるインドからやってきて伝えようとしたものでしょうか」。趙州はいった。「その庭先の柏の木さ」。

無門はいう。もし趙州の答えたところがバッチリわかっちまったら、過去には釈迦はなく、未来にも弥勒《みろく》はない。

言葉は事実をのべられない
語句は機微にふれられない
言葉にとらわれたら見失い
語句にこだわったら間違う

「ダルマはわざわざインドからやってきて、なにを伝えようとしたのか」というのは、「仏法の真意とはなにか」「禅の真髄とはなにか」を問うための常套のセリフである。

はるばるインドからやってきたのが、たんなる布教活動のためであれば、いささか動機不純である。とはいえ、べつに物見遊山のためにきたのでもあるまい。ことさら目的があるわけではなく、さりとて無目的なわけでもない。

庭先の柏の木はどうか。それなりに庭木としての役目は果たしているが、かといってなにか目的をもって立っているわけじゃない。柏の木は、花を開こうとか、実を結ぼうとか、なにひとつ意識せずに花を開き、実を結んでいる。柏の木は、まったく無心にそこにあり、木陰をつくってひとびとを憩わせている。そうしようという意志はないが、そうしているはたらきはある。ダルマもまた禅を伝えてやるのだと意識することなく、ひたすら禅を伝えるのみであった。

痛々しいくらい、ありきたりの読みである。こういうフツーの感想をいだいている自分に気づくと、やりきれない気分になってくる。「やっぱり」というか「いわんこっちゃない」というか——といいつつ、

「こういう含意だってあるのかも」とおもったりしているのである。庭先の柏の木とはなんだろうか。それは葉か？　枝か？　幹か？　根か？　そうではなくて、柏の木のすべてだろう。だったら祖師西来《そしせいらい》の意《い》も、それをまるごと了解しておきなさい、とか。とほほのほ。ホレボレするほど見事に俗っぽい読みにはまってゆく自分をどうすることもできない。

　禅の公案から無理矢理に教訓を引っぱりだそうとすると、まあこのザマである。禅僧が知ったら、きっとヘソが茶を沸かすだろうなあ。わたしとしてもド下手な関西弁を使って関西人の尻をむず痒くさせるようなマネはしたくないんだけどねえ。

　無門は、庭先の柏の木が「今」なんじゃよ、という。釈迦や弥勒は、過去や未来にあるのではなく、今にある、と。その今が「祖師西来の意」である、と。

　いわゆる主客未分以前の純粋経験を直接に味わうには、みずからを空じて「柏の木」になりきってみるよりない。そして、それは只今現在のことがらである。

「庭先の柏の木」が趙州の今である。それが禅である。「これ」を伝えるためにダルマはインドからやってきたのだが、その「これ」を言葉で伝えることはできない。

「過去には釈迦はなく、未来にも弥勒はない」を、西村師は「過去の釈迦牟尼仏も未来の弥勒菩薩もなきに等しいものだ」と訳しておられるが、ここは「これまではないし、これからもない」ということじゃないだろうか。釈迦や弥勒は「なきに等しい」のではなくて、現に「庭先の柏の木」のなかにある。それは過去や未来にあるのではない。

ありがたい釈迦の説法は、すでにない。ねがわしい弥勒の救済も、いまだない。だが、それでかまわんじゃないか。現に目のまえに立っている柏の木のなかに、すなわち永遠の今において、それはある。それを示そうとするのが祖師西来の意である。
祖師西来の意を、言葉で説明することはできない。なんの疑いもいだかず、言葉をすんなり受け容れてしまうものは、じつは祖師西来の意を失っている。言葉がわからず、その意味を詮索するものは、もっと迷いっぱなしだろう。だが、庭先の柏の木があるじゃないか。それを見よ！
『趙州録』巻上には、もうちょっと冗長なヴァージョンが見える。その後半を読んでみよう（秋月龍珉『趙州録』筑摩書房・三六頁を参考にした）。

時に僧ありて問う。「いかなるかこれ祖師西来の意」。師云う。「庭前の柏樹子」。学云う。「和尚、境をもって人に示すなかれ」。師云う。「われ境をもって人に示さず」。云う。「いかなるかこれ祖師西来の意」。師云う。「庭前の柏樹子」。

そのとき僧がたずねた。「どういうものが達摩大師がはるばるインドからやってきて伝えようとしたものでしょうか」。師はいった。「その庭先の柏の木さ」。僧。「客観の世界でひとに示さないでください」。師。「わしは客観の世界でひとに示したりはせんよ」。僧。「どういうものが達摩大師がはるばるインドからやってきて伝えようとしたものでしょうか」。師。「その庭先の柏の木さ」。

柏の木といった境（認識の対象となる客観的な事物）によって、問うている主体である人（認識の主体）に示すのはやめてくれと文句をいわれ、趙州は「ちゃんと主体そのものを直指《じきし》しておるぞ」という。『趙州録』巻上には、もうひとつ別のヴァージョンも見えている（前掲書・六一頁を参考にした）。

問う。「いかなるかこれ学人が自己」。師云う。「還た庭前の柏樹子を見るや」。

問い。「それがしの自己とはどんなものでしょうか」。師はいった。「庭先の柏の木が見えるかな」。

やれ境（客観）だの人（主観）だのといわず、率直に「自己」そのものを問うている。すると趙州は、「庭先の柏の木が自己である」などとはいわず、「庭先の柏の木が見えるかい」と問い返している。いましも柏の木を見ている自分、そいつのほかに自分なんているのかな、と。あとのほうの公案を見るに、なるほど趙州はけっして対境を示しているわけじゃなさそうである。

もう一度、無門のコメントを読みなおしてみる。「過去には釈迦はなく、未来にも弥勒はない」というのは、煎じ詰めるに、すべて自己の問題だといっているのかもしれない。ついでに歌も読みなおしてみると、ひたすら言葉の弊害を指摘している。はは あ。すこしわかってきたぞ。

「祖師西来の意」を言葉で説明しないで、「庭先の柏の木」がソレだとする。しかし、それでは自己がないではないか？　それはモノでしかないじゃないか？　おいおい、それを見ている自己はどこへいっちゃったんだ。そこにいるのが自己である。主客未分の自己である。

第三十八則　残っているシッポ

五祖はいった。「水牛が窓の格子のむこうを通り過ぎるとき、頭も、角も、四本の足も、すべて通り過ぎたのに、どうしてシッポだけが通り過ぎることができんのじゃろうか」。

無門はいう。もしこいつにアベコベのほうから見通しをつけ、気の利いた一語をいえたなら、世のなかの恩に報いることができ、多くの存在を救うことができるじゃろう。まだそれができないなら、まずもって水牛のシッポをしっかり見届けることじゃな。

通り過ぎれば穴に落ちる
引き返せば元も子もない
さてもこの尻尾ときたら
まことにもって奇怪じゃ

理不尽な話である。図体のでかい牛が通れたのに、シッポだけが残ってるって？　でもどうして理不尽だとおもってしまうのかなあ。

いわゆる「理」とは、あきらめる（諦める・明らめる）ことである。コンクリートの壁を通り抜けることはできないと「物理」はいうし、話の通じない他人に「倫理」を説いてもはじまらないし、矛盾はゆるされないのが「論理」である。いろんな「理」を受け容れて、アッサリとあきらめてしまえば、なんの問題もないいんだけど、あきらめたくないときもある。無門も歌っている。「穴に落ちる」とわかっていても「引き返せば元も子もない」と。

だったら自分で決めなきゃならない。だれかに背中を押してもらいたいというのは甘えである。あきらめずに理不尽なことをやろうとするなら、せめて「アベコベのほうから見通しをつけ」るくらいの工夫がほしい、と無門はいう。それができないなら、指をくわえてシッポを見ておれ、と。

人間は考える葦らしいが、考えずにおれないのは、わからないことがあるからである。もし完璧にわかってしまったら、なにも考えることがなくなり、考えられない葦になってしまう。

禅のお師匠さんが「わしについてこい」という。この「わしについてこい」は「ここまで昇ってこい」ということであって、けっして弟子のところまで降りてきてくれるわけじゃない。

お師匠さんは「たいした高みじゃないんだから、さっさと昇ってこい」というが、それがどれくらいの高みなのかは、じっさいに昇ったものにしかわからない。だから高みから「わかったか」といわれても、弟子にはわからない。で、弟子は仕方ないから修行する。

シッポが象徴しているものは、あるいは「記憶」かもしれない。

現在の印象は、刻一刻と過ぎてゆく。過ぎ去ったものは、すでにない。さりとて無ではない。シッポが記憶として残る。雀の隠れん坊みたいに、隠れたつもりでもシッポが見えているといったイメージが浮かんでくる（わたしだけだろうが）。

ほんとうに通り過ぎてしまえば、つまり忘れてしまえば、穴に落ちたみたいに真っ暗である。あとからおもいだしてみても、もはやコナゴナである。とうに死んでいて、シッポだけがピクピクしている。記憶というやつ、じつに奇怪である。

わたしは尺八を吹くのが趣味である。ひとからよく「そんな竹筒を吹いて、なにがおもしろいのか」と訊かれる。そのつど「なにがおもしろいのかがわかってれば吹かない」と答える。わからないから吹くのであって、わかっていたらおもしろくもなんともない。

わたしが尺八を吹く楽しみのひとつは、「身体が忘れている」のを味わうことである。しばらく尺八を吹いていると、なんとなく「吹けるようになってきたな」という感じになる。しかし毎日きちんと練習するわけじゃないので、その感じはすぐに忘れてしまう。けれども不思議なもんで、その感じは身体のどこかに残っていて、練習していると浮かんでくる。

わたしは「忘れることが上達法だ」とおもっている。いったんは身体に入力する。あらためて出力しようとすると、うまくゆかない（忘れてるから）。でもデータがちょっぴり残っているので、しばらく稽古していると、浅い眠りから覚めるように、フッとわいてくる（このデータを記憶といってもよいだろう。

その記憶とはなにかと問われれば、わたしは「創造的に再現する能力である」と答えてみたくなる)。そういう身体のあり方っておもしろい。

「頭も、角も、四本の足も、すべて通り過ぎたのに」とは、身体だけは俗世間をはなれたってことで、「シッポだけが通り過ぎることができん」とは、肝腎の心がまだ俗にまみれているってことである。

そこで、はたしてこのシッポは通り過ぎるべきものなのか、ということが問題である。あれこれ熱心にやってみた果てに、たったひとつ残ったもの、それをシッポが象徴しているのだとしたら、それは無下に捨て去るべきものでもないいんじゃないだろうか。

もうちょっとヒネクレて読むならば、こういう話としても読めそうである。窓のむこうを歩いてゆく水牛をながめていたら、まず頭が見え、つぎに角が見え、やがて四本の足もすべて見えたが、どういうわけかシッポだけが見えなかった。うっかり見落としたともおもえないが、どういうことだろう。水牛にシッポがないはずはないしなあ、とつまらんことに拘泥する愚かさをいましめた話である、と。

そもそも水牛にシッポはあるのだろうか。もしあるとしても、その水牛には、たまたまシッポがなかったのかもしれない。だいたい一頭の水牛を、やれ頭だ、角だ、四本の足だ、シッポだとバラバラに切り刻んでとらえ、しかもその破片に振りまわされるなんて、まったくご苦労千万である。水牛が通り過ぎた、ただそれだけで十分である。

ところが無門は、「まずもって水牛のシッポをしっかり見届けることじゃな」という。牛のシッポをしっかり見よ、と。シッポが無いなら、その無いシッポを見よ、とでもいいたいのだろうか。

正直にいうと、はじめて読んだときは、つぎのように理解した。

牛が窓の格子のむこうを通り過ぎ、シッポだけが通り過ぎなかったというのは、なんのことはない、牛がそこで立ち止まったということだろう、と。窓の外をのんびり牛が歩いていて、ちょうどシッポだけ残したところで立ち止まっただけなのに、やれシッポがなにかに引っかかっただのなんだのと詮索したがるのは、そうおもう自分がなにかに引っかかっているのだ、と。

だが、無門のコメントを読むと、それは浅はかな読みだったようである。

無門が「アベコベのほうから見通しをつけ（顚倒《てんどう》して）」というのを、西村師は「逆のほうから真実の眼をもって見抜き」と訳しておられるが、これは未来のほうをむいて過去を見るということかもしれない。未来はまだない。だからといって「無」ではない。意欲として、すでにある。この公案は、前則の「過去には釈迦はなく、未来にも弥勒はない」を引きずっているような気がする。釈迦は過去にあるのではない。弥勒も未来にあるのではない。すべて現に「いま」ある。「アベコベのほうから見通しをつけ」よというのは、未来をむいて過去を見て、過去をむいて未来を見るとき、それは永遠の今から見ているのだと教えているのだろう。過去は、もはやない。未来は、いまだない。が、それは「いま」のなかにある。

「世のなかの恩に報いることができ、多くの存在を救うことができるじゃろう」とは、恩に報いることができるのは、とうに無いものが、いまだに有るからである（受けた恩を忘れないということである）。さらには過去の苦しみを忘れないでいるから、ひとびとの手助けもできる（ノドもと過ぎても熱さを忘れないのである）。時は過ぎ去る。過去はすでにない。だがそのシッポは現在にある。過去が「いま」あるから、恩に報いることができる。未来が「いま」あるから、迷っているものを救える。過去も未来も「ない」が、たんなる無ではなく、現に「ある」。

「通り過ぎれば穴に落ちる　引き返せば元も子もない」と歌うように、過去それ自体は穴に落っこちて消えてしまっているから、取りもどそうとしても、もう再生不能である。しかし過去も未来も、じつは永遠の今のなかにある。でも、永遠の「いま」を見よといわれても、なにをすればよいのかわからない。そこで無門は「さてもこの尻尾ときたら　まことにもって奇怪じゃ」という。つべこべ言わず、あれこれ考えず、ひたすら見よ、と。有るか無しかのシッポを、ちゃんと見よ、と。それにしても奇妙なシッポじゃが、たかがシッポながら、ここには一切がある、と。

格子のむこうをゆく角を見て、それが牛の角だとわかる。あるいはシッポを見て、それが牛のシッポだとわかる。部分を見て、その全体を知るがゆえに、それが全体の部分だとわかるのである（現在をとらえることが、過去をふまえ、未来をめざすものとして、とらえることであるように）。

読めば読むほど、第三十八則は「時間」の話のような気がする。過去から現在へ、そして未来へ。通り過ぎれば、過去はもはやない。しかし、まったくの無であるかといえば、そうではない。シッポが残っている。とどまろうとしても、時は過ぎてゆく。帰ってみても、なにもない。

はなはだ格調が落ちるが、別ヴァージョンの公案をつくってみた。

坊主がひとり、板塀のまえに立って、なにやら考えこんでいる。子どもがたずねる。

「ねえ、なにしてるの？」

「その板塀の穴が見えるかな?」
「うん。見えるよ」
「穴のむこうには、なにが見える?」
「牛のシッポかな」
「そうじゃ。いったい牛はどうやってこの穴を通り抜けたんじゃろうか」

なにかを意識するということを、板塀の穴からのぞくようなイメージでとらえることはできるのだろうか? のぞいている自分は、板塀の穴のこっちにいる、と。意識するもの(わたしである)は板塀の穴のこっちにいるとイメージするとき、じゃあ意識されるものはなぜ板塀の穴のあっちにあるのかということが気になる。いったい牛はどうやってこの穴を通り抜けたんじゃろうか、と。

板塀の穴のこちら側とあちら側との区別は、どうやってしているのだろうか? 板塀の穴のこっちにいるつもりで、じつは穴をとっくに通り抜けていたりして。

意識された世界のヴィジョンを描こうとすると、どうしても板塀の穴からのぞくというイメージに似たものを考えてしまう。のぞいている自分は穴の外にいる(のぞかれている世界の外にいる)として、問題は板塀の穴はどこにあるかってことだが、つい鼻の先あたりにある(自分の鼻の頭がすこしだけ見えていたりする)。じゃあ、鼻の頭は意識の世界である板塀の穴のなかにあるのか。いやいや、その奥にちゃんと板塀の穴があって、そこから世界をのぞいている。

指を鼻の頭にもってゆくと、指が意識の世界にはいってきて、鼻の頭のところに指も見えたりする。このヴィジョンのどこがおかしいのか？　無門ならどう考えるのだろう。
生滅してやまない時間の世界を見ているわたしは、どこからそれを見ているのか？　それを見ているわたしは、どこにいるのか？　生滅してやまない世界と、それを見ているわたしとを区別する板塀の穴は、どこにあるのか？　どこからか無門の声が聞こえてくる。不生不滅から見ておるんじゃよ、と。

第三十九則　パクリの種明かし

雲門《うんもん》の話。ある僧がたずねた。「光明《こうみょう》があまねく河沙《がしゃ》を照らす」と問いかけると、その一句がまだ終わらないうちに、雲門は得たりとばかり「そりゃ張拙秀才《ちょうせつしゅうさい》の詩句じゃないか」と口をはさんだ。僧は「いかにも」と答えた。雲門はいう。「言葉遊びじゃな」。のちに黄龍死心《おうりゅうししん》が、この話題をとりあげていった。「さあて、いうてみよ。どこで言葉遊びになっちまったのかな」。

無門はいう。もし雲門のはたらきの孤高ぶりと、この坊主がなぜ言葉をしくじったのかとを、きちんと看て取れれば、この世でもあの世でもお師匠さんとなることができるじゃろう。もしまだ明らかでないというなら、自分すらも救えんじゃろうな。

急流に釣糸をたらせば
食いしん坊がパクつく
つい口を開いたとたん
たちまち命がなくなる

僧が「光明寂照遍河沙《こうみようじやくしようへんがしや》」といいかけるや否や、まだ質問し終わらないうちに、その言葉をひったくって雲門は「そりゃ張拙秀才の詩句じゃないか」と突っこんだ。その素早さに気圧されたか、僧は迂闊にも「はい」とオウム返しにうなづいてしまった。気合い負けといった感じで一本とられてしまった。すると雲門は、間髪を容れず「言葉遊びじゃな」と決めつけた。

他人の言葉を借りて、それで質問しようという料簡が、そもそも怪しからん。どんなにダサくたって、おのれの言葉で問うべきだろう。おまけに「そりゃ他人のセリフじゃないか」といわれて、臆面もなく「ええ」と答えるようでは、さらに見込みがない。せっかくの古人の言葉が、まるで他人事である。

ふむ。およそ毒にも薬にもならない、すこぶる陳腐な読みである（ガッカリである）。

ふと浮かんだのだが、ハイデガーは人間の「頽落《たいらく》」について論じていたっけ（頭に浮かんだことを書かずにおれないのは、わたしの愚かなクセである）。頽落とは、非本来的な自分のあり方のうちに埋没すること、つまり「世間の公開性のなかでわれをわすれている」（『存在と時間』ちくま学芸文庫・三七三頁）ようなあり方のことである。そういった自己喪失したあり方のひとつとして、ハイデガーは「世間話」をあげる。世間話とは、ペチャクチャと無駄話をしながら「本質上配慮的に世界のうちに融けこんでいる」

ことによって「おのれ自身として存在しない」ようなあり方におちいることである。つまり自分のあり方の問題として真摯に受けとめられることなく、ただ右から左へと流れてゆくことである。

「その一句がまだ終わらないうちに、雲門は得たりとばかり」という情景を浮かべてみると、ふいに話の腰を折られた話とも読めそうである。雲門は、わざと話の腰を折って、いきなり世間話にもってゆこうとした。この僧は、うっかりそれに乗ってしまったもんで、たちまち話が堕ちた。

おまえさんの語りたかったのは世間話だったのかい？　そうじゃないだろう。そんなふうにも読める。そうだとすると、僧が「いかにも」と答えたのは、「臆面もなく」というよりも「ついうっかり」という感じなのかもしれない。

我が身をかえりみるに、話を世間話にそらしてしまうってことは、わたし自身がよくやっている。話を完結させることから、つい逃げがちである。逃げる口実は、いくらでも見つかる。だが、そんなことじゃ大成せんぞ、と無門はいう（ふむ、たしかに大成していないなあ）。

さほど遠からぬ将来、わたしは死ぬわけだが、そのときになっても「あの第三十九則はなにがいいたかったのかしらん」などと考えていたりする自分が容易に想像できる。それでも死ぬときは死ぬわけで、どのみち結論は他人まかせにしてしまう。

また浮かんじゃったのだが、趙州はしょっちゅう「喫茶去《きっさこ》」といって話をはぐらかしていた。ひとつ茶でも飲んで、それから出直しておいで、と。

本則も「話をはぐらかす話」として読むことはできないだろうか。話の腰を折るようなタイミングで

「それはきみ」とやられたとき、うかうかとそれに乗っかるのは、まんまとエサに食らいついてしまったことになるのか、それとも頭を冷やして自分の問題をとらえる機縁を得ることになるのか（まさに正念場である）。いずれにせよ、話の腰を折られて、あらぬ彼方へと脱線しちまうようでは、まあとりあえず教師にだけはならんほうがよかろう、と無門はいう。そして、そのことすら自覚できないようなら、自分だって救えんじゃろうな、と決めつける。

雲門のどこがすごいのか、また僧がどこでドジッたのか、そいつがわかれば「この世でもあの世でもお師匠さんとなることができる」と無門はいう。いっぱしの先生になれるぞ、と。

いや耳が痛い。「ひとの口真似はいけない」といわれても、わたしが教壇でしゃべっていることは、たいていが受け売りである。まっさらのオリジナリティなんて、薬にしたくとも無いもんなあ。

『論語』を読んでいて、どうしても腑に落ちない一句があった。「述べて作らず」という述而篇《じゅつじへん》の言葉である。クラシックについて、それを祖述しはするが、けっして創作はしない、と孔子はいう。わたしもまた「オリジナリティというのは胡散くさい」とおもう。けれども、オリジナリティなんてものは、わざわざもとめなくたって、どうせ人間はオリジナルでしかありえない。オリジナリティというものは、はじめから与えられているものである。オリジナリティというものは、いちいち頭で考えるまでもなく、もともと身体に染みこんでいる。だから人間は、放っておいてもオリジナルである（から画一化なんてことは気にしなくてもよい）。妙にオリジナルであろうとすると、根っこのない作りものになっちゃう。自分のであったものを「きちんと看て取れれば」それでよい。そこにおのずから生じてくるものこそ、ほんとうのオリジナリティである。

わたしは第四則のところで、アッシジのフランシスの聖痕（スティグマ）について触れ、その天才的な模倣ぶりがキリスト教に革命的な創造性をもたらしたと書いた。下村氏はこう論じておられる。

これを敢えてフランシス的と解しようとするのは、ひたすら「キリストの模倣」を理想としキリストの貧困と受苦の模倣を実践し、全生涯をこれによって貫くことを念願したフランシスが、生涯の最後に、このキリストの模倣を完成するために自らキリストと同じ傷を負うた、自らを十字架に懸けた、と非神話化することである。（下村寅太郎『アッシジのフランシス研究』著作集3・みすず書房・三九頁）

フランシスは、イエスの貧困無所有なる生活を、ひたすら「模倣」しようとした。ほかならぬその模倣こそが、じつは「独創」そのものであった。それゆえフランシスは第二のイエスでありえた。僧が「張拙秀才の詩句」をパクッたことは、それ自体はわるくないが、たんに文字づらを口マネしただけであれば、しょせん「言葉遊び」でしかない。

前則もそうだったが、本則もひょっとしたら時間論のつづきなのかもしれない。死心が「どこで言葉遊びになっちまったのかな」と問うのは、どの時点でしくじったのかと訊いているのである。過去に引っかかったり、未来に引きずられたりして、いつ現在が新鮮でなくなっちまったのかな、と。

西田幾多郎は「作られたものから作るものへ」という。作られたもの（過去）から作るもの（未来）へとゆく、そこに現在がある、と。現在とは、過去と未来とを統べるものであり、記憶と意志とを統べるものである。そこに自分の真のはたらきがある、と。

はたらくというのは「恩に報いる」ということである。ところが、話の腰を折られて、不覚にも本来の自分のはたらきを見失ってしまった。うかうかと過去に堕してしまった。そんなんじゃダメじゃないか、と無門はいう。

第四十則　水差しを蹴飛ばす

潙山《いさん》和尚は、はじめ百丈《ひやくじよう》の門下にあって炊事係の役についていた。百丈は、大潙山の住職をえらぶことにした。そこで最上席の首座《しゆそ》と潙山とに、それぞれ大衆に対してなにか一言いわせてみて、出来のよいほうをえらぶことにした。百丈は、やにわに水差しをとりあげ、それを地べたに置くと、こう問うた。「こいつを水差しと呼んではならん。さて、なんと呼ぶかな」。すぐさま首座がいった。「棒切れと呼ぶわけにもゆきますまい」。百丈はつぎに潙山に問うた。潙山は水差しを蹴り倒し、とっとと出ていった。百丈は笑っていった。「首座ともあろうものが、潙山にボロ負けじゃな」。そして潙山を開山に任命した。

無門はいう。潙山は一世一代の勇気をふりしぼったが、どうも百丈の檻をぶちやぶることはできなんだようじゃな。よくよくチェックしてみると、わざわざ大潙山の主人という重い仕事をえらんで、せっかくの百丈の炊事係という軽い仕事を棒に振ってしもうた。それはなぜか。ホラ。頭の鉢巻をとって、鉄の足枷をはめおったわい。

ザルやシャモジをすてて
当たるを幸い蹴っ飛ばし
百丈の関所もなんのその
爪先蹴りで仏もタジタジ

百丈は水差しをもって「こいつを水差しと呼んではならん。さて、なんと呼ぶかな」と問うた。首座の「棒切れと呼ぶわけにもゆきますまい」という答えは、「なんて呼ぼうと勝手じゃないの」ということなら、なかなかシャレている（が、そうではあるまい）。百丈がつぎに潙山に問うと、水差しを蹴っ飛ばしてでていった。呼ぶ呼ばないの沙汰そのものを超えて、事物そのものに直参したということだろうか。で、潙山のほうに軍配があがった。

首座の「棒切れと呼ぶわけにもゆきますまい」という答えは、きっと気の利いたことをいおうとして、必死に「考えた」んじゃないだろうか。それにひきかえ潙山が水差しを蹴っ飛ばしたのは、「考えるな、見よ！」という気合いだったんだろうとおもう。

だが、潙山のやり方は、あまり好きになれない。なんとなく首座のほうに肩入れしたくなるのは、なにも判官贔屓《ほうがんびいき》のせいばかりじゃない（もう判官だと決めつけているわけだが）。

水差しが水差しでないのなら、もはや蹴っ飛ばすしかない、と潙山はいう。それはそうだけど、蹴っ飛ばすというやり方は、やたらと乱暴である。たとえ水差しを水差しと呼ぶことを否定しても、水差しは水差しである。むやみに蹴り倒せば、水がこぼれる。

それに、水差しくらいだったら蹴っ飛ばせもするだろうが、これが富士山だったらどうするのだろうか？　黙って指さしてみせるのかなあ。


水差しを指して「これを水差しと呼ばぬなら、なんと呼ぶか」と問われ、首座は「棒切れと呼ぶことはできない」と答えた。なるほど棒切れではない。その調子で、Aでない・Bでない・Cでない――と否定を重ねてゆけば、だんだん対象範囲は狭まってゆき、やがてなにかに辿り着くだろう。が、はなはだ迂遠といわざるをえない。じゃあ、首座はどこでしくじったのか？　百丈の「こいつを水差しと呼んではならん」という条件を鵜呑みにして、それから「棒切れではない」とつづけても、すでに「水差しではない」ということを前提してしまったことになる。そのあとでいくら「でない」と否定を重ねたところで、ついに水差しのなんたるかには到達しない。明らかにすべきものを否定したうえで、さらに否定をくりかえしてみても、当のものから遠ざかるばかりである。

しょっぱなから醜態をさらした首座を尻目に、潙山は「すでに水差しでないなら、蹴っ飛ばしたってかまうまい」と、それを蹴り倒してでていった。この潙山の態度を見ていたら、ウィトゲンシュタインのアスペクト論をおもいだした（なんのヒネリもない、そのまんまの連想だが）。

ウィトゲンシュタインは、水差し「を見る」ことと水差し「として見る」こととの関係を問題にする。じっさいに見ているのは棒切れだとして、その棒切れを水差し「として」見るということは、ほんとうに見ているものに加えて、さらにそれを水差しであると解釈する思考がプラスされているのかどうかという問題である。ほんとうに見ているものは感覚与件であって、それを水差しであるというのは、水差しとして解釈しているからだ、というのはまちがいだ、とウィトゲンシュタインはいう。

ウィトゲンシュタインの議論に深入りする気はないけど（そもそも深入りする能力もないし）、ちょいと考えてみよう。

この問題はふつう知覚の言語負荷性の指摘だというふうに解釈されるようである。つまり知覚以前に、純粋な「見る」によって見られている感覚のようなものがあるのではなくて、見ているときすでに言語的に「として」解釈されているのだ、と。

さて、そこで蟷螂の斧を振りまわしながらいわせてもらうのだが、この公案で問題になってることと、ウィトゲンシュタインの議論とは、すこし方向がちがうようにおもわれる。ここで問題になってるのは、「見ること」は「行為すること」だってことじゃないだろうか。水差しとして見ることには、水差しとしてソレに対応するという行為がむすびついているのである。

「水差しとして見るな」といわれたら、どうやって見ればよいのか？　ソレにどう対応すればよいのか？　水差しを見ているということは、水差しとして解釈しているというのではなく、水差しとしてソレに行為的に対応しているのである。だから「水差しとして見るな」といわれたら、もはや蹴っ飛ばすしかない。

みぎの妄想は、自分でいうのもナンだけど、無門とウィトゲンシュタインとを足して三で割ったような読みではあるが（二ではなく三で割るところがミソ）、なかなか興味深いんじゃないだろうか。

禅の場合、行為的ということは「はたらく」ということである。禅者であるということは、徹頭徹尾、どこまでも「はたらくもの」であるということである。無にして見るものは、そのはたらきを見ているということなのである。

水差しを蹴っ飛ばし、颯爽とでてゆく潙山の千両役者ぶりは、じつにカッコよい。この胸のすくようなカッコよさを肯定するならば、かれの乱暴狼藉の意味は、「こんな水差しさえなきゃ、つまらぬ議論に巻きこまれずにすんだのじゃ」という気合いのあらわれだということになるだろう。

うがった見方をすれば、「おれは大潙山の住職ってガラじゃないよ」という意味かもしれない。だとすると、蹴っ飛ばされたのは、水差しじゃなくて、じつは百丈だったたってことになりそうな気配でもある。

例によって無門のコメントは痛快である。「バカだなあ。せっかく楽チンに遊んでられるのに、つまらぬ重荷をしょいこんじまって」と。すぐれた禅機をひけらかしたばっかりに、重たい足枷をはめられおって、と。ところが歌のほうとなると、どうやら潙山を絶賛しているように見えるのは妙である。

それよりも気になるのは、この話のなかで百丈自身は、いったいなにを望んでいたのだろうかってことである。いまひとつピンとこない。けれども「首座ともあろうものが、潙山にボロ負けじゃな」といって潙山を開山に任命するという手管は、ひょっとして「ホメ殺し」ってやつじゃないだろうか。

いずれにせよ、無門のコメントによれば、能ある鷹が爪を見せたばっかりに、いらない重責を背負いこんでしまったという話である。あるある、そういうことって。典型的な専門バカで、およそ実務能力なんてないのに、うっかり教授会でリッパなことを口走ってしまったせいで、面倒くさい役（ヘンな委員長とか）を押しつけられてしまうというのは、よくある喜劇である（まあ、自業自得なんだけどね）。

ヘタに派手なことをやらかしたもんだから、せっかくの楽チンな仕事から大潙山の主人といった厄介なものにさせられちまったじゃないか、ご苦労さんなこった、と無門はいう。「百丈の関所もなんのその爪先蹴りで仏もタジタジ」と歌うのは、事ここに至っては、百丈もなすすべはないし、仏だって当惑せざるをえないさ、と引導を渡している。

第四十一則　こころを安んじる

達磨《だるま》は壁にむかって坐禅していた。二祖が雪のなかに立ち、みずからのヒジを断ち斬っていった。「わたしは心が安らかでありません。師よ、どうか安心させてください」。達磨はいう。「じゃあ、その心をもってきなさい。おまえのために安心させてあげよう」。二祖がいう。「心をさがしたのですが、どうしても見つかりません」。達磨はいう。「おまえのために安心させてやったよ」。

無門はいう。歯抜けの老いぼれ異国人、十万里もの大航海をして、はるばるやってきおった。いうてみれば、風もないのに浪をたてたようなもんじゃ。しまいには一人の門人を仕上げたものの、こいつがまたヒジを斬っちまうときた。やれやれ。愚かなやつじゃて、イロハのイの字も知らんとは。

舶来ものの禅の教え
わざわざ面倒を伝え
禅林はテンヤワンヤ
張本人は達磨じゃな

たいへん有名なエピソードであるが、あらためて考えてみると、よくわからない。「心をもってこい」といわれて「見つかりません」となるのは当たり前である。主体として能動的に心そのものとなってはたらくことはできても、心という客体をつかむことはできっこない。わたしは心の当体として生きている。だから安んじていない心（そんなものは見つからないんだけど）をして安んぜしめようとすると、その「心をして安んぜしめよう」とすること自体が、心をして不安たらしめる当のことになってしまう（いわゆるヤブヘビというやつである）。

この話が教えているのは、「なにか対象としての目標をさだめ、それにむかって努力するというやり方はかならず失敗するんだから、なにかをめざしたり、もとめたりしちゃいけない」ということだろうか？

でも、そういわれたって、ついめざしたり、もとめたりしてしまうのが、われわれ俗人ってものである。なるほど論理的には「不安な心が見つからない＝安心」なんだろうけど、現実にそんなことでは安心できっこない。そんなのは一休さんが屛風に描かれた虎にむかって、「さあ、ふん縛ってみせますから、虎を追いだしてください」と見得を切るのに似ている。屛風に描かれた虎は縛れないし、屛風からでてこないかぎり縛る必要もない。現実に不安なときに安心をもとめればよいのであって、わざわざ不安な心をさがす必要なんてない。しかしダルマがいいたいのは、そんな話なのだろうか？

ダルマにいわせれば、「現実に不安になったとき、そのつど対処すればよいのであって、あらかじめ不安な心をさがすなんて、えらい取り越し苦労じゃないか」といったところなのだろう。でも「心をもってこい」といったのは、当のダルマなんだけどなあ。

慧可《えか》は「どうか安心させてください」と頼む。しかし安心というのは、畢竟、自分のあり方の問題でしかない。他人にさしだして治療してもらえるような「心」なんてものがあるはずはない。はなから対象化できないものについて、「じゃあ、その心をもってきなさい」というのは、ひどくイジワルである。

ダルマの言い草は、哲学的な問題は「意味をなさない」ということを指摘することによって哲学を解消してみせるウィトゲンシュタインの手法に、他人の空似くらいには似ている。でも、そんなふうにいわれたって、やっぱり悩むものは悩むわけで、無門ならずとも悪口のひとつもいいたくなる。

自分の心をさがしている自分、それが自分の心である。自分の心をさがすなど「貼紙禁止」と貼紙するようなもので、慧可はどうしようもないパラドックスにおちいった。不安な心をさがす心を自覚したとたん、不安な心を見失ってしまい、不安な心は見当たらなくなったが、それで万々歳とはゆかない。今度は不安な心をさがす心が不安の種になる。無門にいわせれば、それは「風もないのに浪をたてたようなもんじゃ」ってことになる（おまけに慧可はそのせいで腕を一本失うハメになった）。

心をもってこいといわれたら、慧可のような利根ならいざ知らず、たいていの俗人ならかえって不安になってしまうだろう。無門が「こいつがまたヒジを斬っちまうときた」というのは、とりあえず慧可がおのれの身体を傷つけたことを指すのだろうが、それよりも、むしろ「悟り」などという厄介なものを輸入して、せっかくの平穏をぶちこわしちまった、と文句をつけているんじゃないだろうか。

心が「ない」なんてことを二祖にわからせたもんだから、それ以降、本来なら「あるがまま」でなんにも問題がなかったはずの「心」が、ことさら問題にされるようになってしまった。そして、それがゆくゆく禅林のトラブルの種にもなってしまった。もとはといえば、ダルマさん、あんたがわるいんじゃよ、と無門はいう。

無門のコメントは、いつにもましてダルマを糞味噌にけなしている。いや、けなしているというより、むしろ八つ当たりしている気配ですらあるが、ここも例によって、ケナすことによってホメているのかしらん（わたしもシツコイなあ）。禅の専門家によれば、案の定、無門のコメントはやっぱりここでも「抑下の托上」ということらしい。「実は最大の達磨大師への讃め言葉です。口でけなして心でほめて！」と（秋月龍珉『無門関を読む』二〇五頁）。

無門が「抑下の托上」をやってるのかどうかはおくとして、無門の歌は、すこぶる痛快である。ダルマさん、あんたが二祖に禅を伝えたりしたもんだから、三祖だの四祖だのがあらわれて、はなはだ迷惑しとるんじゃよ、と。当時の禅の世界にただよっていた閉塞感ないし絶望感を、無門はそこはかとなく匂わせながら、それを憂えている（もう憂えているものと決めてかかっているわけである）。

第四十二則　女人を呼び覚ます

世尊《せそん》の話。昔、文殊《もんじゅ》が仏たちの溜まり場をたずねたところ、おりしも仏たちはそれぞれ自分の国土に帰ったあとであった。ひとりの女がいて、お釈迦さまの仏座の近くで瞑想にふけっていた。文殊は仏にいった。「どうしてこの女が仏座に近づくことができて、わたしにはできないのでしょう」。仏は文殊にいった。「ひとつこの女を瞑想から目覚めさせて、自分でたずねてみよ」。文殊は女のまわりを三度めぐり、パチンと指をひとつ鳴らすと、その女をつれて梵天にまで昇り、あの手この手と神通力のかぎりを尽くしてみたが、ついに瞑想から覚ますことはできなかった。世尊はいわれた。「たとい百人千人の文殊がいても、この女人を瞑想から目覚めさせることはできまい。ここより下界のほう、無限の彼方へと下がったところに、罔明《もうみょう》という菩薩がいるが、かれならこの女を瞑想から目覚めさせることができるだろう」。ややあって罔明大士がひょっこり地中よりあらわれ、世尊を礼拝した。世尊は罔明に命ぜられた。罔明は女のまえにゆき、パチンと指をひとつ鳴らした。すると女は瞑想から目覚めた。

無門はいう。老いぼれのお釈迦さん、こんな一幕の田舎芝居を演出するとは、なかなか隅に置けんわい。まあ、いうてみよ。文殊といえば過去七仏の師じゃというのに、なんでまた女ひとりを瞑想から目覚めさせられんのじゃ。それにひきかえ罔明といえば、たかが初地の菩薩でしかないのに、どうして目覚めさせられたのじゃ。ここをピタリと看て取れたら、はてしない妄想にまみれたものでも、ドラゴンのような禅定の境地に至ることができるじゃろう。

出せても出せなくても
それなりに勝手気まま
神だろうが鬼だろうが
しくじるのもまた風流

「どうして女ごときが仏座に近づくことができて、わたしにできないのか」という文殊の口吻には、女のくせに生意気な、といった差別意識が見え隠れしている。なまじ位が高い菩薩なもんだから、どうしてもプライドが邪魔をするのだろう。だが、はなから下っ端の罔明は、そんなプライドは薬にしたくとも無いから、すんなりとやれた。そう読みたくなるのが人情ってもんだろうが、そうはいっても「偉ぶってる文殊はダメで、素直な罔明はよい」とおもうのは早計じゃよ、と無門はいう。瞑想から目覚めさせられようが、させられまいが、どっちでもいい、と。成功するか、失敗するか、どっちみちお慰みじゃ、と。

無門のコメントを読むと、おのれの俗人性に気づかされる。もちろん無門の境地に近いとはおもっていないけど、おもった以上に遠いんだなあ、と。

自分のなかに閉じ籠もっている女性を引っぱりだすのは、たしかに難儀である（わが妻や娘をおもえば身に沁みる）。閉じ籠もるのは、外界を拒否しているからである。彼女が拒否している世界、つまり迷妄の世界は、拒否するという仕方で彼女に意識されている。

この女性、煩悩の世界を拒否して自分の世界に閉じ籠もっているのだが、いくら拒否しているとはいえ、そこは煩悩の世界でしかない。幸か不幸か、文殊がいるのは煩悩の世界ではない。ところが罔明菩薩は、菩薩ではあるが、迷妄の世界にいたもんだから（かれは煩悩の世界にあって煩悩を支配している）、女の煩悩を拒否する力よりも、罔明の指パッチンの力のほうが強かった。で、煩悩まみれの女人には、文殊の指パッチンは聞こえなくても、罔明菩薩の指パッチンは聞こえた。

無門はいう。文殊も罔明も、ともに煩悩から自由である。文殊は煩悩がないから自由。罔明は煩悩を支配しているから自由。どっちも結構である。善哉、善哉、と。

無門は「お釈迦さん、こんな一幕の田舎芝居を演出するとは」と呆れている。これは神さまや鬼の面をかぶったお芝居じゃ、と。芝居とは、役割を演ずることである。七仏の師も、初地の菩薩も、しょせん芝居の役柄でしかない。だったら、失敗してみせるのも、また風流じゃないか、と。

こういう女性の相手をするのには得手不得手が、つまり役割があるわけで、文殊は諸仏仕様で、罔明は衆生仕様だってことである（世尊自身、じつをいうと女人を、いささか持て余していたりして）。もっとも、役割はしょせん仮面でしかない。役割はなんであろうと、それぞれの役を演ずる本人は自由である。社長には社長の、平社員には平社員の、役割がある。それぞれの役柄によって、できることとできないことがある。それは本人が「自己」であることとは関係ない（のだから、それはそれで風流である）。

本則を読むかぎり、文殊は失敗し、罔明は成功したように見えるけれども、無門の評唱を読むと、かならずしもそうじゃないことがわかる。

お釈迦さんときたら、心憎いほどベタな演出をして、みんなを煙に巻いておるわい、と無門はいう。その臭い芝居にだまくらかされると、つい「文殊はダメだったけど、罔明はうまくやった」などと考えてしまう。文殊ともあろうものが、たかが女ひとりを目覚めさせられなかったのは情けないし、罔明ふぜいが、どうして目覚めさせられたのかは腑に落ちない、と。それは文殊に「神頭」の、罔明に「鬼面」の、それぞれ仮面をかぶらせて演じさせたお釈迦さんの芝居に、まんまと引っかかったということじゃわい。

そして無門は歌う。「出せても出せなくても　それなりに勝手気まま」と。目覚めさせられても、目覚めさせられなくても、かれらの勝手だろう、と。さらに「神だろうが鬼だろうが　しくじるのもまた風流」と止めを刺す。むしろ負けてのお慰みじゃよ、と。

文殊は失敗したからダメ、罔明は成功したからヨシ、ではない。失敗しようが、成功しようが、どっちでもよい。むしろ罔明ふぜいを相手に負けてみせた文殊は、なかなか風流じゃないか、と。

文殊も、罔明も、それぞれに役割の面をつけている。だから役割のなかで負けるというのは、負けることで文殊なりに自由を得ているわけで、それはそれで風流である。こういう意味での「風流」は、たしか第二則の百丈のキツネ禅にもでていたっけ。

なぜ文殊にできないことが罔明にはできたかといえば、それは「芝居だから」というのが、無門の粋な答えである。この世はそもそもお芝居なんだから、キツネならキツネでよいじゃないか、それもまた風流じゃよ、と。

もし無門のコメントが的を射ているとすれば、わたしは本則をまるで逆に理解していたことになる。それとも、ひょっとして無門にだまされているのだろうか（だまされるのもまた風流だったりして）。

第四十三則　シッペイの呼び方

首山《しゅざん》和尚は、竹篦《しっぺい》をとりあげて、みなのものに見せていった。「おまえたち、もしこれをシッペイと呼べば、それは規則に抵触する。もしこれをシッペイと呼ばなければ、それも規則に違反する。さあ、おまえたち、ひとついうてみよ。これをなんと呼ぼうか」。

無門はいう。もしこれをシッペイと呼べば、それはダメ。もしこれをシッペイと呼ばなければ、それもダメ。語るのはいかんし、黙るのもいかん。さあいえ、すぐにいえ。

シッペイなんかとりあげて
生かすの殺すのさわぎたて
背くの触れるのせめられて
さすがの仏陀も参ったわい

シッペイがなんであるかは（それが当のものの本質に由来するならば）いちいち言挙げする必要はない。西村師によれば、それは「師家が学人を接得する道具」であるから、それとして使われればよいのであって、ことさらシッペイと呼ぶ必要はない。

この手の問答は、もう飽きた。まるで手垢のうえに手垢を塗りこんだようとでもいおうか、もう見事なばかりの紋切り型だとおもう。もっとも「じゃあ、わかるのか」と訊かれれば、わからない。が、ソレとコレとは話がちがうのである。

要するに、これって第四十則の「水差しを蹴飛ばす」なんかと同工異曲である。Xを指して「これをXと呼んではいかんし、これをXでないと呼んでもいかん。さあ、なんと呼ぶか」と無茶なことを迫るというダブル・バインドの公案である。

師が弟子にいった。「この棒があるといえば、これでおまえを打つ。この棒がないといえば、これでおまえを打つ。なにも答えなければ、これでおまえを打つ」と。仕方がないので、弟子はその棒を奪い取り、逆に師を打ったりして、ディレンマから逃れる（そんなので逃れられるかどうかは知らないが）。

無門のコメントは、本則をくりかえしているだけである。無門も飽きたのだろうか（まさか）。無門ともあろうものが、ただ無策にくりかえすだけなどという、そんな藝のないことをするはずがない。そこで生粋の俗人としては、野暮は承知で、無門の思惑をおしはかってみる。つまり「Xと呼ぼうが、Xでないと呼ぼうが、どっちでもよい」というのだろう、と。おのおの好きなように、Xとでも、Yとでも呼べばよい。だとすれば、はなから答えなんてないんだから、問いそのものをくりかえしてみせ、それを相手にぶつけるよりない。

ところが無門は、そう問いをくりかえしたかとおもうと、にわかに血相を変えて「さあいえ、すぐにいえ」と猛烈に迫ってくる。やっぱり飽きてる場合じゃないらしい。

たしかにソレを、シッペイとして見ることもできるし、シッペイとして見ないこともできる。だが、見るというのは「行為的に」見るということである。行為的に見るというのは、すでに「それ自体なにかであるもの」があって、それをなにかとして見るとか見ないとかいうことじゃなくて、見ることがすでに「として」見ることなのである。したがって「これはなにか」と訊くときには、すでに「これ」は行為的に解釈されてしまっている。

もしシッペイとして見ないのであれば、やにわに奪い取って、それで首山和尚をパシリと殴ったってかまわない（なにとして見たのか知らないけど）。でも、ひとまずシッペイとして見ておこう（なにかと物騒だから）。

無門さん、勢いよく「さあいえ、すぐにいえ」と迫っておきながら、そういったのを忘れたかのように「シッペイなんかとりあげて　生かすの殺すのさわぎたて」と他人事のようにうそぶく。シッペイなどという物騒なものを取りだして、こいつが「生者を殺す殺人刀」か「死者を生かす活人剣」か、どっちになるのかな、と。生きるも死ぬも、おまえさん次第じゃよ、と。

さらに「背くの触れるのせめられて　さすがの仏陀も参ったわい」と、いよいよ他人事のようである。こうもギリギリと二者択一を迫られては、さすがのお釈迦さんだってお手上げじゃろう、と。無門のことだから、たぶん心の底では、「問題そのものがバカげた問題じゃよ」とおもっているにちがいない。

わたしだったら、どう答えるかなあ。首山さんが「これをシッペイと呼べば規則に抵触する」といった刹那に「シッペイ」といい、「これをシッペイと呼ばなければ規則に違反する」といった瞬間に「シッペイ」という。さらになにかいおうとしたら、そいつをへし折って風呂の焚きつけとして燃やしてしまうというのはどうだろう。

第四十四則　道具を意識すると

芭蕉《ばしょう》和尚は大衆に示していった。「おまえに杖があれば、おまえに杖をやろう。おまえに杖がなければ、おまえの杖をもらおう」。

無門はいう。コレにすがって、壊れた橋をわたり、コレをつきながら、闇夜のなかを帰るのじゃ。

さりとて、コレを杖と呼んだら、そいつは地獄に真っ逆さまじゃぞ。

どいつが深いか浅いか
杖をにぎる感触にある
天をささえ地をささえ
いたるところ風が吹く

贅沢三昧にうんざりしている大富豪から財産をふんだくって「金より大切なものがあるのだ」と忠告してみても、おそらくムダだろう（そうおもえないのが金持ちなんだから）。だったら逆に、どんどん富を与えて「とことん豪勢にやんなさい」と勧めてみたらどうだろう。貧困にあえいでいる男に、わずかばかりの金銭をめぐんでやっても、たぶん焼け石に水である。それよりも一切を奪い取って、すっかり無一物にしてしまったほうが、かえって立ち直れるんじゃないだろうか。

はじめて本則を読んだときは、そういう話かとおもった。金は金持ちにくれてやるほうが災いがすくない、と。だが、無門のコメントを読むと、やっぱり勘違いしているような気がしてきた。

無門は「コレにすがって、壊れた橋をわたり、コレをつきながら、闇夜のなかを帰る」という。ほんとうに大切なものはたしかにある。それが必要なときには、そのつどソレを然るべく使うだろう。だが、ただそれだけのことであって、それをいちいち名づける必要はない。だから「コレを杖と呼んだら、そいつは地獄に真っ逆さまじゃ」という。

ソレがなんだか知らないが、のべつソレによって生きている。ソレは「杖をにぎる感触に」おいて天地を支えている。すでに「いたるところ風が吹」いてくれているのだから、ソレをにぎりしめて現実を歩んでゆけばよい。

ここでの「杖」は、第四十則の「水差し」や第四十三則の「シッペイ」と、基本的には同じものじゃないかとおもう。しかし、無門のコメントは微妙にちがっている。

月のない闇夜には頼りになるが、それを杖だと呼ぶなら地獄へゆく。たかが杖なのに、深い浅いはあるにせよ、ひとたび禅者がこれを掌握すれば、天を支え、地を支える。それはどんな杖かというと、それを「ある」として見るなら、たんにそこにある杖ではなく、禅者の「はたらき」そのものの杖だし、それを「ない」として見るなら、ないといわれる「それ」すらもない杖、つまり「はたらき」が端的にそこにあるような杖である。

もっているなら与えるし、もっていないなら奪うと、およそ理不尽なことをいうのは、それが手にもっている杖のことじゃないってことだろう。じゃあ、なにか？

たとえば「本来の自己」とか（やれやれ、こればっかり）。もし本来の自己をもっているというなら、もうひとつ本来の自己をやろう。やたらと重くて歩けまい。もし本来の自己をもっていないというなら、ほんとうに本来の自己をとりあげちまおう。すると歩くことすらままなるまい。いったい「本来の自己」なんてものが、この自分のほかにあってはお荷物だし、それがなければモヌケの殻である。

無門はいう。そんなジャマなものを頼みの杖としておるようでは地獄ゆきじゃぞ、と。せっかくの頼みの杖は、ひとつまちがうと、地獄への導きになってしまうぞよ、と。

杖というのは、それをついて月のない村に帰るような杖のことではないんじゃよ、と無門は涙がでるほど親切である。じゃあ、杖じゃないなら、なんの話をしているのだろうか？　さっきは「本来の自己」の話だと考えてみた。それはそれで、そんなに的外れでもないとおもうが、無門にバレたら「そんなんじゃダメじゃよ」と指を立ててチッチッチッと（宍戸錠風に）やられそうである。

ここにいう杖とは、わたしという存在の有無、つまり生死の話なのかもしれない。もし本来の自己が「ある」というのであれば、それは「ない」ものでもありうる。そしてその「ないもの」のあることを、おまえにさらに与えよう。ないものでもありうるんじゃよ、と。もし「ない」というのであれば、「ないもの」があるわけで、それは余計なものだから、その「ある」を奪ってやろう、と。

あるものが現実に「ある」なら、可能的なものもまた「ある」だろう。たんに可能的なものは「ないもの」であるが、そこにないものが「ある」のである。この「ある」を奪えば、それは無である。

無門はいう。橋のない川を渡るとき助けになるもの、月のない村に帰るときもってゆくもの、それはなにか。杖だといえば、ただちに地獄ゆきだ、と。

杖をつくにも深い浅いがある。が、どっちみち杖は天を支え、地を支えて、いたるところで禅をあらわしている。存在の有無をとらえる仕方にも、おのずと深い浅いがある。有無の底にどっぷりと浸かりこむか、有無をまとめてポイと放りだすかというふうに考えると、お仕舞いに読むことになる第四十八則の涅《ね》槃《はん》への道の話になってゆく。

学生時代、ハイデガーの『存在と時間』を読もうとしたことがある（つまり中途で挫折したってことである）。ハイデガーは「存在するもの」と「存在するものの存在」とを区別していた。月のない晩に頼る杖が問題なのではないという話と、これまた他人の空似くらいには似ているかも。

ただし、ハイデガーは存在するものの存在を「無」から解釈しようとする。なぜ無ではなくて、あるものがあるのか、と。ハイデガーの場合は「無から存在へとゆく」という存在論である。禅のように「有無をひっくるめてそれをつかむ」という姿勢ではない。

わが西田幾多郎の場合はどうだったのだろうか。西田も「働くものから見るものへ」とかなんとかいいながら、「そこからそこへ」とゆこうとする。ただ西田の場合は、坐禅をやったせいか、有無をひっくるめて「そこからそこへ」とゆく（おお、ハイデガーよりも西田のほうがエラいのか）。

無門は、むしろ有無の底まで潜って、そこからそこへとゆく（ふふふ、無門のほうが、もっとエラいのだ）。そんなふうに考えていると、第四十八則において乾峰《けんぽう》和尚が杖をとりあげ、空中に一本の線を引いて「ここにある」といっている姿がチラつく。

第四十五則　赤の他人ってだれ

東山《とうざん》の法演《ほうえん》禅師がいった。「釈迦も弥勒《みろく》も、やっぱりカレの召使いじゃ。ひとつい うてみよ。いっ

たいカレとはだれじゃ」。

無門はいう。もしカレをはっきりと看て取れたら、ちょうど街の四つ辻で自分の父親にでくわしたようなもので、だれかにそれが父親かどうかをたずねる必要はない。

カレの弓をひくな
カレの馬にのるな
カレの非をいうな
カレの事をしるな

素直に考えれば、カレとは「自分」だろう。誤解しないでほしいのだが、「カレとはおのおの自分自身なのだ」という意味ではない。わたしの場合だったら「山田史生」のことである。釈迦も弥勒も、ほかならぬ「わたし」を救うために大慈悲をもって苦心してくださっているのである。

釈迦も弥勒もその奴隷であるようなカレ（他）は、あくまでも「カレ」であって、我と汝の「汝」ではありえない。そのカレは、いうならば「絶対のカレ」である。それは絶対のカレだから、それにであったなら、けっして見誤ることはない。

さてそこで歌だけれども、ここにも「他」がでてくる。これもまた「カレ」と解してもかまわないが（そうやって訳しておいた）、字引によれば「他」は、人物だけじゃなくて事物も指すようだから、これを

「ソレ」と読むこともできそうである。で、歌における「他」をソレと読み、たとえば運命のようなものだと解してみよう。すると「運命の弓を引くな、運命の馬に乗るな、運命を批判するな、運命を知ろうとするな」といった意味になる。ふむ。わりとイケるではないか。

運命の弓を奪おうとしたり、馬を奪おうとしたりしちゃいかん。運命にとって代わり、運命を支配しようとしちゃいけない。運命といっても、永遠の今といっても、どちらでもよい。いずれにせよ「絶対の他者」とは関わるな。弓をつがえ、馬にのって、のべつ「今、今、今」と進んでゆく、そういうイメージが浮かんでくる。われながらカッコいい（いやホント）。

ここでいう「他」は、カレと読もうが、ソレと読もうが、おのれの親にであうようなもので、けっして見誤ることなんてありえないようなものである。しかも釈迦や弥勒ですらその奴隷であるということは、それは釈迦や弥勒の主人だということでもある。で、そいつは「だれ」なんだと訊いているのである。

そんな「他」が、我と汝における「汝」であれば、釈迦や弥勒がその奴隷であるような「だれか」がいることになるが、それは想像しにくい。だから、このカレは我に対する汝ではなく、我と汝に対する「絶対の他者」である。それは「個物の相互限定」即「一般者の自己限定」において自己限定する一般者、すなわち「世界」である。これこそが「他」である。この自己限定する一般者の限定が、永遠の今として「今、今、今」と進んでゆく。

過去がどうであったか、見誤ることはあるだろう。未来がどうでありうるか、見損なうこともあるだろう。だが「今」が今であることを、見誤ったり、見損なったりすることはありえない。

釈迦や弥勒すらアゴでこき使うようなカレが、つねに「いま・ここ」にいる。そのカレがだれであるかは、ひたすら明々白々である。どれくらい明白かというと、親とでくわしたくらい明白である（さすがに親を他人とまちがえることはないだろう）。

臨済のいう「随処に主となれ」という気合いである。ただし、無門が歌うとおり、このカレが「他」のことになると、てきめんに他の奴隷におちぶれてしまうから、くれぐれも用心しなきゃならない。

真の自己を知ろうとするな、批判もするな、したいようにさせておけ、と無門は歌う。そいつの乗っている馬を奪って自分で乗りこなそうとするな。そいつの弓を奪って自分で引いてみようとするな。真の自己のすることは、黙って見ておれ、と。

ちなみに西村師は、本則における「他」は「かれ」と読んでおられたのに、歌における「他」は「た」と読んでおられる。なんで藪から棒に読みを変えられたのだろうか？

第十二則で、ほんとうの自分という発想はナンセンスだと書いた。「いま・ここ」にいる自分がそのつど自分なのであって、それ以外の自分なんてどこにもいない、と。

いわゆる「自分」とは、その場の状況によって成り立つものでしかない。その証拠に、関西弁では相手のことを「自分」という。「じぶん、ほんとは淋しいんやろ」と。時代劇でも、相手のことを「おのれ、不届きもの」とか「てめえ、許さねえ」とかいう。転んで泣いてる子に「ボク、大丈夫かい」といったりもする。その言葉がどう使われているかは、その場の状況によって決まってくる。

自分は、英語では「I」だし、中国語なら「我」である。しかし日本語には「わたし・ぼく・おれ」など、いろんな一人称がある。なぜいろんな一人称があるかというと、自分はその場の状況によって成り立つものでしかないからだろう。

この日本流の「自分」観は、すこぶる健全だとおもう。生粋の日本人であるわたしは、「I」だの「我」だのといった項目としての主語なんて、どこにも見つかりっこないとおもっている。

よんどころない事情があって名刺を作った。が、田舎もんの悲しさ、名刺をスマートに渡せない。わたしの名刺には「弘前大学教育学部教授」と右上に小さく書いてあり、真ん中に大きく「山田史生」と書いてある。でも、相手は名前なんてどうでもよくて、ただ肩書きだけを見る(だったら名前は右上に小さく書き、肩書きを真ん中に大きく書けばよいのにね)。名刺をさしだすとき、釈迦も弥勒も「カレ」の奴隷なように、なんだか肩書きの奴隷になったような気分になる。わたしは肩書きのようなものです、と。

デカルトは「我おもう、ゆえに我あり」という。肝腎の「我」は「おもう」としか規定されていない。そんな我は「おもったり、おもわなかったり」するし、「なにをどうおもうか」はわからない。だとすると自分ってやつは、そのつど変わってしまうものってことだろう。

守銭奴は「世のなか金だ」というだろうし、棋士は「この一手がオレだ」というかもしれない。だれもみな「カレの召使い」である。だから「いったいカレとはだれじゃ」と訊かれても、各人各様としか答えようがない。

カレについては「たずねる必要はない」んだけど、自分のカレがだれかは、自分でもわかっていない(じつは自分がいちばんわかっていない)。いわゆる「我」なるものは、そのつどの場の状況によって成り立つものであって、けっして実体的なものではない。そのあたりを無門はシビアに洞察している。無門が「カレの〜するな」と釘を刺す所以である。

第四十六則　竿の先っちょから

石霜和尚《せきそう》がいった。「百尺もの竿のテッペンから、どうやって一歩をふみだすか」。またある古徳がいった。「百尺もの竿の先っちょにアグラをかいておるものは、悟ったというても、まだホンモノではない。その竿の先から、さらに一歩ふみだして、広い世界のなかに全身をさらけださねばならない」。

無門はいう。一歩をふみだすことができ、全身をさらけだすことができれば、なにもかも自由自在じゃ。それはそうなんじゃが、まあいうてみよ。百尺もの竿のテッペンから、どうやって一歩ふみだすかな。さてさて。

悟りの目をもたねば
目盛りをまちがえる
生命を捨ててみれば
皆の衆と仲よしじゃ

無門が「一歩をふみだすことができ、全身をさらけだすことができれば」というのは、おもいきって飛び降りることができたら、というニュアンスかとおもったのだが、「なにもかも自由自在じゃ」とつづけているところから察するに、悟りを得さえすれば、それでオシマイではなく、そこからさらに一歩ふみださなきゃいけないってことだろう。でも、いったいどこに？　どこか別世界にでも飛んでゆくというのだろうか？　ほかならぬ日常のこの世界以外のどこかに生きるべき場所があるとでもいうのだろうか？　もちろんどこにもない。俗世間にあって面目をあらわしてこそ、はじめてホンモノといえる。

こう考えてみると、「百尺もの竿のテッペンから一歩をふみだす」というのは、高いところからエイッと飛び降りることではなく、せっかく修行して登りつめた竿のテッペンから、ふたたび地べたに降りてくることだろう。ふたたび俗世間に舞いもどってきたら、ここがイヤだ、あれがキライだ、と文句をいわないことが肝腎である。

「なにもかも自由自在じゃ（いずれの処を嫌ってか尊《そん》と称せざらん）」ってのは、どこから見ても尊敬されないということはない、という意味かもしれない。世間のことには疎くてもよい。こころから敬意をもてる坊主は、どこぞにおらんものか、と。

わたしがその典型だが、俗世間にとぐろを巻いている人間は、たいてい悟りには程遠い。だから竿の先から一歩をふみだすなんてことは問題になりっこない。とりあえず竿の先をめざして、エッチラオッチラ登ってゆくしかない。無門も「皆の衆と仲よしじゃ（一盲衆盲を引く）」と歌っている。悟っていないものどうし、手をとりあって歩いてゆくしかない、と。

竿の先から一歩をふみだすというからには、すくなくとも竿の先にまで達していることが、すでに前提されている。そうであれば、そこから一歩を進めることは、もはや落ちることでしかないだろう。だが、落ちるからには、どのように落ちるかが問題である。ヘタに落ちたら、堕落でしかない。堕落しないような落ち方が肝腎じゃ、と無門はいってるんじゃないだろうか。

反宗教改革運動におけるカトリックの宣教師は、布教のため、はるばる日本までやってきた。が、結果的に見れば、帝国主義の手先でしかなかった。とりわけプロテスタントの宣教師になると、かなり堕落気味である。うんと好意的にとらえてみても、きっと「野蛮な連中を啓蒙するのだ」という意識にとりつかれていたんだろうなあと想像される。ほんものの宗教者であれば、なにも「選択しない」というのが本来のあり方なんじゃないだろうか。もとより善悪の選択なんてないはずである。野蛮な人間を啓蒙するのだという意識をもった時点で、すでに堕落がはじまっていたともいえよう。

無門は問うている。対象も、時間も、場所も、なにもかも選り好みしないという坊主は、どこにおるのじゃろうか、と。

竿の先からふみだして、ひとまず本来無一物の真空無相になりきるという個人レヴェルの「定《じょう》」にはいったら、そこに安住することなく、さらにそこから一転して無相の自己をわきまえる「覚」へとおもむかねばならない。「広い世界のなかに全身をさらけだ」すという他者との関係のなかにおいて自己を実現してこそ、ほんものの宗教者である。悟りの境地にあって唯我独尊とうそぶいているようじゃあ、ほんものの悟りではない。現実にあって自在にはたらいてこそ、はじめて一人前である。

無門は「悟りの目をもたねば　目盛りをまちがえる」と歌う。自分ひとりだけ悟り澄ましているのは、かえって悟りの目をつぶしているようなもんじゃが、そうやってハカリの目盛りを読みちがえておる手合いはすくなくない、と。「悟りの目（頂門《ちようもん》の眼《まなこ》）」とは、真実を見抜くという頭のてっぺんの目である。そういう悟りの目に執着すると、かえって現実が見えなくなるぞ、と無門は忠告する。そしてさらに「生命を捨ててみれば　皆の衆と仲よしじゃ」と歌いつぐ。命なんか捨てちまえば、盲目のひとをも案内できよう、と。おのれもまた悟りの目をもたない盲人だという覚悟をもって盲人たちを導けばよい。そういうのが仏教者の生き方じゃろう、と。

下世話な譬えだが、禅の修行というものは、マニアックな筋トレみたいじゃいけないとおもう。プロテインを摂りながら、死ぬほど腕立て伏せしたり、狂ったように腹筋したりするようなのは、まるで方向が逆だろう。やみくもに向上をめざすよりも、むしろ自然に坐ったり、歩いたりできるようになることのほうが、よほど大事だろう（たとえ目のくらむような竿の先っちょにあっても）。

登りつめたら、そこを捨てるしかない。そこに停滞していると、悟りの目がつぶれる。悟りの目がつぶれると、余計なものが目にはいる。命を捨ててかかれば、余計なものを見ないですむ。すなわち「盲」になれる。そのようなもの（一盲）が、悟りの目をもたないひとびと（衆盲）を導いてゆく。

「一盲衆盲を引く」と歌っているが、「一盲」とはどういう意味で「盲」なのだろうか。自分もまた悟りの目をもたない盲人だという覚悟をもって、ひとびとを導くのだ、というふうに理解してみたが、かれは「頂門の眼」で見ているわけで、その意味では盲ではないのかもしれない。

無門の歌う「一盲」とは、「見るもの」ではなく、徹底して「はたらくもの」であるという意味において「盲」だということじゃないだろうか。だから「一盲衆盲を引く」というのは、全身これ「はたらきそのものになって、ひとびとを導く」ことであり、それはじつは「無我にして見るものである」ってことなんじゃないだろうか。

深読みしすぎかもしれないが、どういうわけか「一盲衆盲を引く」という句が気になってならない。西村師はこれを「衆生を導く人ならん」と訳しておられるが、どうして自分も盲目なのに盲目のひとびとを導けるのだろうか？　指導者といったって五十歩百歩なんだから、まあ盲人が盲人の手を引いているようなもんだ、ということなのだろうか？

たしかにそれが現実のあり方なのかもしれない。「自分は見えている」とおもうのは、たいてい錯覚である。むしろ「自分も見えていない」とわかっているものが、ほんとうの指導者なのだろう。だとすると盲人が盲人の手を引くというのは、存外穏当な解釈なのかもしれない。

しかし、わたしはそうは読みたくない。竿の先から一歩ふみだすというのは、ほんとうの自己として「はたらくもの」のことである。そういう「はたらくもの」は、みずからの「はたらき」を見ることはない。はたらいている自分は透明になって、はたらきそのものが端的にはたらいている。その意味においては盲目である。ただし、かれは「頂門の眼」を失ってはいない。「無我にして見る」という意味では、かれは盲目ではない。

第四十七則　三つの無理難題が

兜率寺《とそつじ》の従悦《じゅうえつ》和尚は、三つの関門を設けて、修行者に問いかけた。「煩悩の草をかきわけて修行するのも、ひたすら自己の本性を見極めるためだ。ただいま現在のおまえさんの本性は、どこにあるのか」。「自己の本性を見極めることができたら、そのときは生死から解脱できる。いよいよ死ぬという段になったら、どうやって生死から解脱するか」。「生死から解脱することができれば、ただちに死後の行き先もわかる。肉体を構成する四つの要素がバラバラになったら、どこにゆくのか」。

無門はいう。もしこの三つの関門に、それぞれ三つのコメントをつけられたら、どこでも主人公となることができ、いつでも主体性を貫くことができるじゃろう。そこまでゆかぬうちは、「あわてて食べると、すぐに腹いっぱいになり、よく嚙んで食べると、なかなか腹がへらない」というから、じっくり味わってみるべきじゃろう。

一瞬にあって永遠を看破すれば
永遠がまさに現在のなかにある

その現在の一瞬を看破したなら現在を看破するものも看破する

兜率和尚の三つの問題とは、「自分とはなにか」「死ぬときどうするか」「死んだらどうなるか」というものである。こんな無粋な質問をあびせられれば、だれだって辟易《へきえき》せざるをえないよなあ。

生への執着と、死への恐怖とは、つねに表裏である。禅僧は、生と死とをひとくくりにして、まとめて捨ててしまえという（大死《だいし》一番《いちばん》ってやつ）。それができるようなら苦労はないわけで、それができないから俗人なのである（死ぬのはコワイのである）。

この手の問題については、いくら説明されても（また大勢のひとがそれで納得したとしても）、けっして一件落着しない。真実は理屈ではない（まして多数決ではない）。

「酒を飲むとどうなるんですか」と問われて、ああなる、こうなる、と口で説明してみても意味がないわけで、「まあ、その口で飲んでみなさいよ」というしかない。生きていることの基本は、頭で考えることよりも、身体で感じることにある。そうやって、身体で感じていると、「現実ってものは、考えれば考えるほど、ますますわからないなあ」ということがわかってくる。

ハイデガーは「なぜ一体、存在者があるのか、そして、むしろ無があるのでないのか」と問うている（『形而上学入門』平凡社ライブラリー・十一頁）。ウィトゲンシュタインも「神秘とは、世界がいかにあるかではなく、世界があるというそのことである」といっている（『論考』六・四四）。

たしかに「死」はある（それは無ではない）。死があるのは、それが無いよりも、むしろマイナスである（だってコワイから）。けれども、マイナスだというのは、見方を変えれば「救いようがある」ということである（無だったらどうしようもない）。マイナスがいきなりプラスに転ずるとまでゆかなくても、マイナスを吟味することで、なにかしら真理をつかむこともある（それが宗教の極意だったりして）。

俗人は知っている。一度マイナスのほうへゆくことで、かえってプラスのほうへの勢いが増すのである（いわゆる「チョロQの原理」である）。

これはわたしの勝手な見方であるが、兜率和尚の三つの問題は、「三にして一」という趣旨の問いである（わたしの「二にして一」論のヴァリエーションである）。

せっせと修行にいそしむのも、それは自分自身を知るためなんだろうけど、じゃあその自分自身の本性なるものは、どこにあるのか？　もし自分の本性がわかれば生死を超えられるとしても、いざ死ぬという段になったら、どうやって超えるのか？　もし生死を超えられたのなら行く先もわかりそうなもんだが、なにもかも無になったら、なにがどこへと超えるというのか？

三つとも「それがわかるようなら世話はない」という愚問である。というのも、三つとも自分自身の本性についての問いだが、もし自分自身の本性なんてものがあるとすれば、「本性なんてない」というのがその本性なんだから。だとしたら、そのことを知るものは生死をすでに脱しているとかいわれても、なにをいわれているのかチンプンカンプンである。そこで「三にして一」という趣旨をふまえて、こんなふうに読みなおしてみちゃどうだろうか。

ちゃんと「いま・ここ」に生きているぞ、といえるかな？　死ぬときにジタバタしないような覚悟はできているかな？　あの世にもってゆくお土産の支度はできているかな？

ふむ。こう読むとき、三つの問いは、すべて「只今現在」における自分のあり方でしかない。無門もこう歌っている。「現在に永遠を見れば、永遠は現在にある。現在を見るならば、現在を見るものを見る」と。永遠の時間も、切断すれば現在の一瞬となる。もし一瞬のなかに全時間があるのなら、ご飯をゆっくりモグモグと咀嚼するように、さしあたり只今現在をしっかり生きておればよい。

「死後の行き先」とは、自分の生死を脱したものが「いま」いるところである。それとは別に行き先があるわけじゃない。だとすると、死後ゆくべきところに、すでに「いま」いってしまっているのだから、いまさらお土産はいらない。

三つの愚問に対する無門のアドヴァイスは、「ゆっくりよく嚙んで食べなさい」という拍子抜けするようなものである。ガツガツとかっこんで消化不良をおこしちゃいかんぞ、と。

そもそも「自分の本性がわかれば生死を超えられるといっても、いざ死ぬとなれば、どうやって超えるのか」という問いは、問い方が逆じゃないかなあ。自分の本性がわかれば、すでに生死を脱している（つまり行く先はわかっている）わけで、死にぎわにジタバタしても、どうなるわけでもない。で、「まあ、ゆっくりやりなはれ」と無門はいう。

ところで『無門関』もあと一則を残すのみである。無門が「あわてて食べると、すぐに腹いっぱいになり、よく嚙んで食べると、なかなか腹がへらない」といっているのは、ひょっとしてまだ悟りが得られないようなら、もう一度はじめから、ゴハンをよく嚙んで食べるように、ゆっくり読みなおしてごらん、という無門一流のダメ出しだったりして。

第四十八則　たった一筋の道を

乾峰《けんぽう》和尚の話。ある坊主がたずねた。「十方の諸仏は一筋の道をとおって涅槃《ねはん》の門へとゆくと申します。いったいその道はどこにあるのでしょうか」。乾峰和尚は、杖をとりあげ、空中に一本の線を引いていった。「ここにある」。ある坊主がこの話について雲門《うんもん》に教えを請うた。雲門は、扇子をとりあげていった。「この扇子が飛びあがって三十三天まで昇り、帝釈天の鼻の穴を突っつく。また東海の鯉にイッパツ喰らわすと、お盆をひっくり返したような大雨が降る」。

無門はいう。ひとりは深い海の底を歩いていって、砂塵をまきあげるし、もうひとりは高い山の頂に立って、浪をみなぎらせる。しっかり握り締めるのと、あっさり解き放つのと、それぞれ片手をだして禅の宗旨を建立しておるのじゃ。まるで二頭のラクダが正面からぶつかったようなもんで、これとまともに太刀打ちできるものは、世間にざらにはおらんじゃろう。とはいえ、正しい目で見るならば、乾峰も雲門も、どっちもまだ涅槃門への道は知らんようじゃ。

歩まぬさきに着いており

語らぬうちに説いている
そのつど機先を制しても
上には上があるもんじゃ

悟りへと至る道は、各人各様だが、どっちみち同じ涅槃への道なんだから、根っこのところでは一筋の道である。そういう多様性と共通性とをひっくるめたものについて、だれもが歩みうるような一般的なものとして呈示せよというのは、およそ無理難題である。悟りへの道とは、当人なりの、独りっきりの道であり、その意味ではことごとく例外的なものである。一筋といえば一筋だし、無限といえば無限である。

乾峰和尚は、杖をとりあげると、空中に一本の線を引いた。涅槃への道は、生死と生死という点のあいだに線を引くようなものだ、と。そこに涅槃への道が「ある」と。それに対して雲門は、線を引くという過程に涅槃への道があるわけじゃなく、その過程をはなれるところに涅槃への道があるという。

無門は、それって「ひとつのこと」なんじゃがな、といっている。

生と死とが不即不離であるように、涅槃への道もまた一筋であり無限である。この涅槃への道は、無門の歌を聴きながらゆくのでなければ、かならず迷う。で、無門は歌う。涅槃への道は、歩きだすまえに、すでに到達している道である、と。説かれるまえに、とうにわかっている道である、と。要するに、行くことが帰ることであるような道なんじゃや、と。

自己がそこからでてくる絶対否定のはたらきと、そこへと帰って、そのはたらきを見ることとは、ひとつのことである。そうだとすると、乾峰と雲門とは、なかなか好い勝負である。ひとりは行くことから、ひとりは帰ることから、この道を見ている。

涅槃への道はどこにあるのかと訊かれ、乾峰和尚は空中に一本の線を引いて「ここにある」といった。線がいくらでも引けるように、道は無限にある、と。ここにもあるし、あそこにもある、と。どこだろうと道でないところはない、と。

雲門の答えは、ふるっている。「この扇子ときたら、天までのぼって帝釈さまの鼻の穴に刺さるかとおもうと、東海の鯉をピシャンと殴ってザアッと大雨を降らすよ」と。一本の扇子が、上がったり下がったり自由自在にはたらくぜ、と。

乾峰の描く道は、生死の底へと潜ってゆくイメージである。雲門の語る道は、生死を飛び越えてゆくイメージである。いずれにせよ、行くことから見るのも、帰ることから見るのも結構だが、それが一筋であることも見なくてはならんのじゃ、と無門はいう。

乾峰も雲門も、それぞれ一流のやり方でやっているが、いかんせん見当外れにガンバっておる、と無門はいう。この地球を、乾峰は東回りで、雲門は西回りで、おのおの一周しておれば、どこかでバッタリでくわすだろうが、どっちもご苦労千万じゃ、と。

涅槃への道は、歩まぬさきに着いているし、語らぬうちに説いているんじゃから、わざわざ杖でもって空中に線を引くまでもないし、いちいち扇子を天だの海だのへと飛ばすこともない。乾峰も雲門も、相手の機先を制してやろうと必死のようじゃが、もともと先も後もないんじゃから、なにもしないのに越したことはないわい、と無門はいう。

涅槃への道はふたつある。ひとつは生死をふまえて一歩づつゆく「把定《はじよう》」の道である。もうひとつは生死をまるごと放りだしてしまう「放行《ほうぎよう》」の道である。

ふたつの道は「二にして一」である。生死と永遠の今との「二にして一」なる関係を、歩むプロセスの底に見るか、歩むプロセスをはなれて見るか、それが涅槃への道の歩き方における問題である。

前則の「永遠の今において自己の生死を見る」という話につづけて、本則はそれを完結にもってゆこうとしている。

生死を超えて、ひたすら「生死、生死、生死」と涅槃へと歩みゆくのだが、そのつど生死をしっかりふんづけてゆく無限の道と、はなから生死をすっかり放りだしてしまう風流な道とがある。生死の側に立つか、生死を見る側に立つか、「二にして一」である。で、これをどうやって「ひとつ」にするか、そいつは各人の問題じゃよ、と無門はわれわれに投げかけているんじゃないだろうか。

さて、この無門のコメントは、乾峰や雲門をケナすというかたちでホメているのだろうか？　ケナすもホメるも、どうしようもない。だって各自のやり方の問題だから。

生死の側に軸足を置くか、生死を見る側に軸足を置くか、それは自由である。とはいうものの、そこの差異をいい加減にすると、たちどころに禅は腐敗してくるから始末にわるい。ふたつの道は紙一重だけれども、その紙一重の差は無限大である。

涅槃への道は、発つまえからすでに着いているところへとゆく道であり、すでに行ってしまっているところへと帰りゆく道である。その道をふみしめながら、門の無い関門をくぐりなさいよ、と無門は歌っている。

買ってくださり、読んでくださったひとに

『無門関』を読んだ感想をいえば、「無門、おそるべし!」の一語に尽きる。

じっさい無門はすごい(ドコがどうすごいのか見当もつかないくらい)。無門はすごいといったところで、そんなのは「寿司やスキヤキは旨い」といってるようなもんで、なにもいっていないにひとしい。

いちばん「すごいなあ」とおもうのは、レッキとした禅僧でありながら、無門が「内輪ウケ」や「楽屋オチ」といった禅宗の世界のしがらみから徹底して自由なところである。

そういう無門の自由の精神にならって、わたしも『無門関』を自由に読んでみた。もしわたしの妄想まみれの読みがおもしろくなくても(その可能性を否定できないのがツライところだが)、『無門関』それ自体のおもしろさに免じて勘弁してもらいたい。

また、わたしの解説を読んで、しばしば「これはまちがってるんじゃないだろうか」という疑いをいだくこともあるだろう。でも、心配ご無用。あなたは正しい判断力をもっている(この期におよんでいうのもナンだが、わたし自身、薄々そう疑っているのだ)。

ちなみに娘は、書きあげた原稿をケラケラ笑いながら読んだあと、こう大絶賛してくれた。「この本は名著になるわ、パパの解説を削るだけで」と。

ところで『門無き門より入れ』というタイトルを見て、「ふざけてるなあ」とおもったあなた、あなたの言い分は、むろん正しい。はなから門なんか無いわけで、その無い門にはいろうとするなんぞ、サハラ砂漠でペンギンを見つけようとするようなものである。まったくウソつきが「わたしはウソつきだ」と見得を切っているようなもんだよなあ——といった舌の根もかわかないうちにいうのだが、わたしはウソをつくつもりはない。

わたしは『無門関』という公案集を読むことによって、禅の世界へとはいろうとした。頭でっかちにテキストを理解しようとしただけだが、それでも禅に参じようとした。で、冷たくあしらわれるのを覚悟で、玄関口で「たのもう！」と大声で叫んでみたら、無門さんがあらわれて、「まあ、あがんな」と手招きしてくれた。オッチョコチョイのわたしは、のこのこあがりこみ、わたしなりに公案を突っついてみたんだけど、はたして門より入れたのか、それとも無門さんの掌でもてあそばれただけなのか、さっぱりわからない。

わたしは頭がわるい。そのせいか頭のよいひとに必要以上にあこがれる。しかも、わたしのセコいところは、ただあこがれるだけじゃなくて、なんとか「おこぼれ」にあずかりたい、とケチくさく勘定するところである。そういうわたしのさもしい料簡の犠牲者が、栗原靖《おさむ》先生（弘前大学名誉教授）である。

栗原先生は、わたしの百倍は頭がよい。「たった百倍とは失礼な」とおっしゃるかもしれないが、百倍でも千倍でも実質的にちがいはない（という意味においては、わたしは無の境地にあるのかもしれない）。

わたしは『無門関』を読んでいて「お手上げだあ」とおもうと、すぐさま先生にＳＯＳのメールをしてアドヴァイスをおねだりした。悠々自適の身である先生は、「ウザいなあ」とおもいつつも、根がお優しいのと、とりあえずヒマなもんで、アホの相手をしてくださるのである。この本を書くにさいして、先生の感想をちゃっかり使わせていただいたことを、ここに白状しておきたい。この本のなかに例外的にすぐれた解釈があるとしたら、それは栗原先生のアイデアである公算が大である。

共著として上梓することをお願いしたのだが、先生は「それだけは勘弁してよ。わたしの感想を使いたいなら、どうぞご随意に」とおっしゃる。そこで先生がお漏らしになった感想をおいしい酒を味わうように反芻しながら、わたしは自分の流儀で書きつづることにした。それゆえ栗原先生の卓越したアイデアは、わたしの俗眼というフィルターをとおすことによって跡形ないまでに換骨奪胎されて、あちこちに盛りこまれてしまっている。読者におかれては、わたしの理解としてお読みいただいて結構だとおもう（したがって一切の文責はわたしにある）。

上梓にあたっては、大蔵出版の上田鉄也さんのお世話になった。上田氏はわたしの処女作『渾沌《カオス》への視座　哲学としての華厳仏教』（春秋社）の産婆役をつとめてくださった方である。いまの心境としては、この本が上田氏の期待を裏切らぬほどには売れてくれることを、ひたすら祈るのみである。

戊子皐月

山田史生　謹識

『無門関』原文・訓読文

第一則　趙州狗子（趙州《じょうしゅう》の狗子《くし》）

趙州和尚。因僧問。「狗子還有仏性也無」。州云。「無」。

無門曰。参禅須透祖師関。妙悟要窮心路絶。祖関不透、心路不絶、尽是依草附木精霊。且道。如何是祖師関。只者一箇「無」字、乃宗門一関也。遂目之曰「禅宗無門関」。透得過者、非但親見趙州、便可与歴代祖師、把手共行、眉毛厮結、同一眼見、同一耳聞。豈不慶快。莫有要透関底麽。将三百六十骨節、八万四千毫竅、通身起箇疑団、参箇「無」字、昼夜提撕。莫作虚無会。莫作有無会。如呑了箇熱鉄丸相似、吐又吐不出、蕩尽従前悪知悪覚、久久純熟、自然内外打成一片。如啞子得夢、只許自知。驀然打発、驚天動地。如奪得関将軍大刀入手、逢仏殺仏、逢祖殺祖、於生死岸頭得大自在、向六道四生中遊戯三昧。且作麽生提撕。尽平生気力、挙箇「無」字。若不間断、好似法燭一点便著。

頌曰。「狗子仏性　全提正令　纔渉有無　喪身失命」。

趙州和尚。ちなみに僧問う。「狗子にもまた仏性《ぶっしょう》ありや」。州云《い》う。「無」。

無門曰《いわ》く。参禅はすべからく祖師の関を透《とお》るべし。妙悟《みょうご》は心路の絶せんことを窮《きわ》めんと要《ほっ》す。祖関透らず、心路絶せずんば、ことごとくこれ依草附木《えそうふぼく》の精霊《せいれい》ならん。しばらくいえ。いかなるかこれ祖師の関。ただこの一箇の「無」字、すなわち宗門の一関なり。ついにこれを目《な》づけて「禅宗無門関」と曰《い》う。透得過《とうとくか》する者は、ただに親しく趙州に見《まみ》ゆるのみにあらず、すなわち歴代の祖師と手を把《と》ってともに行き、眉毛《びもう》厮《あ》い結んで、同一眼《どういつげん》に見、同一耳《どういつに》に聞くべし。あに慶快《けいかい》ならざらんや。透関せんと要する底《てい》あることなしや。三百六十の骨節、八万四千の毫竅《ごうきょう》をもって、通身にこの疑団《ぎだん》を起こし、この「無」字に参じ、昼夜に提撕《ていぜい》せよ。虚無の会《え》を作《な》すことなかれ。有無《うむ》の会を作すことなかれ。この熱鉄丸《ねってつがん》を吞了《どんりょう》するがごとくに相《あ》い似《に》て、吐けどもまた吐き出《い》ださず、従前の悪知悪覚を蕩尽《とうじん》し、久久に純熟して、自然《じねん》に内外《ないげ》打成《だじょう》一片なり。啞子《あし》の夢を得るがごとく、ただ自知することを許す。驀然《まくねん》として打発《だはつ》せば、天を驚かし地を動ぜん。関将軍の大刀を奪い得て手に入るるがごとく、仏に逢うては仏を殺し、祖に逢うては祖を殺し、生死岸頭《しょうじがんとう》において大自在を得、六道四生《ろくどうししょう》中に向かって遊戯《ゆげ》三昧《ざんまい》ならん。しばらく作麽生《そもさん》か提撕せん。平生《へいぜい》の気力を尽くして、この「無」字を挙《こ》せよ。もし間断《けんだん》せずんば、はなはだ法燭《ほうしょく》の一点すれば、すなわち著《つ》くに似ん。

頌《じゅ》に曰《いわ》く。「狗子仏性《くしぶっしょう》　全提正令《ぜんていしょうれい》　わずかに有無《うむ》に渉《わた》るや　喪身失命《そうしんしつみょう》せん」。

第二則　百丈野狐（百丈《ひゃくじょう》の野狐《やこ》）

百丈和尚。凡参次、有一老人、常随衆聴法。衆人退、老人亦退。忽一日不退。師遂問。「面前立者、復是何人」。老人云。「諾、某甲非人也。於過去迦葉仏時、曾住此山。因学人問。『大修行底人還落因果也無』。某甲対云。『不落因果』。五百生堕野狐身。今請和尚代一転語、貴脱野狐」。遂問。「大修行底人還落因果也無」。師云。「不昧因果」。老人於言下大悟、作礼云。「某甲已脱野狐身住在山後。敢告和尚、乞依亡僧事例」。師令維那白槌告衆。「食後送亡僧」。大衆言議。「一衆皆安、涅槃堂又無人病。何故如是」。食後只見師領衆至山後巌下、以杖挑出一死野狐、乃依火葬。師至晩上堂、挙前因縁。黄檗便問。「古人錯祇対一転語、堕五百生野狐身。転転不錯、合作箇甚麽」。師云。「近前来、与伊道」。黄檗遂近前与師一掌。師拍手笑云。「将謂胡鬚赤、更有赤鬚胡」。

無門曰。不落因果、為甚堕野狐。不昧因果、為甚脱野狐。若向者裏著得一隻眼、便知得前百丈贏得風流五百生。

頌曰。「不落不昧　両采一賽　不昧不落　千錯万錯」。

百丈和尚。およそ参のついで、一老人あり、常に衆に随って法を聴く。衆人退けば、老人もまた退く。忽《たちま》ち一日退かず。師、ついに問う。「面前に立つ者は、はたこれ何人ぞ」。老人云《い》う。「諾《だく》、某甲《それがし》は人にあらず。過去、迦葉仏《かしょうぶつ》の時において、かつてこの山に住す。ちなみに学人問う。『大修行底《てい》の人もまた因果に落つるや』。某甲対《こた》えて云う。『因果に落ちず』。五百《ごひゃく》生《しょう》の野狐《やこ》身《しん》に堕す。今請う、和尚、一転語《いってんご》を代わって、ひとえに野狐を脱せしめよ」。ついに問う。「大修行底の人もまた因果に落つるや」。師云う。「因果を昧《くら》まさず」。老人言下《ごんか》において大悟し、作礼《さらい》して云う。「某甲すでに野狐身を脱して山後に住在す。あえて和尚に告ぐ、乞う亡僧《もうそう》の事例に依れ」。師、維那《いのう》をして白槌《びゃくつい》して衆に告げしむ。「食後《じきご》に亡僧を送らん」。大衆言議《ごんぎ》すらく。「一衆みな安し、涅槃堂《ねはんどう》にまた人の病むなし。何が故にかくのごとくなる」。食後にただ師の衆を領して山後の巌下《がんか》に至り、杖をもって一死野狐を挑出《ちょうしゅつ》し、すなわち火葬に依らしむるを見る。師、晩に至って上堂《じょうどう》し、前の因縁を挙《こ》す。黄檗《おうばく》すなわち問う。「古人錯《あやま》って一転語を祗対《しつい》し、五百生の野狐身に堕す。転転錯らずんば、まさにこのなんに作《な》るべし」。師云う。「近前来《きんぜんらい》、かれがためにいわん」。黄檗、ついに近前して師に一掌《いっしょう》を与う。師、手を拍《う》って笑いて云う。「まさに謂《おも》えり胡鬚赤《こしゅしゃく》と、さらに赤鬚胡《しゃくしゅこ》とあり」。

無門曰く。不落因果、なんとしてか野狐に堕す。不昧《ふまい》因果、なんとしてか野狐を脱す。もし者裏《しゃり》に向かって一隻眼《いっせきげん》を著得《じゃくとく》せば、すなわち前百丈の風流なる五百生を贏《か》ち得たることを知り得ん。

頌に曰く。「不落と不昧と　両采一賽《りょうさいいっさい》なり　不昧と不落と　千錯万錯《せんしゃくばんしゃく》なり」。

第三則　倶胝竪指（倶胝《ぐてい》、指を竪《た》つ）

倶胝和尚、凡有詰問、唯挙一指。後有童子。因外人問。「和尚説何法要」。童子亦竪指頭。胝聞遂以刃断其指。童子負痛号哭而去。胝復召之。童子廻首。胝却竪起指。童子忽然領悟。胝将順世、謂衆曰。「吾得天龍一指頭禅、一生受用不尽」。言訖示滅。

無門曰。倶胝幷童子悟処不在指頭上。若向者裏見得、天龍同倶胝幷童子、与自己一串穿却。

頌曰。「倶胝鈍置老天龍　利刃単提勘小童　巨霊擡手無多子　分破華山千万重」。

倶胝和尚、およそ詰問《きつもん》あれば、ただ一指を挙ぐ。後に童子あり。ちなみに外人《がいにん》問う。「和尚、何の法要をか説く」。童子もまた指頭を竪つ。胝、聞いてついに刃をもってその指を断つ。童子、負痛号哭《ごうこく》して去る。胝、またこれを召す。童子、首《こうべ》を廻《めぐ》らす。胝、かえって指を竪起《じゅき》す。童子、忽然《こつねん》として領悟《りょうご》す。胝、まさに順世《じゅんせ》せんとして、衆に謂《い》って曰く。「吾れ天龍一《いっ》指頭《しとう》の禅を得て、一生受用不尽《いっしょうじゅようふじん》」。言いおわって滅を示す。

無門曰《いわ》く。倶胝《ぐてい》ならびに童子の悟処《ごしょ》は指頭上にあらず。もし者裏《しゃり》に向かって見得《けんとく》せば、天龍同じく倶胝ならびに童子とは、自己と一串《いっかん》に穿却《せんきゃく》せん。

頌《じゅ》に曰く。「倶胝鈍置《どんち》す老天龍　利刃単提《りじんたんてい》して小童を勘《かん》す　巨霊《これい》手を擡《もた》ぐるに多子《たす》なし　分破《ぶんぱ》す華山《かざん》の千万重」。

第四則　胡子無鬚（胡子《こす》に鬚《ひげ》なし）

或庵曰。「西天胡子、因甚無鬚」。

無門曰。参須実参。悟須実悟。者箇胡子、直須親見一回始得。説親見、早成両箇。

頌曰。「癡人面前　不可説夢　胡子無鬚　惺惺添懵」。

或庵《わくあん》曰く。「西天の胡子、なんによってか鬚なし」。

無門曰く。参はすべからく実参なるべし。悟はすべからく実悟なるべし。この胡子、直《じき》にすべからく親見一回して始めて得べし。親見と説くも、早や両箇と成る。

頌に曰く。「癡人《ちじん》面前　夢を説くべからず　胡子無鬚《こすむしゅ》　惺惺《せいせい》に懵《もう》を添う」。

第五則　香厳上樹（香厳《きょうげん》、樹に上《のぼ》る）

香厳和尚云。「如人上樹、口啣樹枝、手不攀枝、脚不踏樹。樹下有人、問西来意、不対即違他所問、若対又喪身失命。正恁麽時、作麽生対」。

無門曰。縦有懸河之弁、総用不著。説得一大蔵教、亦用不著。若向者裏対得著、活却従前死路頭、死却従前活路頭。其或未然、直待当来問弥勒。

頌曰。「香厳真杜撰　悪毒無尽限　唖却納僧口　通身迸鬼眼」。

香厳和尚云《い》う。「たとえば人の樹に上り、口は樹枝を啣《くわ》え、手は枝を攀《よ》じず、脚は樹を踏まず。樹下《じゅげ》に人ありて、西来《せいらい》の意《い》を問わんに、対《こた》えずんばすなわちかれの所問に違《そむ》き、もし対えなばまた喪身失命《そうしんしつみょう》せん。まさに恁麽《いんも》の時、作麽生《そもさん》か対《こた》えん」。

無門曰く。たとい懸河《けんが》の弁あるも、総《そう》に用不著《ゆうふじゃく》。一大蔵教《いちだいぞうきょう》を説き得るも、また用不著。もし者裏《しゃり》に向かって対得著《たいとくじゃく》せば、従前の死路頭《しろとう》を活却《かっきゃく》し、従前の活路頭《かつろとう》を死却《しきゃく》せん。それあるいはいまだ然《しか》らずんば、直《じき》に当来《とうらい》を待って弥勒《みろく》に問え。

頌に曰く。「香厳は真《まこと》に杜撰《ずさん》　悪毒は尽限《じんげん》なし　衲僧《のうそう》の口を唖却《あきゃく》して　通身に鬼眼を迸《ほとばし》らしむ」。

第六則　世尊拈花（世尊《せそん》の拈花《ねんげ》）

世尊、昔在霊山会上、拈花示衆。是時衆皆黙然。惟迦葉尊者破顔微笑。世尊云。「吾有正法眼蔵、涅槃妙心、実相無相、微妙法門。不立文字、教外別伝、付嘱摩訶迦葉」。

無門曰。黄面瞿曇、傍若無人、圧良為賤、懸羊頭売狗肉。将謂多少奇特。只如当時大衆都笑、正法眼蔵、作麽生伝。設使迦葉不笑、正法眼蔵、又作麽生伝。若道正法眼蔵有伝授、黄面老子、誑謼閭閻。若道無伝授、為甚麽独許迦葉。

頌曰。「拈起花来　尾巴已露　迦葉破顔　人天罔措」。

世尊、昔、霊山会上《りょうぜんえじょう》にあって、花を拈《ねん》じて衆に示す。この時、衆みな黙然《もくねん》たり。ただ迦葉《かしょう》尊者のみ破顔微笑《はがんみしょう》す。世尊云う。「吾れに正法眼蔵《しょうぼうげんぞう》、涅槃妙心《ねはんみょうしん》、実相無相《じっそうむそう》、微妙《みみょう》の法門あり。不立文字《ふりゅうもんじ》、教外別伝《きょうげべつでん》にして、摩訶迦葉《まかかしょう》に付嘱《ふぞく》す」。

無門曰く。黄面《おうめん》の瞿曇《くどん》、傍若無人《ぼうじゃくぶじん》、良《りょう》を圧《お》して賤《せん》と為《な》し、羊頭《ようとう》を懸《か》けて狗肉《くにく》を売る。まさに謂《おも》えり、多少の奇特《きとく》と。ただ当時《そのとき》大衆すべて笑うがごとければ、正法眼蔵、作麽生《そもさん》か伝えん。もし迦葉笑わずんば、正法眼蔵、また作麽生か伝えん。もし正法眼蔵に伝授ありといわば、黄面の老子、閭閻《りょえん》を誑謼《おうこ》す。もし伝授なしといわば、なんとしてか独り迦葉を許す。

頌に曰く。「花を拈起《ねんき》し来たって　尾巴《びは》すでに露《あら》わる　迦葉破顔　人天《にんでん》措《お》くなし」。

第七則　趙州洗鉢（趙州《じょうしゅう》の洗鉢《せんぱつ》）

趙州。因僧問。「某甲乍入叢林、乞師指示」。州云。「喫粥了也未」。僧云。「喫粥了也」。州云。「洗鉢盂去」。其僧有省。

無門曰。趙州開口見胆、露出心肝。者僧聴事不真、喚鐘作甕。

頌曰。「只為分明極　翻令所得遅　早知燈是火　飯熟已多時」。

趙州。ちなみに僧問う。「某甲《それがし》、乍入叢林《さにゅうそうりん》、乞《こ》う師、指示せよ」。州云《い》う。「粥《しゅく》を喫《きっ》しおわれりや」。僧云う。「粥を喫しおわれり」。州云う。「鉢盂《はつう》を洗い去れ」。その僧省《せい》あり。

無門曰《いわ》く。趙州、口を開いて胆《たん》をあらわし、心肝を露出す。この僧、事《じ》を聴くも真ならず、鐘《かね》を喚《よ》んで甕《かめ》と作《な》す。

頌《じゅ》に曰く。「ただ分明《ぶんみょう》なること極まれるがために　翻《かえ》って所得をして遅《おそ》からしむ　つとに燈《ともしび》はこれ火なると知らば　飯《はん》の熟《じゅく》することすでに多時《たじ》なりしならんに」。

第八則　奚仲造車（奚仲《けいちゅう》、車を造る）

月庵和尚、問僧。「奚仲造車一百輻、拈却両頭、去却軸。明甚麼辺事」。

無門曰。若也直下明得、眼似流星、機如掣電。

頌曰。「機輪転処　達者猶迷　四維上下　南北東西」。

月庵《げったん》和尚、僧に問う。「奚仲、車を造ること一百輻《ぷく》、両頭を拈却《ねんきゃく》し、軸を去却《こきゃく》す。なに辺《へん》の事《じ》をか明らむ」。

無門曰く。もし直下《じきげ》に明らめ得ば、眼《まなこ》は流星に似《に》、機《き》は掣電《せいでん》のごとくならん。

頌に曰く。「機輪《きりん》転ずる処　達者《たっしゃ》すらなお迷う　四維上下《しいじょうげ》　南北東西」。

第九則　大通智勝《だいつうちしょう》

興陽譲和尚。因僧問。「大通智勝仏、十劫坐道場、仏法不現前、不得成仏道時如何」。譲曰。「其問甚諦当」。僧云。「既是坐道場、為甚麽不得成仏道」。譲曰。「為伊不成仏」。

無門曰。只許老胡知、不許老胡会。凡夫若知、即是聖人。聖人若会、即是凡夫。

頌曰。「了身何似了心休　了得心兮身不愁　若也身心倶了了　神仙何必更封侯」。

興陽《こうよう》の譲《じょう》和尚。ちなみに僧問う。「大通智勝仏、十劫坐道場《じっこうざどうじょう》、仏法不現前《ぶっぽうふげんぜん》、不得成仏道《ふとくじょうぶつどう》の時いかん」。譲曰く。「その問いはなはだ諦当《たいとう》なり」。僧云う。「すでにこれ坐道場、なんとしてか不得成仏道なる」。譲曰く。「かれが成仏せざるがためなり」。

無門曰く。ただ老胡《ろうこ》の知《ち》を許して、老胡の会《え》を許さず。凡夫もし知らば、すなわちこれ聖人。聖人もし会せば、すなわちこれ凡夫。

頌に曰く。「身を了《りょう》するは心を了して休《きゅう》するにいずれぞ　心を了得《りょうとく》すれば身は愁《うれ》えず　もし身心ともに了了ならば　神仙《しんせん》何ぞ必ずしもさらに侯に封ぜん」。

第十則　清税孤貧（清税《せいぜい》の孤貧《こひん》）

曹山和尚。因僧問云。「清税孤貧、乞師賑済」。山云。「税闍梨」。税応諾。山曰。「青原白家酒、三盞喫了、猶道未沾唇」。

無門曰。清税輸機、是何心行。曹山具眼、深弁来機。然雖如是、且道。那裏是税闍梨喫酒処。

頌曰。「貧似范丹　気如項羽　活計雖無　敢与闘富」。

曹山《そうざん》和尚。ちなみに僧問うて云う。「清税孤貧、乞《こ》う師、賑済《しんさい》せよ」。山云う。「税闍梨《ぜいじゃり》」。税応諾《おうだく》す。山曰く。「青原白家《せいげんはっけ》の酒、三盞喫《さんせんきつ》しおわって、なおいう、いまだ唇を沾《うるお》さず」。

無門曰く。清税の輸機《ゆき》、これ何の心行《しんぎょう》ぞ。曹山の具眼《ぐげん》、深く来機《らいき》を弁ず。かくのごとくなりといえども、しばらくいえ。那裏《なり》かこれ税闍梨の酒を喫する処ぞ。

頌《じゅ》に曰《いわ》く。「貧は范丹《はんたん》に似　気は項羽《こうう》のごとし　活計《かっけい》なしといえども　あえてともに富を闘わしむ」。

第十一則　州勘庵主（州《しゅう》、庵主《あんじゅ》を勘《かん》す）

趙州、到一庵主処問。「有麼有麼」。主竪起拳頭。州云。「水浅不是泊舡処」。便行。又到一庵主処云。「有麼有麼」。主亦竪起拳頭。州云。「能縦能奪、能殺能活」。便作礼。

無門曰。一般竪起拳頭、為甚麼肯一箇、不肯一箇。且道。誵訛在甚処。若向者裏下得一転語、便見趙州舌頭無骨、扶起放倒、得大自在。雖然如是、争奈趙州却被二庵主勘破。若道二庵主有優劣、未具参学眼。若道無優劣、亦未具参学眼。

頌曰。「眼流星　機掣電　殺人刀　活人剣」。

趙州《じょうしゅう》、一庵主の処に到って問う。「有りや有りや」。主、拳頭《けんとう》を竪起《じゅき》す。州云《い》う。「水浅うして、これ舡《ふね》を泊《はく》する処にあらず」。すなわち行く。また一庵主の処に到って云う。「有りや有りや」。主もまた拳頭を竪起す。州云う。「能縦能奪《のうじゅうのうだつ》、能殺《のうさつ》能活《のうかつ》」。すなわち作礼《さらい》す。

無門曰く。一般に拳頭を竪起するに、なんとしてか一箇を肯《うけが》い、一箇を肯わざる。しばらくいえ。誵訛《ごうか》いずれの処にかある。もし者裏《しゃり》に向かって一転語《いってんご》を下し得ば、すなわち趙州の舌頭《ぜっとう》に骨なくして、扶起《ふき》放倒《ほうとう》、大自在を得たるを見ん。かくのごとくなりといえども、いかんせん趙州かえって二庵主に勘破《かんぱ》せらるることを。もし二庵主に優劣ありといわば、いまだ参学の眼《まなこ》を具《ぐ》せず。もし優劣なしというも、またいまだ参学の眼を具せず。

頌に曰く。「眼は流星　機は掣電《せいでん》　殺人刀《せつにんとう》　活人剣《かつにんけん》」。

第十二則　巌喚主人（巌《がん》、主人を喚《よ》ぶ）

瑞巌彦和尚、毎日自喚「主人公」、復自応諾。乃云。「惺惺著。喏。他時異日、莫受人瞞。喏喏」。

無門曰。瑞巌老子、自買自売、弄出許多神頭鬼面。何故。聻。一箇喚底、一箇応底、一箇惺惺底、一箇不受人瞞底、認著依前還不是。若也傚他、総是野狐見解。

頌曰。「学道之人不識真　只為従前認識神　無量劫来生死本　癡人喚作本来人」。

瑞巌《ずいがん》の彦《げん》和尚、毎日、自ら「主人公」と喚び、また自ら応諾《おうだく》す。すなわち云う。「惺惺著《せいせいじゃく》。喏《だく》。他時異日《たじいじつ》、人の瞞《まん》を受くることなかれ。喏喏《だくだく》」。

無門曰く。瑞巌老子、自ら買い、自ら売って、許多《そこばく》の神頭鬼面《しんずきめん》を弄出《ろうしゅつ》す。何が故ぞ。聻《にい》。一箇の喚ぶ底、一箇の応ずる底、一箇の惺惺たる底、一箇の人の瞞を受けざる底、認著《にんじゃく》すれば依前《いぜん》としてなお不是《ふぜ》。もしかれに倣《なら》わば、すべてこれ野狐《やこ》の見《けん》解《げ》ならん。

頌に曰く。「学道の人の真を識《し》らざるは　ただ従前より識神《しきしん》を認むるがためなり　無量劫来《むりょうこうらい》の生死《しょうじ》の本《もと》　癡人《ちじん》は喚んで本《ほん》来人《らいにん》と作《な》す」。

第十三則　徳山托鉢（徳山《とくさん》の托鉢《たくはつ》）

徳山、一日托鉢下堂。見雪峰問。「者老漢、鐘未鳴鼓未響、托鉢向甚処去」。山便回方丈。峰挙似巌頭。頭云。「大小徳山、未会末後句」。山聞、令侍者喚巌頭来、問曰。「汝不肯老僧那」。巌頭密啓其意。山乃休去。明日陞座、果与尋常不同。巌頭至僧堂前、拊掌大笑云。「且喜得老漢会末後句。他後天下人、不奈伊何」。

無門曰。若是末後句、巌頭徳山倶未夢見在。撿点将来、好似一棚傀儡。

頌曰。「識得最初句　便会末後句　末後与最初　不是者一句」。

徳山、一日托鉢して堂に下る。雪峰《せっぽう》に問わる。「この老漢、鐘《かね》もいまだ鳴らず、鼓《く》もいまだ響かざるに、托鉢していずれの処に向かって去る」。山、すなわち方丈《ほうじょう》に回《かえ》る。峰、巌頭《がんとう》に挙似《こじ》す。頭云う。「大小の徳山、いまだ末後《まつご》の句を会《え》せず」。山聞き、侍者《じしゃ》をして巌頭を喚び来たらしめ、問うて曰く。「汝、老僧を肯《うけが》わざるか」。巌頭、密《みつ》にその意を啓《もう》す。山、すなわち休し去る。明日陞座《しんぞ》、果たして尋常《よのつね》と同じからず。巌頭、僧堂の前に至り、掌を拊《う》って大笑して云う。「しばらく喜び得たり、老漢の末後の句を会せしことを。他後《たご》天下の人、かれをいかんともせざらん」。

無門曰《いわ》く。もしこれ末後の句ならば、巌頭《がんとう》、徳山《とくさん》、ともにいまだ夢にも見ざらん。撿点《けんてん》し将《も》ち来たれば、はなはだ一棚《いっぽう》の傀儡《かいらい》に似たり。

頌《じゅ》に曰く。「最初の句を識得すれば　すなわち末後の句を会す　末後と最初と　これこの一句にあらず」。

第十四則　南泉斬猫（南泉《なんせん》、猫を斬《き》る）

南泉和尚。因東西両堂争猫児。泉乃提起云。「大衆、道得即救、道不得即斬却也」。衆無対。泉遂斬之。晩趙州外帰。泉挙似州。州乃脱履安頭上而出。泉云。「子若在、即救得猫児」。

無門曰。且道。趙州頂草鞋、意作麽生。若向者裏下得一転語、便見南泉令不虚行。其或未然、険。

頌曰。「趙州若在　倒行此令　奪却刀子　南泉乞命」。

南泉和尚。ちなみに東西の両堂の猫児《みょうじ》を争う。泉、すなわち提起《ていき》して云《い》う。「大衆、いい得ばすなわち救わん、いい得ずんばすなわち斬却《ざんきゃく》せん」。衆、対《こた》うるなし。泉、ついにこれを斬る。晩に趙州《じょうしゅう》、外より帰る。泉、州に挙似《こじ》す。州、すなわち履《くつ》を脱いで頭上に安んじて出《い》づ。泉云う。「子《なんじ》もしあらば、すなわち猫児を救い得たらんに」。

無門曰く。しばらくいえ。趙州、草鞋《そうあい》を頂く、意作麽生《そもさん》。もし者裏《しゃり》に向かって一転語《いってんご》を下し得ば、すなわち南泉の令《れい》の虚《みだ》りに行ぜざりしことを見ん。それあるいはいまだ然《しか》らずんば、険《けん》。

頌に曰く。「趙州もしあらば　倒《さかしま》にこの令を行ぜん　刀子《とうす》を奪却して　南泉も命を乞わん」。

第十五則　洞山三頓（洞山《とうざん》の三頓《さんとん》）

雲門。因洞山参次、門問曰。「近離甚処」。山云。「査渡」。門曰。「夏在甚処」。山云。「湖南報慈」。門曰。「幾時離彼」。山云。「八月二十五」。門曰。「放汝三頓棒」。山至明日却上問訊。「昨日蒙和尚放三頓棒。不知過在甚麽処」。門曰。「飯袋子。江西湖南、便恁麽去」。山於此大悟。

無門曰。雲門当時、便与本分草料、使洞山別有生機一路、家門不致寂寥。一夜在是非海裏著倒、直待天明再来、又与他注破。洞山直下悟去、未是性燥。且問諸人、洞山三頓棒、合喫不合喫。若道合喫、草木叢林皆合喫棒。若道不合喫、雲門又成誑語。向者裏明得、方与洞山出一口気。

頌曰。「獅子教児迷子訣　擬前跳躑早翻身　無端再叙当頭著　前箭猶軽後箭深」。

雲門《うんもん》。ちなみに洞山の参ずるついで、門、問うて曰く。「近ごろいずれの処をか離る」。山云う。「査渡《さと》」。門曰く。「夏《げ》はいずれの処にかある」。山云う。「湖南の報慈《ほうず》」。門曰く。「幾時《いつ》かしこを離る」。山云う。「八月二十五」。門曰く。「汝に三頓の棒を放《ゆる》す」。山、明日に至って、また上《のぼ》って問訊《もんじん》す。「昨日、和尚の三頓の棒を放すをこうむる。知らず、過《とが》、いずれの処にかある」。門曰く。「飯袋子《はんたいす》。江西湖南、すなわち恁麼《いんも》に去るか」。山、ここにおいて大悟す。

無門曰く。雲門、当時《そのとき》、すなわち本分の草料《そうりょう》を与えて、洞山をして別に生機《さんき》の一路あり、家門をして寂寥《せきりょう》を致さざらしむ。一夜、是非海裏《かいり》にあって著倒《じゃくとう》し、直《じき》に天明を待って再来するや、またかれがために注破す。洞山、直下《じきげ》に悟り去るも、いまだこれ性燥《しょうそう》ならず。しばらく諸人に問う、洞山三頓の棒、喫《きっ》すべきか喫すべからざるか。もし喫すべしといわば、草木叢林《そうもくそうりん》、みな棒を喫すべし。もし喫すべからずといわば、雲門また誑語《おうご》を成す。者裏《しゃり》に向かって明らめ得ば、まさに洞山のために一《いっ》口《く》の気を出ださん。

頌に曰く。「獅子児を教う迷子《めいし》の訣《けつ》　前《すす》まんと擬《ほっ》して跳躑《ちょうちゃく》して早く翻身《ほんしん》す　端《はし》なく再び叙《の》ぶ当頭著《とうとうじゃく》　前箭《ぜんせん》はなお軽く後箭は深し」。

第十六則　鐘声七条《しょうせいしちじょう》

雲門曰。「世界恁麼広闊、因甚向鐘声裏披七条」。

無門曰。大凡参禅学道、切忌随声逐色。縦使聞声悟道、見色明心、也是尋常。殊不知、衲僧家騎声蓋色、頭頭上明、著著上妙。然雖如是、且道。声来耳畔、耳往声辺。直饒響寂双忘、到此如何話会。若将耳聴応難会。眼処聞声方始親。

頌曰。「会則事同一家　不会万別千差　不会事同一家　会則万別千差」。

雲門曰《いわ》く。「世界恁麽《いんも》に広闊《こうかつ》たるに、なんによってか鐘声裏《しょうせいり》に向かって七条を披《き》る」。

無門曰く。およそ参禅学道は、切《せっ》に忌《い》む、声に随い色を逐《お》うことを。たとい聞声悟道《もんしょうごどう》、見色明心《けんしきみょうしん》するも、またこれ尋常《よのつね》なり。殊《こと》に知らず、衲僧家《のうそうけ》、声に騎《の》り色を蓋《おお》い、頭頭上《ずずじょう》に明らかに、著著上《じゃくじゃくじょう》に妙《みょう》なることを。かくのごとくなりといえども、しばらくいえ。声、耳畔《にはん》に来たるか、耳、声辺《しょうへん》に往《ゆ》くか。たとい響と寂と双《なら》び忘ずるも、ここに到っていかんが話会《わえ》せん。もし耳をもって聴かば、まさに会《え》し難かるべし。眼処《げんしょ》に声を聞いて、まさに始めて親し。

頌《じゅ》に曰く。「会すればすなわち事同一家《じどういっけ》　会せざれば万別千差《ばんべつせんしゃ》　会せざれば事同一家　会すればすなわち万別千差」。

第十七則　国師三喚（国師《こくし》の三喚《さんかん》）

国師、三喚侍者。侍者三応。国師云。「将謂吾辜負汝、元来却是汝辜負吾」。

無門曰。国師三喚、舌頭堕地。侍者三応、和光吐出。国師年老心孤、按牛頭喫草。侍者未肯承当、美食不中飽人飡。且道。那裏是他辜負処。国清才子貴、家富小児嬌。

頌曰。「鉄枷無孔要人担　累及児孫不等閑　欲得撐門并拄戸　更須赤脚上刀山」。

国師、三たび侍者《じしゃ》を喚《よ》ぶ。侍者、三たび応《こた》う。国師云《い》う。「吾れ汝に辜負《そむ》けるかと将謂《おも》いきや、元来かえってこれ汝の吾れに辜負けるとは」。

無門曰く。国師、三たび喚び、舌頭《ぜっとう》、地に堕《お》つ。侍者、三たび応じ、光に和して吐き出《い》だす。国師、年老い、心孤にして、牛頭《ごず》を按《あん》じて草を喫《きっ》せしむ。侍者、いまだあえて承当《じょうとう》せず、美食、飽人《ほうじん》の飡《さん》に中《あた》らず。しばらくいえ。那裏《なり》かこれかれが辜《こ》負《ふ》の処ぞ。国清うして才子貴く、家富んで小児嬌《おご》る。

頌に曰く。「鉄枷《てつか》無孔《むく》、人の担《にな》わんことを要《ほっ》す　累《わざわい》、児孫《じそん》に及んで等閑《なおざり》ならず　門を撐《ささ》えならびに戸を拄《ささ》えんと欲得《ほっ》せば　さらにすべからく赤脚にして刀山に上《のぼ》るべし」。

第十八則　洞山三斤（洞山《とうざん》の三斤《さんぎん》）

洞山和尚。因僧問。「如何是仏」。山云。「麻三斤」。

無門曰。洞山老人、参得些蚌蛤禅、纔開両片、露出肝腸。然雖如是、且道。向甚処見洞山。

頌曰。「突出麻三斤　言親意更親　来説是非者　便是是非人」。

洞山和尚。ちなみに僧問う。「いかなるかこれ仏」。山云う。「麻三斤《まさんぎん》」。

無門曰く。洞山老人、些《さ》の蚌蛤《ぼうごう》の禅に参得して、わずかに両片を開くや、肝腸《かんちょう》を露出す。かくのごとくなりといえども、しばらくいいえ。いずれの処に向かってか洞山を見ん。

頌に曰く。「突出す麻三斤　言親しうして意さらに親し　来たって是非を説く者は　すなわちこれ是非の人」。

第十九則　平常是道（平常《びょうじょう》これ道《どう》）

南泉。因趙州問。「如何是道」。泉云。「平常心是道」。州云。「還可趣向否」。泉云。「擬向即乖」。州云。「不擬争知是道」。泉云。「道不属知、不属不知。知是妄覚。不知是無記。若真達不擬之道、猶如太虚廓然洞豁。豈可強是非也」。州於言下頓悟。

無門曰。南泉被趙州発問、直得瓦解氷消、分疎不下。趙州縦饒悟去、更参三十年始得。

頌曰。「春有百花秋有月　夏有涼風冬有雪　若無閑事挂心頭　便是人間好時節」。

南泉《なんせん》。ちなみに趙州《じょうしゅう》問う。「いかなるかこれ道」。泉云う。「平常心《びょうじょうしん》これ道」。州云う。「また趣向《しゅこう》すべきや」。泉云う。「向かわんと擬《ぎ》すれば、すなわち乖《そむ》く」。州云う。「擬せずんば、いかでかこれ道なることを知らん」。泉云う。「道は知に属せず、不知にも属せず。知はこれ妄覚《もうかく》。不知はこれ無記《むき》。もし真《まこと》に不擬の道に達せば、なお太虚《たいきょ》の廓然《かくねん》として洞豁《とうかつ》なるがごとし。あに強《し》いて是非すべけんや」。州、言下《ごんか》に頓悟《とんご》す。

無門曰く。南泉、趙州に発問《はつもん》せられて、直《じき》に得たり、瓦解氷消《がげひょうしょう》、分疎不下《ぶんそふげ》なることを。趙州、たとい悟り去るも、さらに参ずること三十年にして始めて得ん。

頌に曰く。「春に百花あり秋に月あり　夏に涼風あり冬に雪あり　もし閑事《かんじ》の心頭に挂《か》くるなくんば　すなわちこれ人間《じんかん》の好時《こうじ》節《せつ》」。

第二十則　大力量人（大力量《だいりきりょう》の人）

松源和尚云。「大力量人、因甚擡脚不起」。又云。「開口不在舌頭上」。

無門曰。松源可謂、傾腸倒腹。只是欠人承当。縦饒直下承当、正好来無門処喫痛棒。何故。聻。要識真金火裏看。

頌曰。「擡脚踏翻香水海　低頭俯視四禅天　一箇渾身無処著　請続一句」。


松源《しょうげん》和尚云《い》う。「大力量の人、なんによってか脚を擡《もた》げ起こさざる」。また云う。「口を開くこと舌頭上《ぜっとうじょう》にあらず」。

無門曰《いわ》く。松源謂《い》うべし、腸を傾け腹を倒すと。ただこれ人の承当《じょうとう》することを欠く。たとい直下《じきげ》に承当するも、まさに好《よ》し、無門が処に来たって痛棒を喫《きっ》せんに。何が故ぞ。聻《にい》。真金を識《し》らんと要《ほっ》せば火裏《かり》に看《み》よ。

頌《じゅ》に曰く。「脚を擡《もた》げて踏翻《とうほん》す香水海《こうすいかい》　頭《こうべ》を低《た》れて俯《ふ》し視る四禅天　一箇の渾身《こんしん》著くるに処なし　請《こ》う一句を続《つ》げ」。

第二十一則　雲門屎橛（雲門《うんもん》の屎橛《しけつ》）

雲門。因僧問。「如何是仏」。門云。「乾屎橛」。

無門曰。雲門可謂、家貧難弁素食、事忙不及草書。動便将屎橛来、撑門拄戸。仏法興衰可見。

頌曰。「閃電光　撃石火　眨得眼　已蹉過」。


雲門。ちなみに僧問う。「いかなるかこれ仏」。門云う。「乾屎橛《かんしけつ》」。

無門曰く。雲門謂《い》うべし、家貧にして素食《そじき》を弁《べん》じ難く、事忙《じせわ》しうして草書するに及ばずと。ややもすればすなわち屎橛を将《も》ち来たって、門を撑《ささ》え戸を拄《ささ》う。仏法の興衰《こうすい》、見るべし。

頌に曰く。「閃電光《せんでんこう》　撃石火《げきせっか》　眼《まなこ》を眨得《さっとく》すれば　すでに蹉過《しゃか》す」。

第二十二則　迦葉刹竿（迦葉《かしよう》の刹竿《せつかん》）

迦葉。因阿難問云。「世尊伝金襴袈裟外、別伝何物」。葉喚云。「阿難」。難応諾。葉云。「倒却門前刹竿著」。

無門曰。若向者裏下得一転語親切、便見霊山一会儼然未散。其或未然、毘婆尸仏早留心、直至而今不得妙。

頌曰。「問処何如答処親　幾人於此眼生筋　兄呼弟応揚家醜　不属陰陽別是春」。

迦葉。ちなみに阿難《あなん》問うて云う。「世尊《せそん》、金襴《きんらん》の袈裟《けさ》を伝うるの外《ほか》、別に何物をか伝う」。葉、喚《よ》んで云う。「阿難」。難、応諾《おうだく》す。葉云う。「門前の刹竿を倒却著《とうきやくじやく》せよ」。

無門曰く。もし者裏《しやり》に向かって一転語《いつてんご》を下し得て親切ならば、すなわち霊山《りようぜん》の一会《いちえ》、儼然《げんぜん》としていまだ散ぜざることを見ん。それあるいはいまだ然《しか》らずんば、毘婆尸仏《びばしぶつ》、早くより心を留むるも、直《じき》に而今《いま》に至るまで妙を得ず。

頌に曰く。「問処は答処《たつしよ》の親しきにいかん　幾人《たれ》かここにおいて眼《まなこ》に筋《きん》を生ず　兄呼び弟応じて家醜《かしゆう》を揚《あ》ぐ　陰陽に属せず別にこれ春」。

第二十三則　不思善悪（善悪を思わず）

六祖。因明上座趁至大庾嶺。祖見明至、即擲衣鉢於石上云。「此衣表信、可力争耶。任君将去」。明遂挙之、如山不動、踟蹰悚慄。明曰。「我来求法、非為衣也。願行者開示」。祖云。「不思善、不思悪、正与麽時、那箇是明上座本来面目」。明当下大悟、遍体汗流。泣涙作礼問曰。「上来密語密意外、還更有意旨否」。祖曰。「我今為汝説者、即非密也。汝若返照自己面目、密却在汝辺」。明云。「某甲雖在黄梅随衆、実未省自己面目。今蒙指授入処、如人飲水冷暖自知。今行者即是某甲師也」。祖云。「汝若如是、則吾与汝同師黄梅。善自護持」。

無門曰。六祖可謂、是事出急家老婆心切。譬如新茘支、剝了殻去了核、送在爾口裏、只要爾嚥一嚥。

頌曰。「描不成兮画不就　賛不及兮休生受　本来面目没処蔵　世界壊時渠不朽」。

六祖。ちなみに明上座《みょうじょうざ》、趁《お》うて大庾嶺《だいゆれい》に至る。祖、明の至るを見て、すなわち衣鉢《えはつ》を石上に擲《な》げて云《い》う。「この衣は信を表す、力もて争うべけんや。君が将《も》ち去るに任《まか》す」。明、ついにこれを挙ぐるに、山のごとくにして動かざれば、踟蹰悚慄《ちちゅうしょうりつ》す。明曰《いわ》く。「我れ来たりて法を求む、衣のためにするにあらず。願わくは行者《あんじゃ》開示したまえ」。祖云う。「不思善、不思悪、正与麽《しょうよも》の時、那箇《なこ》かこれ明上座が本来の面目」。明、当下《とうげ》に大悟し、遍体《へんたい》汗流る。泣涙作礼《きゅうるいさらい》して問うて曰く。「上来《じょうらい》の密語密意の外《ほか》、またさらに意旨《いし》ありや」。祖曰く。「我れ今汝がために説くものは、すなわち密にあらず。汝もし自己の面目を返照せば、密はかえって汝が辺《へん》にあらん」。明云う。「某甲《それがし》、黄梅《おうばい》にあって衆に随うといえども、実《まこと》にいまだ自己の面目を省《せい》せず。今入処《にっしょ》を指授《しじゅ》することをこうむって、人の水を飲んで冷暖自知《れいだんじち》するがごとし。今行者はすなわちこれ某甲の師なり」。祖云う。「汝もしかくのごとくんば、すなわち吾れと汝とともに黄梅を師とせん。善く自ら護持せよ」。

無門曰く。六祖謂《い》うべし、この事《じ》は急家《きゅうか》より出《い》でて老婆心切《ろうばしんせつ》なりと。たとえば新茘支《れいし》の、殻を剝《は》ぎおわり、核を去《と》りおわって、爾《なんじ》が口裏《くり》に送在して、ただ爾が嚥一嚥《えんいちえん》せんことを要するがごとし。

頌《じゅ》に曰く。「描《えが》けども成《な》らず画《えが》けども就《な》らず　賛するも及ばず生受《きんじゅ》することを休《や》めよ　本来の面目蔵《かく》すに処なし　世界壊《え》する時もかれは朽ちず」。

第二十四則　離却語言（語言《ごごん》を離却《りきゃく》す）

風穴和尚。因僧問。「語黙渉離微、如何通不犯」。穴云。「長憶江南三月裏、鷓鴣啼処百花香」。

無門曰。風穴機如掣電、得路便行。争奈坐前人舌頭不断。若向者裏見得親切、自有出身之路。且離却語言三昧、道将一句来。

頌曰。「不露風骨句　未語先分付　進歩口喃喃　知君大罔措」。

風穴《ふけつ》和尚。ちなみに僧問う。「語黙《ごもく》、離微《りび》に渉《わた》り、いかにせば通じて不犯《ふぼん》なる」。穴云う。「とこしえに憶《おも》う江南三月の裏《うち》、鷓鴣《しゃこ》啼《な》く処百花香《かんば》し」。

無門曰く。風穴、機、掣電《せいでん》のごとく、路を得てすなわち行く。いかんせん前人の舌頭を坐して不断なることを。もし者裏《しゃり》に向かって見得《けんとく》して親切ならば、自ずから出身の路あらん。しばらく語言三昧《ごごんざんまい》を離却《りきゃく》して、一句をいい将《も》ち来たれ。

頌に曰く。「風骨の句を露《あら》わさず　いまだ語らざるにまず分付《ぶんぷ》す　歩を進めて口喃喃《くちなんなん》ならば　知んぬ君が大いに措《お》くことなきを」。

第二十五則　三座説法（三座《さんざ》の説法）

仰山和尚、夢見往弥勒所、安第三座。有一尊者、白槌云。「今日当第三座説法」。山乃起白槌云。「摩訶衍法、離四句絶百非。諦聴諦聴」。

無門曰。且道。是説法不説法。開口即失、閉口又喪。不開不閉、十万八千。

頌曰。「白日青天　夢中説夢　捏怪捏怪　誑諕一衆」。

仰山和尚《きょうざん》、夢に弥勒《みろく》の所に往《ゆ》きて、第三座に安んぜらるるを見る。一尊者あり、白槌《びゃくつい》して云う。「今日、第三座の説法に当たる」。山、すなわち起《た》って白槌して云う。「摩訶衍《まかえん》の法は、四句を離れ、百非《ひゃっぴ》を絶す。諦聴《たいちょう》、諦聴」。

無門曰く。しばらくいえ。これ説法するか、説法せざるか。口を開けばすなわち失い、口を閉じればまた喪《うしな》う。開かず閉じざるも、十万八千。

頌に曰く。「白日青天　夢中に夢を説く　捏怪捏怪《ねっかい》　一衆を誑諕《おうこ》す」。

第二十六則　二僧巻簾（二僧、簾《れん》を巻く）

清涼大法眼。因僧斎前上参。眼以手指簾。時有二僧、同去巻簾。眼曰。「一得一失」。

無門曰。且道。是誰得誰失。若向者裏著得一隻眼、便知清涼国師敗闕処。然雖如是、切忌向得失裏商量。

頌曰。「巻起明明徹太空　太空猶未合吾宗　争似従空都放下　綿綿密密不通風」。

清涼《しょうりょう》の大法眼《だいほうげん》。ちなみに僧、斎前《さいぜん》に上参す。眼《げん》、手をもって簾《すだれ》を指す。時に二僧あり、同じく去って簾を巻く。眼曰く。

「一得一失」。

無門曰《いわ》く。しばらくいえ。これ誰か得、誰か失。もし者裏《しゃり》に向かって一隻眼《いっせきげん》を著《つ》け得ば、すなわち清凉国師敗闕《はいけつ》の処を知らん。かくのごとくなりといえども、切《せつ》に忌《い》む、得失裏《とくしつり》に向かって商量《しょうりょう》することを。

頌《じゅ》に曰く。「巻起《けんき》すれば明明として太空《たいくう》に徹す　太空すらなおいまだ吾が宗に合《かな》わず　いかでか似《し》かん空《くう》よりすべて放下《ほうげ》して　綿綿密密、風を通《つう》ぜざらんには」。

第二十七則　不是心仏（心仏《しんぶつ》ならず）

南泉和尚。因僧問云。「還有不与人説底法麽」。泉云。「有」。僧云。「如何是不与人説底法」。泉云。「不是心、不是仏、不是物」。

無門曰。南泉被者一問、直得揣尽家私、郎当不少。

頌曰。「叮嚀損君徳　無言真有功　任従滄海変　終不為君通」。

南泉《なんせん》和尚。ちなみに僧問うて云《い》う。「また人のために説かざる底《てい》の法ありや」。泉云う。「あり」。僧云う。「いかなるかこれ人のために説かざる底の法」。泉云う。「不是心《ふぜしん》、不是仏《ふぜぶつ》、不是物《ふぜもつ》」。

無門曰く。南泉、この一問をこうむって、直《じき》に得たり、家私《かし》を揣尽《しじん》し、郎当《ろうとう》少なからざることを。

頌に曰く。「叮嚀《ていねい》は君の徳を損《そん》す　無言真《まこと》に功あり　たとい滄海は変ずるも　ついに君がために通ぜじ」。

第二十八則　久嚮龍潭（久しく龍潭《りゅうたん》を嚮《した》う）

龍潭。因徳山請益抵夜、潭云。「夜深。子何不下去」。山遂珍重掲簾而出。見外面黒却回云。「外面黒」。潭乃点紙燭度与。山擬接。潭便吹滅。山於此忽然有省。便作礼。潭云。「子見箇甚麽道理」。山云。「某甲従今日去不疑天下老和尚舌頭也」。至明日龍潭陞堂云。「可中有箇漢、牙如剣樹、口似血盆、一棒打不回頭、他時異日、向孤峰頂上立君道在」。山遂取疏抄、於法堂前将一炬火提起云。「窮諸玄弁、若一毫致於太虚。竭世枢機、似一滴投於巨壑」。将疏抄便焼。於是礼辞。

無門曰。徳山未出関時、心憤憤、口悱悱。得得来南方、要滅却教外別伝之旨。及到澧州路上、問婆子買点心。婆云。「大徳、車子内是甚麼文字」。山云。「金剛経抄疏」。婆云。「只如経中道。『過去心不可得、現在心不可得、未来心不可得』。大徳、要点那箇心」。徳山被者一問、直得口似匾担。然雖如是、未肯向婆子句下死却。遂問婆子。「近処有甚麼宗師」。婆云。「五里外有龍潭和尚」。及到龍潭納尽敗闕。可謂是前言不応後語。龍潭大似憐児不覚醜。見他有些子火種、郎忙将悪水驀頭一澆澆殺。冷地看来、一場好笑」。

頌曰。「聞名不如見面　見面不如聞名　雖然救得鼻孔　争奈瞎却眼睛」。

龍潭。ちなみに徳山請益《とくさんしんえき》して夜に抵《いた》るに、潭云う。「夜深《ふ》けぬ。子《なんじ》、何ぞ下り去らざる」。山、ついに珍重《ちんちょう》して簾《すだれ》を掲《かか》げて出《い》づ。外面の黒《くら》きを見て、却回《きゃうい》して云う。「外面黒し」。潭、すなわち紙燭《ししょく》を点じて度与《どよ》す。山、接せんと擬《ほっ》す。潭、すなわち吹滅《すいめつ》す。山、ここにおいて忽然《こつねん》として省《せい》あり。すなわち作礼《さらい》す。潭云う。「子、このなんの道理をか見る」。山云う。「某甲《それがし》、今日より去って天下の老和尚の舌頭を疑わず」。明日に至って、龍潭、陞堂《しんどう》して云う。「もしこの漢あり、牙《げ》は剣樹のごとく、口は血盆《けつぼん》に似て、一棒に打てども頭を回《めぐ》らさざれば、他時異日、孤峰《こほう》頂上に向かって君が道《どう》を立つることあらん」。山、ついに疏抄《しょしょう》を取って、法堂《はっとう》の前において一炬火《いっこか》をもって提起して云う。「もろもろの玄弁《げんべん》を窮むるも、一毫《いちごう》を太虚《たいきょ》に致《お》くがごとし。世の枢機《すうき》を竭《つ》くすも、一滴を巨壑《こがく》に投ずるに似たり」。疏抄をもってすなわち焼く。ここにおいて礼辞《らいじ》す。

無門曰く。徳山、いまだ関を出《い》でざる時、心憤憤《ふんぷん》、口悱悱《ひひ》たり。得得として南方に来たり、教外別伝《きょうげべつでん》の旨《むね》を滅却《めっきゃく》せんと要《ほっ》す。澧州《れいしゅう》の路上に到るに及んで、婆子《ばす》に問うて点心《てんじん》を買わんとす。婆云う。「大徳、車子《しゃす》の内はこれなんの文字《もんじ》ぞ」。山云う。「金剛経《こんごうきょう》の抄疏《しょうしょ》」。婆云う。「たとえば経中にいうがごとし。『過去心不可得《ふかとく》、現在心不可得、未来心不可得』と。大徳、那箇《なこ》の心をか点ぜんと要す」。徳山、この一問をこうむって、直《じき》に得たり、口は匾担《へんたん》に似たることを。かくのごとくなりといえども、いまだあえて婆子の句下《くか》に向かって死却《しきゃく》せず。ついに婆子に問う。「近処になんの宗師《しゅうし》かある」。婆云う。「五里の外に龍潭和尚あり」。龍潭に到るに及んで敗闕《はいけつ》を納《い》れ尽くす。謂《い》うべし、これ前言《ぜんげん》は後語《ごご》に応ぜずと。龍潭、大いに児《じ》を憐れんで醜きを覚えざるに似たり。かれに些子《いささか》の火種《かしゅ》あるを見て、郎忙《ろうぼう》して悪水《おすい》をもって驀頭《まくとう》に一澆《いちぎょう》に澆殺《ぎょうさつ》す。冷地に看《み》来たらば、一場の好笑なり。

頌《じゅ》に曰《いわ》く。「名を聞かんよりは面を見んに如《し》かじ　面を見んよりは名を聞かんに如かじ　鼻孔《びくう》を救い得たりといえども
いかんせん眼睛《がんぜい》を瞎却《かっきゃく》することを」。

第二十九則　非風非幡（風にあらず、幡《はた》にあらず）

六祖。因風颺刹幡。有二僧対論。一云。「幡動」。一云。「風動」。往復曾未契理。祖云。「不是風動、不是幡動、仁者心動」。二僧悚然。

無門曰。不是風動、不是幡動、不是心動。甚処見祖師。若向者裏見得親切、方知二僧買鉄得金。祖師忍俊不禁、一場漏逗。

頌曰。「風幡心動　一状領過　只知開口　不覚話堕」。

六祖。ちなみに風、刹幡《せつばん》を颺《あ》ぐ。二僧あり、対論す。一は云《い》う。「幡《はた》動く」。一は云う。「風動く」。往復してかつていまだ理に契《かな》わず。祖云う。「これ風の動くにあらず、これ幡の動くにあらず、仁者《なんじ》が心の動くのみ」。二僧、悚然《しょうねん》たり。

無門曰く。これ風の動くにあらず、これ幡の動くにあらず、これ心の動くにあらず。いずれの処にか祖師を見ん。もし者《しゃ》裏《り》に向かって見得して親切ならば、まさに二僧の鉄を買って金を得るを知らん。祖師、忍俊不禁《にんしゅんふきん》にして、一場の漏逗《ろうとう》なり。

頌に曰く。「風幡心動　一状に領過《りょうか》す　ただ口を開くことを知って　話堕《わだ》することを覚えず」。

第三十則　即心即仏《そくしんそくぶつ》

馬祖。因大梅問。「如何是仏」。祖云。「即心是仏」。

無門曰。若能直下領略得去、著仏衣、喫仏飯、説仏話、行仏行、即是仏也。然雖如是、大梅引多少人、錯認定盤星。争知道説箇仏字三日漱口。若是箇漢、見説即心是仏、掩耳便走。

頌曰。「青天白日　切忌尋覓　更問如何　抱臓叫屈」。

馬祖《ばそ》。ちなみに大梅《だいばい》問う。「いかなるかこれ仏」。祖云う。「即心是仏《そくしんぜぶつ》」。

無門曰く。もしよく直下《じきげ》に領略《りょうりゃく》得し去らば、仏衣を著《つ》け、仏飯を喫《きっ》し、仏話を説き、仏行《ぶつぎょう》を行ずる、すなわちこれ仏なり。かくのごとくなりといえども、大梅、多少の人を引いて、錯《あやま》って定盤星《じょうばんじょう》を認めしむ。いかでか知道《し》らん、この仏の字を説けば、三日口を漱《そそ》ぐことを。もしこれこの漢ならば、即心是仏と説くを見るや、耳を掩《おお》うてすなわち走らん。

頌に曰く。「青天白日　切《せっ》に忌《い》む尋覓《じんみゃく》することを　さらにいかんと問わば　贓《ぞう》を抱いて屈《くつ》と叫ばん」。

第三十一則　趙州勘婆（趙州《じょうしゅう》の勘婆《かんば》）

趙州。因僧問婆子。「臺山路向甚処去」。婆云。「驀直去」。僧纔行三五歩、婆云。「好箇師僧、又恁麼去」。後有僧挙似州。州云。「待我去与爾勘過這婆子」。明日便去亦如是問。婆亦如是答。州帰謂衆曰。「臺山婆子、我与爾勘破了也」。

無門曰。婆子只解坐籌帷幄、要且著賊不知。趙州老人、善用偸営劫塞之機、又且無大人相。撿点将来、二倶有過。且道。那裏是趙州勘破婆子処。

頌曰。「問既一般　答亦相似　飯裏有砂　泥中有刺」。

趙州。ちなみに僧、婆子《ばす》に問う。「臺山《たいざん》の路、いずれの処に向かってか去る」。婆云う。「驀直去《まくじきこ》」。僧のわずかに行くこと三五歩するや、婆云う。「好箇《こうこ》の師僧《しそう》、また恁麼《いんも》に去る」。後に僧あって州に挙似《こじ》す。州云う。「まさに我れ去《い》って爾《なんじ》がためにこの婆子を勘過《かんか》せんとす」。明日、すなわち去って、またかくのごとく問う。婆もまたかくのごとく答う。州、帰って衆に謂《い》って曰《いわ》く。「臺山の婆子、我れ爾がために勘破《かんぱ》しおわれり」。

無門曰く。婆子、ただ坐《い》ながらに帷幄《いあく》を籌《はか》ることを解《げ》して、要《よう》かつ賊に著《つ》くことを知らず。趙州老人、善く営を偸《ぬす》み塞《さい》を劫《おびや》かすの機を用ゆるも、またかつ大人の相なし。撿点《けんてん》し将《も》ち来たれば、ふたりともに過《とが》あり。しばらくいえ。那裏《なり》かこれ趙州の婆子を勘破せる処ぞ。

頌に曰く。「問いすでに一般なれば　答えもまた相《あ》い似《に》たり　飯裏《はんり》に砂《いさご》あり　泥中に刺《とげ》あり」。

第三十二則　外道問仏（外道《げどう》、仏に問う）

世尊。因外道問。「不問有言、不問無言」。世尊拠座。外道賛歎云。「世尊大慈大悲、開我迷雲、令我得入」。乃具礼而去。阿難尋問仏。「外道有何所証賛歎而去」。世尊云。「如世良馬見鞭影而行」。

無門曰。阿難乃仏弟子、宛不如外道見解。且道。外道与仏弟子相去多少。

頌曰。「剣刃上行　氷稜上走　不渉階梯　懸崖撒手」。

世尊《せそん》。ちなみに外道問う。「有言《うごん》を問わず、無言を問わず」。世尊、拠座《こざ》す。外道、賛歎して云《い》う。「世尊は大慈《だいず》大悲《だいひ》にして、我が迷雲を開き、我れをして得入《とくにゅう》せしむ」。すなわち礼《らい》を具《ぐ》して去る。阿難《あなん》、ついで仏に問う。「外道、何の所証《しょしょう》あってか賛歎して去る」。世尊云う。「世の良馬《りょうめ》の鞭影《べんえい》を見て行くがごとし」。

無門曰《いわ》く。阿難はすなわち仏弟子、あたかも外道の見解《けんげ》に如《し》かず。しばらくいえ。外道と仏弟子と相《あ》い去ること多少ぞ。

頌《じゅ》に曰く。「剣刃上《けんにんじょう》に行き　氷稜上《ひょうりょう》に走る　階梯《かいてい》に渉《わた》らず　懸崖《けんがい》に手を撒《はな》す」。

第三十三則　非心非仏《ひしんひぶつ》

馬祖。因僧問。「如何是仏」。祖曰。「非心非仏」。

無門曰。若向者裏見得、参学事畢。

頌曰。「路逢剣客須呈　不遇詩人莫献　逢人且説三分　未可全施一片」。

馬祖《ばそ》。ちなみに僧問う。「いかなるかこれ仏」。祖曰く。「非心非仏」。

無門曰く。もし者裏《しゃり》に向かって見得《けんとく》せば、参学の事《じ》おわんぬ。

頌に曰く。「路に剣客に逢わばすべからく呈すべし　詩人に遇わずんば献ずることなかれ　人に逢うてはしばらく三分《さんぶん》を説け　いまだ全く一片を施すべからず」。

第三十四則　智不是道《ちふぜどう》

南泉云。「心不是仏、智不是道」。

無門曰。南泉可謂、老不識羞。纔開臭口、家醜外揚。然雖如是、知恩者少。

頌曰。「天晴日頭出　雨下地上湿　尽情都説了　只恐信不及」。

南泉《なんせん》云う。「心はこれ仏にあらず、智はこれ道にあらず」。

無門曰く。南泉は謂うべし、老《い》いて羞《はじ》を識《し》らずと。わずかに臭口《しゅうく》を開くや、家醜《かしゅう》、外《ほか》に揚《あ》がる。かくのごとくなりといえども、恩を知る者は少なし。

頌に曰く。「天晴れて日頭出《にっとうい》で　雨下って地上湿《うるお》う　情を尽くしてすべて説きおわる　ただ恐る信不及《しんふぎゅう》なることを」。

第三十五則　倩女離魂（倩女《せいじょ》の離魂《りこん》）

五祖、問僧云。「倩女離魂、那箇是真底」。

無門曰。若向者裏悟得真底、便知出殻入殻如宿旅舎。其或未然、切莫乱走。驀然地水火風一散、如落湯螃蟹七手八脚。那時莫言、不道。

頌曰。「雲月是同　渓山各異　万福万福　是一是二」。

五祖、僧に問うて云う。「倩女離魂、那箇《なこ》かこれ真底《しんてい》」。

無門曰く。もし者裏《しゃり》に向かって真底を悟り得ば、すなわち知らん、殻《かく》を出《い》でて殻に入ること、旅舎に宿るがごとくなるを。それあるいはいまだ然《しか》らずんば、切《せつ》に乱走することなかれ。驀然《まくねん》として地水火風一散せば、湯に落つる螃蟹《ぼうかい》の七手八脚なるがごとくならん。那時《なじ》言うことなかれ、いわずと。

頌に曰く。「雲月これ同じ　渓山《けいざん》おのおの異なる　万福《ばんぷく》万福　これ一かこれ二か」。

第三十六則　路逢達道（路《みち》に達道《たつどう》に逢《あ》う）

五祖曰。「路逢達道人、不将語黙対。且道。将甚麼対」。

無門曰。若向者裏対得親切、不妨慶快。其或未然、也須一切処著眼。

頌曰。「路逢達道人　不将語黙対　攔腮劈面拳　直下会便会」。


五祖曰《いわ》く。「路に達道の人に逢わば、語黙をもって対せず。しばらくいえ。なにをもってか対せん」。

無門曰く。もし者裏《しゃり》に向かって対得《たいとく》して親切ならば、妨げず慶快《けいかい》なることを。それあるいはいまだ然《しか》らずんば、またすべからく一切処に眼《まなこ》を著《つ》くべし。

頌《じゅ》に曰く。「路に達道の人に逢わば　語黙をもって対せず　攔腮劈面《らんさいへきめん》に拳《けん》す　直下《じきげ》に会《え》せばすなわち会せん」。

第三十七則　庭前柏樹（庭前《ていぜん》の柏樹《はくじゅ》）

趙州。因僧問。「如何是祖師西来意」。州云。「庭前柏樹子」。

無門曰。若向趙州答処見得親切、前無釈迦、後無弥勒。

頌曰。「言無展事　語不投機　承言者喪　滞句者迷」。


趙州《じょうしゅう》。ちなみに僧問う。「いかなるかこれ祖師西来《そしせいらい》の意《い》」。州云《い》う。「庭前の柏樹子《はくじゅし》」。

無門曰く。もし趙州の答処《たっしょ》に向かって見得《けんとく》して親切ならば、前に釈迦なく、後《しりえ》に弥勒《みろく》なし。

頌に曰く。「言、事《じ》を展《の》ぶることなく　語、機に投ぜず　言を承《う》くるものは喪《そう》し　句に滞《とどこお》るものは迷う」。

第三十八則　牛過窓櫺（牛、窓櫺《そうれい》を過ぐ）

五祖曰。「譬如水牯牛過窓櫺、頭角四蹄都過了、因甚麼尾巴過不得」。

無門曰。若向者裏顛倒、著得一隻眼、下得一転語、可以上報四恩、下資三有。其或未然、更須照顧尾巴始得。

頌曰。「過去堕坑塹　回来却被壊　者些尾巴子　直是甚奇怪」。

五祖曰く。「たとえば水牯牛《すいこぎゅう》の窓櫺を過ぐるがごとき、頭角四蹄《ずかくしたい》すべて過ぎおわるに、なんによってか尾巴《びは》過ぎ得ざる」。

無門曰く。もし者裏《しゃり》に向かって顛倒《てんどう》して、一隻眼《いっせきげん》を著《つ》け得、一転語《いってんご》を下《くだ》し得ば、もって上《かみ》四恩に報じ、下三有《しもさんぬ》を資《たす》くべし。

それあるいはいまだ然らずんば、さらにすべからく尾巴を照顧《しょうこ》して始めて得べし。

頌に曰く。「過ぎ去れば坑塹《こうざん》に堕《お》ち　回《かえ》り来たればかえって壊《やぶ》らる　者些《しゃしゃ》の尾巴子《びはす》　ただこれはなはだ奇怪なり」。

第三十九則　雲門話堕（雲門《うんもん》の話堕《わだ》）

雲門。因僧問。「光明寂照遍河沙」。一句未絶、門遽曰。「豈不是張拙秀才語」。僧云。「是」。門云。「話堕也」。後来死心拈云。「且道。那裏是者僧話堕処」。

無門曰。若向者裏見得雲門用処孤危、者僧因甚話堕、堪与人天為師。若也未明、自救不了。

頌曰。「急流垂釣　貪餌者著　口縫纔開　性命喪却」。

雲門。ちなみに僧問う。「光明寂照遍河沙《こうみょうじゃくしょうへんがしゃ》」。一句いまだ絶せざるに、門にわかに曰く。「あにこれ張拙秀才《ちょうせつしゅうさい》の語にあらずや」。僧云う。「是《ぜ》」。門云う。「話堕せり」。後来《こうらい》、死心《ししん》拈《ねん》じて云う。「しばらくいえ。那裏《なり》かこれこの僧が話堕の処ぞ」。

無門曰く。もし者裏《しゃり》に向かって雲門の用処《ゆうじょ》の孤危《こき》なると、この僧のなんによってか話堕せるかとを見得《けんとく》せば、人天《にんでん》のために師と為《な》るに堪《た》えん。もしいまだ明らめずんば、自救《じぐ》不了《ふりょう》。

頌に曰く。「急流に釣《つり》を垂る　餌を貪《むさぼ》るものは著《つ》く　口縫《こうほう》わずかに開けば　性命《しょうみょう》喪却《そうきゃく》せん」。

第四十則　趯倒浄瓶（浄瓶《じんぴん》を趯倒《てきとう》す）

潙山和尚、始在百丈会中充典座。百丈将選大潙主人。乃請同首座対衆下語。出格者可往。百丈遂拈浄瓶、置地上設問云。

「不得喚作浄瓶。汝喚作甚麼」。首座乃云。「不可喚作木椯也」。百丈却問於山。山乃趯倒浄瓶而去。百丈笑云。「第一座、輸却山子也」。因命之為開山。

無門曰。潙山一期之勇、争奈跳百丈圏圚不出。検点将来、便重不便軽。何故。聻。脱得盤頭、担起鉄枷。

頌曰。「颺下笊籬幷木杓　当陽一突絶周遮　百丈重関攔不住　脚尖趯出仏如麻」。

潙山《いさん》和尚、始め百丈《ひゃくじょう》の会中《えちゅう》にあって典座《てんぞ》にあたる。百丈、まさに大潙《だいい》の主人を選ばんとす。すなわち請じて首座《しゅそ》と同じく衆に対して下語《あぎょ》せしむ。出格《しゅっかく》の者往《ゆ》くべし、と。百丈、ついに浄瓶《じんびん》を拈《ねん》じ、地上に置いて問いを設けて云《い》う。「喚《よ》んで浄瓶と作《な》すことを得ず。汝、喚んでなんとか作さん」。首座すなわち云う。「喚んで木椯《ぼくとう》と作すべからず」。百丈、かえって山に問う。山、すなわち浄瓶を趯倒《てきとう》して去る。百丈、笑って云う。「第一座、山子《さんす》に輸却《ゆきゃく》せらる」。よってこれに命じて開山と為《な》す。

無門曰《いわ》く。潙山一期《いちご》の勇、いかんせん百丈の圏圚《けんき》を跳《おど》り出《い》でざることを。検点《けんてん》し将《も》ち来たれば、重きに便《たよ》りして、軽きに便りせず。何が故ぞ。聻《にい》。盤頭《ばんず》を脱得して、鉄枷《てっか》を担起《たんき》す。

頌《じゅ》に曰く。「笊籬《そうり》ならびに木杓《もくしゃく》を颺下《ようげ》して　当陽《とうよう》の一突周遮《しゅうしゃ》を絶す　百丈の重関も攔《さえぎ》り住《とど》めず　脚尖趯出《きゃくせんてきしゅつ》して仏麻《あさ》のごとし」。

第四十一則　達磨安心（達磨《だるま》の安心《あんじん》）

達磨、面壁。二祖、立雪、断臂云。「弟子心未安。乞師安心」。磨云。「将心来。与汝安」。祖云。「覓心、了不可得」。磨云。「為汝安心竟」。

無門曰。欠歯老胡、十万里航海特特而来。可謂是無風起浪。末後接得一箇門人、又却六根不具。咦。謝三郎、不識四字。

頌曰。「西来直指　事因嘱起　撓聒叢林　元来是爾」。

達磨、面壁《めんぺき》す。二祖、雪に立ち、臂《ひじ》を断《き》って云う。「弟子は心いまだ安からず。乞《こ》う師、安心せしめよ」。磨云う。「心を将《も》ち来たれ。汝がために安んぜん」。祖云う。「心を覓《もと》むるに、ついに不可得なり」。磨云う。「汝がために安心せしめおわんぬ」。

無門曰く。欠歯《けっし》の老胡《ろうこ》、十万里の海を航して特特《とくとく》として来たる。謂《い》うべし、これ風なきに浪《なみ》を起こすと。末後《まつご》に一箇の門人を接得《せっとく》して、またかえって六根不具。咦《いい》。謝三郎《しゃさぶろう》、四字を識《し》らず。

頌に曰く。「西来《せいらい》して直指《じきし》す　事は嘱《しょく》するによって起こる　叢林《そうりん》を撓聒《にょうかつ》するは　元来これ爾《なんじ》」。

世尊。昔因文殊至諸仏集処、値諸仏各還本処。惟有一女人、近彼仏坐入於三昧。文殊乃白仏。「云何女人得近仏坐、而我不得」。仏告文殊。「汝但覚此女令従三昧起、汝自問之」。文殊遶女人三匝、鳴指一下、乃托至梵天、尽其神力、而不能出。世尊云。「仮使百千文殊、亦出此女人定不得。下方過一十二億河沙国土、有罔明菩薩、能出此女人定」。須臾罔明大士従地湧出、礼拝世尊。世尊勅罔明。却至女人前、鳴指一下。女人於是従定而出。

無門曰。釈迦老子、做者一場雑劇、不通小小。且道。文殊是七仏之師、因甚出女人定不得。罔明初地菩薩、為甚却出得。若向者裏見得親切、業識忙忙那伽大定。

頌曰。「出得出不得　渠儂得自由　神頭并鬼面　敗闕当風流」。

第四十二則　女子出定（女子《にょし》の出定《しゅつじょう》）

世尊《せそん》。昔、ちなみに文殊《もんじゅ》、諸仏の集まる処に至って、諸仏おのおの本処《ほんじょ》に還《かえ》るに値《あ》う。ただ一《ひとり》の女人《にょにん》あって、かの仏坐に近づいて三昧《ざんまい》に入る。文殊すなわち仏に白《もう》さく。「いかんぞ女人は仏坐に近づくことを得て、我れは得ざる」。仏、文殊に告ぐ。「汝、ただこの女をして覚めて三昧より起《た》たしめ、汝自らこれを問え」。文殊、女人を遶《めぐ》ること三匝《さんそう》、指を鳴らすこと一下《ひとたび》して、すなわち托《たく》して梵天《ぼんてん》に至って、その神力《じんりき》を尽くすも、出《い》だすことあたわず。世尊云う。「たとい百千の文殊も、またこの女人を定より出だすことを得ず。下方一十二億河沙《がしゃ》の国土を過ぎて、罔明菩薩《もうみょうぼさつ》あり、よくこの女人を定より出ださん」。須臾《しゅゆ》にして罔明大士《だいし》、地より湧出《ゆうしゅつ》して、世尊を礼拝《らいはい》す。世尊、罔明に勅《ちょく》す。かえって女人の前に至って、指を鳴らすこと一下す。女人、ここにおいて定より出づ。

無門曰《いわ》く。釈迦老子、この一場の雑劇《ぞうげき》を做《な》す、小小《しょうしょう》を通ぜず。しばらくいえ。文殊《もんじゅ》はこれ七仏の師、なんによってか女人《にょにん》を定より出《い》だし得ざる。罔明は初地《しょじ》の菩薩、なんとしてかかえって出だし得たる。もし者裏《しゃり》に向かって見得《けんとく》して親切ならば、業識忙忙《ごっしきぼうぼう》として那伽大定《ながだいじょう》ならん。

頌《じゅ》に曰く。「出だし得るも出だし得ざるも　かれも儂《わ》れも自由を得たり　神頭《じんず》ならびに鬼面　敗闕《はいけつ》まさに風流なるべし」。

第四十三則　首山竹篦（首山《しゅざん》の竹篦《しっぺい》）

首山和尚、拈竹篦示衆云。「汝等諸人、若喚作竹篦、則触。不喚作竹篦、則背。汝諸人、且道。喚作甚麽」。

無門曰。喚作竹篦、則触。不喚作竹篦、則背。不得有語、不得無語。速道速道。

頌曰。「拈起竹篦　行殺活令　背触交馳　仏祖乞命」。

首山和尚、竹篦を拈《ねん》じて衆に示して云《い》う。「汝ら諸人、もし喚《よ》んで竹篦と作《な》さば、すなわち触《ふ》る。喚んで竹篦と作さずんば、すなわち背《そむ》く。汝諸人、しばらくいえ。喚んでなんとか作さん」。

無門曰く。喚んで竹篦と作さば、すなわち触る。喚んで竹篦と作さずんば、すなわち背く。有語《うご》なることを得ず、無語なることを得ず。速やかにいえ、速やかにいえ。

頌に曰く。「竹篦を拈起《ねんき》して　殺活《せっかつ》の令を行《ぎょう》ず　背触交馳《はいそくこうち》して　仏祖も命《めい》を乞う」。

第四十四則　芭蕉拄杖（芭蕉《ばしょう》の拄杖《しゅじょう》）

芭蕉和尚、示衆云。「爾有拄杖子、我与爾拄杖子。爾無拄杖子、我奪爾拄杖子」。

無門曰。扶過断橋水、伴帰無月村。若喚作拄杖、入地獄如箭。

頌曰。「諸方深与浅　都在掌握中　撐天幷拄地　随処振宗風」。

芭蕉和尚、衆に示して云う。「爾《なんじ》に拄杖子《しゅじょうす》あらば、我れ爾に拄杖子を与えん。爾に拄杖子なくんば、我れ爾が拄杖子を奪わん」。

無門曰く。扶《たす》けては断橋《だんきょう》の水を過ぎ、伴《ともな》っては無月の村に帰る。もし喚《よ》んで拄杖と作《な》さば、地獄に入ること箭《や》のごとくならん。

頌に曰く。「諸方の深《しん》と浅《せん》と　すべて掌握《しょうあく》の中にあり　天を撐《ささ》えならびに地を拄《ささ》えて　随処に宗風を振う」。

第四十五則　他是阿誰（かれはこれ阿誰《あた》ぞ）

東山演師祖曰。「釈迦弥勒猶是他奴。且道。他是阿誰」。

無門曰。若也見得他分暁、譬如十字街頭撞見親爺相似、更不須問別人道是与不是。

頌曰。「他弓莫挽　他馬莫騎　他非莫弁　他事莫知」。

東山演師祖《とうざんえんしそ》曰く。「釈迦弥勒《みろく》はなおこれかれの奴《ぬ》。しばらくいえ。かれはこれ阿誰ぞ」。

無門曰く。もしかれを見得して分暁《ふんぎょう》ならば、たとえば十字街頭に親爺《しんや》に撞見《どうけん》するがごとくに相《あ》い似《に》て、さらに別人に問うて是《ぜ》と不是ということをもちいず。

頌に曰く。「他《かれ》の弓挽《ひ》くことなかれ　他の馬騎《の》ることなかれ　他の非弁ずることなかれ　他の事《じ》知ることなかれ」。

第四十六則　竿頭進歩（竿頭《かんとう》に歩を進む）

石霜和尚云。「百尺竿頭、如何進歩」。又古徳云。「百尺竿頭坐底人、雖然得入、未為真。百尺竿頭須進歩、十方世界現全身」。

無門曰。進得歩、翻得身、更嫌何処不称尊。然雖如是、且道。百尺竿頭、如何進歩。嗄。

頌曰。「瞎却頂門眼　錯認定盤星　拚身能捨命　一盲引衆盲」。

石霜和尚《せきそう》云う。「百尺竿頭、いかんが歩を進めん」。また古徳云う。「百尺竿頭に坐する底《てい》の人、得入《とくにゅう》すといえども、いまだ真と為《な》さず。百尺竿頭にすべからく歩を進めて、十方世界に全身を現ずべし」。

無門曰《いわ》く。歩を進め得、身を翻《ひるがえ》し得ば、さらにいずれの処を嫌ってか尊《そん》と称せざらん。かくのごとくなりといえども、しばらくいえ。百尺竿頭、いかんが歩を進めん。嗄《さ》。

頌《じゅ》に曰く。「頂門《ちょうもん》の眼《まなこ》を瞎却《かっきゃく》し　錯《あやま》って定盤星《じょうばんじょう》を認む　身を拚《す》てよく命を捨て　一盲衆盲を引く」。

第四十七則　兜率三関（兜率《とそつ》の三関《さんかん》）

兜率悦和尚、設三関問学者。「撥草参玄、只図見性。即今上人性、在甚処」。「識得自性、方脱生死。眼光落時、作麼生脱」。「脱得生死、便知去処。四大分離、向甚処去」。

無門曰。若能下得此三転語、便可以随処作主、遇縁即宗。其或未然、麁飡易飽、細嚼難飢。

頌曰。「一念普観無量劫　無量劫事即如今　如今覰破箇一念　覰破如今覰底人」。

兜率悦《えつ》和尚、三関を設けて学者に問う。「撥草参玄《はっそうさんげん》は、ただ見性《けんしょう》を図《はか》る。即今上人《そっこんしょうにん》の性《しょう》、いずれの処にかある」。「自性《じしょう》を識得《しきとく》すれば、まさに生死《しょうじ》を脱す。眼光《がんこう》落つる時、作麼生《そもさん》か脱せん」。「生死を脱得《だっとく》すれば、すなわち去処を知る。四大分離《しだいぶんり》して、いずれの処に向かってか去る」。

無門曰く。もしよくこの三転語《さんてんご》を下《くだ》し得ば、すなわちもって随処に主と作《な》り、縁に遇うてすなわち宗なるべし。それあるいはいまだ然《しか》らずんば、麁飡《そさん》は飽き易く、細嚼《さいしゃく》は飢え難し。

頌に曰く。「一念あまねく観《かん》ず無量劫《むりょうこう》　無量劫の事《じ》すなわち如今《にょこん》　如今この一念を覰破《しょは》せば　如今覰《み》る底《てい》の人を覰破す」。

第四十八則　乾峰一路（乾峰《けんぽう》の一路《いちろ》）

乾峰和尚。因僧問。「十方薄伽梵、一路涅槃門。未審路頭在甚麽処」。峰拈起拄杖、劃一劃云。「在者裏」。後僧請益雲門。門拈起扇子云。「扇子踔跳上三十三天、築著帝釈鼻孔。東海鯉魚、打一棒雨似盆傾」。

無門曰。一人向深深海底行簸土揚塵、一人於高高山頂立白浪滔天。把定放行、各出一隻手扶竪宗乗。大似両箇馳子相撞著、世上応無直底人。正眼観来、二大老、惣未識路頭在。

頌曰。「未挙歩時先已到　未動舌時先説了　直饒著著在機先　更須知有向上竅」。

乾峰和尚。ちなみに僧問う。「十方薄伽梵《じっぽうばぎゃぼん》、一路涅槃門《いちろねはんもん》。未審《いぶか》し、路頭いずれの処にかある」。峰、拄杖《しゅじょう》を拈起《ねんき》し、劃一劃《かくいっかく》して云《い》う。「者裏《しゃり》にあり」。後に僧、雲門《うんもん》に請益《しんえき》す。門、扇子を拈起して云う。「扇子跨跳《ぼっちょう》して三十三天に上《のぼ》り、帝釈《たいしゃく》の鼻孔《びくう》を築著《ちくじゃく》す。東海の鯉魚《りぎょ》、打つこと一棒すれば、雨盆《あめ》を傾くに似《に》たり」。

無門曰《い》く。一人は深深たる海底に向かって行きて簸土揚塵《ひどようじん》し、一人は高高たる山頂に立って白浪滔天《はくろうとうてん》す。把定放行《はじょうほうぎょう》、おのおの一隻手《いっせきしゅ》を出《い》だして宗乗を扶竪《ふじゅ》す。大いに両箇の馳子《たす》の相《あ》い撞著《どうじゃく》するに似て、世上まさに直底《じきてい》の人なかるべし。正眼《しょうげん》に観《み》来たれば、二大老、惣《そう》にいまだ路頭を識《し》らざるあり。

頌に曰く。「いまだ歩を挙《こ》せざる時まずすでに到る　いまだ舌を動ぜざる時まず説きおわる　たとい著著《じゃくじゃく》機先にあるもさらにすべからく向上の竅《きょう》あることを知るべし」。

山田史生（やまだ　ふみお）

1959年、福井県生まれ。東北大学文学部卒業。同大学大学院修了。博士（文学）。現在、弘前大学教育学部教授。専攻は中国哲学。
著書に『渾沌への視座　哲学としての華厳仏教』（春秋社）、『日曜日に読む『荘子』』（ちくま新書）、『脱世間のすすめ　漢文に学ぶもう少し楽に生きるヒント』（祥伝社）など。

門無き門より入れ　精読『無門関』

2008年7月15日　初版第1刷発行

著　者　　山田史生
発行者　　青山賢治
発行所　　大蔵出版株式会社

〒113-0033
東京都文京区本郷3-24-6 本郷サンハイツ404
TEL. 03(5805)1203　FAX. 03(5805)1204
http://www.daizoshuppan.jp/

印刷・製本　中央印刷㈱
装幀　大友　洋

ISBN 978-4-8043-3068-6　C0015